CODE DE COMMERCE

# DROIT MARITIME

TOME QUATRIÈME

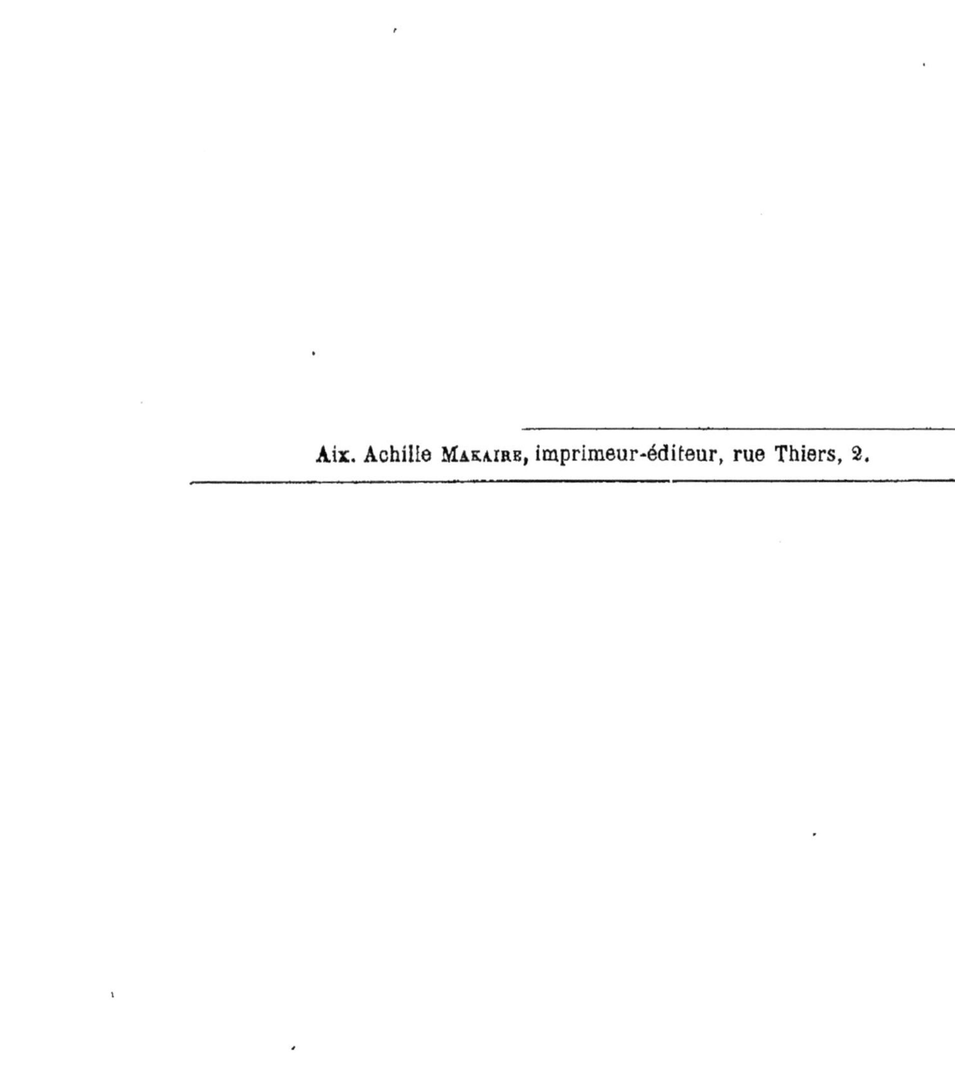

Aix. Achille MAKAIRE, imprimeur-éditeur, rue Thiers, 2.

# COURS

DE

# DROIT MARITIME

PAR

M. CRESP

Ancien Professeur à la Faculté de Droit d'Aix, Avocat
Chevalier de la Légion d'Honneur

ANNOTÉ, COMPLÉTÉ ET MIS AU COURANT DE LA JURISPRUDENCE
LA PLUS RÉCENTE

PAR AUGUSTE LAURIN

Professeur de Droit Commercial à la Faculté de Droit d'Aix
et à la Faculté des Sciences de Marseille
Avocat à la Cour d'appel

*Disjecti membra poetæ*

---

## ASSURANCES MARITIMES

TOME SECOND

(Art. 332 à 396 C. Comm.)

PARIS
CHEVALIER-MARESCQ AINÉ, LIBre
20, RUE SOUFFLOT, 20

AIX
ACHILLE MAKAIRE, LIBRAIRE
2, RUE THIERS, 2

1882

# DROIT MARITIME

## CHAPITRE VII

### Des Assurances.

#### § V

#### Assurance par Commissionnaire

Le propriétaire d'une chose, ou celui qui en court les risques, peuvent eux-mêmes la faire assurer.

Mais ce qu'ils peuvent faire eux-mêmes, ils peuvent le faire aussi par un agent ou commissionnaire.

L'article 332 admet pleinement, ainsi que nous l'avons vu, qu'une assurance peut être faite par commission, et, dans l'usage, rien n'est plus fréquent que ce mode d'assurance.

Qu'est-ce que cette qualité de commissionnaire, sous laquelle on agit pour le compte d'autrui ? Quels droits, quelles obligations en naissent ?

C'est là un point très essentiel, dont l'importance n'est pas limitée aux assurances, mais s'étend à toutes les matières commerciales, et malheureusement assez mal connu, sur lequel la loi est insuffisante, la doctrine et la jurisprudence incertaines, confuses et contradictoires.

Tâchons de le ramener à plus d'unité et de précision.

Qu'est-ce que la commission en général ? Est-ce autre chose que le *mandat* ou *procuration* ?

Dans le sens le plus générique, le mandat est le pouvoir donné par une personne à une autre de faire quelque chose pour son compte.

La commission n'est, en ce sens, que le *mandat commercial*, le mandat entre commerçants, ou mieux, le mandat ayant pour objet des affaires de commerce, telles que *ventes*, *transports*, etc.

Mais est-ce tout ? et là s'arrête-t-elle toute la différence ?

Non, on n'en est plus à apprendre aujourd'hui ce qu'est veritablement un *commissionnaire*, et ce qui le différencie du simple *mandataire*.

L'un et l'autre, il est vrai, ont cela de commun qu'ils agissent et contractent, non pour leur propre compte, mais pour le compte d'autrui.

Mais là est toute la ressemblance ; la grande et capitale différence est que l'un (le mandataire) n'agit et contracte qu'*au nom* de son mandant, tandis que l'autre (le commissionnaire) agit et contracte *en son propre nom.*

Cette distinction est bien nettement faite par les textes mêmes de la législation civile et commerciale.

Le Code civil (art. 1984) définit le mandat ou procuration : *l'acte par lequel une personne donne pouvoir à une autre de faire quelque chose pour le mandant et* EN SON NOM.

Le Code de commerce définit et caractérise le commissionnaire, en disant (art. 94, 1er al.) que c'est *celui qui agit* EN SON PROPRE NOM *pour le compte d'un commettant.*

Et le même article (2me al.), prévoyant le cas où celui qu'on a voulu avoir pour commissionnaire voudrait néanmoins agir au nom du commettant, porte qu'alors ses devoirs et ses droits ne seraient plus que ceux qu'a déterminés le Code civil pour le simple mandataire.

Cela dit tout, pour qui connaît la valeur juridique des mots, et combien il y a loin entre agir au nom d'autrui et agir en son propre nom.

Agir au nom d'un mandant, c'est n'être autre chose qu'un pur organe, qu'un simple instrument ; c'est ne contracter aucune obligation personnelle, n'acquérir aucun droit personnel ; c'est tout renvoyer activement comme passivement au mandant lui-même, qui est censé agir et contracter lui-même.

Agir au contraire en son propre nom, c'est vouloir être soi-même le véritable et seul obligé, le véritable et seul créancier de ceux avec qui l'on traite, abstraction faite complétement de l'individu quelconque pour compte de qui l'on opère, individu qui reste en dehors du contrat, pour qui il n'en résulte ni droit ni obligation, contre qui il n'en résulte ni droit ni action.

De là il suit, d'une part, que le simple mandataire, pour n'obliger que son mandant et ne s'obliger lui-même à rien, doit nécessairement faire connaître qu'il n'agit pas pour lui-même, mais pour autrui ; qu'il doit faire connaître qui est son mandant et exhiber sa procuration, pour que les tiers sachent bien qui est leur obligé ou envers qui ils s'obligent, qui aura action contre eux ou contre qui ils auront action. Telle est la condition que lui imposent l'article 1987 du Code civil et tous les principes reçus en matière de mandat.

D'autre part, au contraire, le commissionnaire, par sa qualité même, n'est tenu et ne pouvait être tenu à rien de pareil ; c'est lui-même et lui seul qui s'offre aux tiers et contracte avec eux, c'est en nom personnel et non comme représentant de qui que ce soit ; quel que puisse être l'intéressé ou commettant, la chose est entièrement étrangère aux tiers contractants, puisqu'ils n'auront pas suivi sa foi, et que jamais, ni activement, ni passivement, ils n'auront à faire avec lui.

Ce n'est pas à dire que le commissionnaire ne puisse, selon les circonstances ou son bon vouloir, faire connaître qu'il contracte, non pour lui-même, mais pour autrui ; qu'il ne puisse même nommer l'individu pour le compte duquel il agit, et cela sans perdre sa qualité de commissionnaire.

Cette qualité est toujours de plein droit présumée dans le commerce ; pour la perdre ou pour en prendre une autre, il faut indispensablement exprimer qu'on s'en affranchit, qu'on rentre dans le droit commun, qu'on n'entend traiter que comme mandataire civil, en vertu de la procuration d'un tel (1).

---

« (1) Nous avons vu que l'article 94, 2me al., autorisait cette dérogation.

« Il y a malheureusement dans les expressions de la loi quelque chose de louche, d'illogique, de contradictoire.

« Elle définit, dans le premier alinéa, le *commissionnaire*, celui qui agit *en son propre nom* pour un commettant ; ce qui implique bien que celui qui agit *au nom d'un commettant*, n'est pas un commissionnaire.

« Et, dans l'alinéa suivant, elle appelle *commissionnaire* celui-là même qui agit *au nom d'un commettant*.

« L'intention de la loi vaut mieux que sa rédaction. Elle n'a pu raisonnablement vouloir dire qu'une chose, c'est que si, par dérogation à sa disposition fondamentale, celui qui agit pour autrui déclare agir au nom de son mandant, il n'est plus que le mandataire du droit commun, régi par la loi commune.

« Mais d'une locution vicieuse ou impropre, combien d'erreurs sont nées sur le sens de la loi !

« A peine un très-petit nombre d'auteurs a-t-il pu saisir ce sens (*sic* Vincens, t. II, p. 113 ; Bravard, p. 157).

« La grande masse s'y est plus ou moins gravement méprise.

« Les uns ont poussé l'erreur aussi loin que possible. Oubliant que l'article 94 dit, par opposition à l'article 1984 du Code civil, que le commissionnaire agit en son propre nom,

Remarquons, en terminant sur ces notions préliminaires, que bien que les tiers n'aient pas d'action directe et personnelle contre le commettant, et réciproquement le commettant contre les tiers, les uns et les autres pourront s'atteindre par un autre genre d'action, l'action indirecte ou oblique, qui n'est autre chose que

---

sans remarquer que le deuxième alinéa du même article, dans son renvoi à la loi civile, parle uniquement de celui qui agit au nom du commettant, ils ont supposé que la loi, assimilait parfaitement la commission au mandat, et renvoyait au droit commun l'une tout aussi bien que l'autre.

« Tels sont Locré (t. I, p. 463, t. IV, p. 28), Estrangin (p. 362), Boulay-Paty sur Emérigon (t. I, p. 140).

« D'autres, sans errer aussi complétement, ont pensé que l'article 94, 1er al., ne s'appliquait qu'au commissionnaire qui n'énonçait pas sa qualité, ou qui ne nommait pas son commettant, et ils ont cru que, dans le sens du deuxième alinéa, le commissionnaire qui exprimait cette qualité ou nommait son commettant, n'était plus que mandataire civil (Pardessus, t. I, p. 57).

« C'est là une erreur bien grande encore, car on continue à y confondre le commissionnaire et le simple mandataire. La présomption en matière commerciale est, encore une fois, que celui qui traite pour autrui (qu'il le déclare ou non, qu'il taise ou révèle le nom du commettant), est toujours un commissionnaire, qu'il agit et s'engage comme tel, c'est-à-dire en son propre nom.

« Pour faire cesser cette présomption, il faut s'en exprimer formellement. » (*Note de M. Cresp.*)

la faculté donnée à tout créancier d'exercer les droits de son débiteur.

Si donc le commettant est débiteur du commissionnaire, le tiers pourra, comme subrogé à celui-ci et exerçant ses droits, actionner le commettant.

Et réciproquement, ce commettant pourra, comme subrogé aux droits du commissionnaire, actionner le tiers, débiteur de celui-ci.

C'est ce qu'admettait déjà Emérigon sous le nom d'*action utile*, et c'est ce qui aujourd'hui ne saurait être contesté, en présence de l'article 1166 du Code civil.

Mais ces personnes n'ayant de leur chef aucun droit personnel les unes contre les autres, il va sans dire qu'elles ne pourraient se rechercher que, sauf les exceptions que le commettant ou le tiers attaqué auraient eues contre le commissionnaire.

Ce sont là les règles généralement suivies dans les opérations commerciales, de quelque nature qu'elles soient.

La commission, ainsi entendue et pratiquée, s'applique journellement aux *ventes et achats*, aux *transports de terre et de mer*, aux *souscriptions et négociations du change*, etc. La jurisprudence en a cent et cent fois fait ces applications.

Maintenant, pourquoi ces notions et ces règles ne s'appliqueraient-elles pas aux *assurances maritimes* qui ont bien certainement un caractère commercial ?

Pourquoi la commission, qui y est si souvent, si habituellement usitée, y changerait-elle de nature et de règles ?

Il y a encore, pour les y maintenir exactement, les mêmes motifs et de plus grands encore.

C'est là surtout qu'on a besoin de tous les avantages qui s'y rattachent : le secret, la facilité, la rapidité des opérations.

Plus que tout autre genre d'opérations, les expéditions maritimes réclament qu'on taise le nom de leurs auteurs ou intéressés ; plus que tout autre, elles ont à se préserver de la concurrence, de la jalousie, qui pourrait les compromettre ou les faire échouer.

Or, pour peu d'importance qu'elle ait, une expédition ne peut se passer d'être garantie par une assurance, et l'assurance qui se fait par commission sert précisément à voiler l'opération, en laissant dans l'ignorance ou l'incertitude de ses vrais entrepreneurs ou intéressés.

Même quand l'expéditeur ne tient pas au secret, son intérêt et sa nécessité sont bien souvent de faire faire ses assurances hors de la place où il réside, dans toute autre place et même à l'étranger.

Cela peut arriver dans plusieurs cas :

1° Si les assureurs locaux font trop les difficiles, s'ils veulent exiger une prime trop haute, et qu'ailleurs on puisse traiter plus facilement ou à meilleur marché ;

2° Si les assureurs de la place ne présentent pas une

garantie suffisante, et qu'ailleurs il soit possible d'en trouver de plus solides ;

3° Si enfin les valeurs, mises ou à mettre en risque, sont telles qu'elles dépassent les souscriptions que la place peut fournir.

Dans tous ces cas, il faut bien que l'expéditeur, pour faire ou parfaire des assurances, ait recours à des négociants étrangers qui, chez eux, feront assurer pour son compte.

Mais le feront-ils sous son nom ou sous leur nom personnel ?

S'ils veulent agir en son nom et comme simples mandataires, sans aucune responsabilité, pourront-ils bien trouver des assureurs ?

Ceux-ci, à l'invitation de souscrire, ne répondront-ils pas : cet expéditeur ou propriétaire que vous nous nommez, est étranger, est éloigné, nous est inconnu ; nous ne savons ni qui il est, ni quelle est sa consistance ; nous ne pouvons d'ailleurs aller aux renseignements, car il y a urgence, vos ordres sont pressants, et vous voulez immédiatement notre signature ; impossible de vous l'accorder aveuglément ?

Ce n'est donc qu'en se résignant à être commissionnaires, personnellement tenus et responsables, que les négociants chargés ailleurs de faire assurer, pourront obtenir des souscripteurs, qui, les connaissant bien, eux et l'état de leurs affaires, n'auront nullement à se préoccuper de celui dont le nom ne leur apprendrait, ni leur garantirait rien de plus.

C'est donc principalement, essentiellement en matière maritime, en matière d'assurance, qu'il y a lieu à l'application des règles tracées et suivies pour la commission en général.

De tous les auteurs anciens et modernes, dont l'attention s'est portée sur l'assurance faite par commission, celui qui, à cet égard, a le mieux posé le principe et déduit ses conséquences, est, sans contredit, notre Emérigon, qui, à un immense savoir, joignait l'expérience du praticien et du magistrat, et qui, sur ce point comme sur bien d'autres, à l'étranger comme en France même, a vraiment conquis l'autorité d'un législateur.

Voici divers passages, fidèlement extraits de son livre, et qui rapprochés entre eux, forment le résumé et la substance de sa doctrine (t. I, p. 132, 134, 138, 140, 141, 142, 329, 331).

Seulement il faut distinguer, suivant que c'est l'assuré ou l'assureur qui agit en qualité de commissionnaire.

1° *Assuré commissionnaire.*

*L'assuré commissionnaire*, dit Emérigon, *est, à l'égard des assureurs, le vrai et seul assuré.*

*Ils ne connaissent que lui, c'est de lui seul qu'ils suivent la foi : c'est envers lui personnellement qu'ils s'obligent ; c'est lui qu'ils entendent avoir personnellement pour obligé.*

*Le commissionnaire s'oblige en effet en son nom propre et personnel.*

*Peu importe qu'il contracte purement et simplement, sans indiquer qu'il agit pour compte ; peu importe qu'il nomme son commettant, ou qu'il taise son nom, toujours le commissionnaire est le véritable assuré.*

*Toujours il a les droits, tant actifs que passifs de l'assurance, tout comme s'il eût agi pour lui-même.*

*Il en a toutes les obligations, comme il en a toutes les actions.*

*Il est tenu personnellement de payer la prime aux assureurs; et par réciprocité, il peut directement réclamer d'eux les effets du contrat, c'est-à-dire la réparation du dommage ou de la perte.*

*Il a pour cela la double action de l'assuré : il a l'action commune, ordinaire, celle d'avarie ; il a, bien plus, l'action spéciale, extraordinaire, celle d'abandon ou délaissement.*

*Oui, cette action même lui appartient, en vertu de la police ; et l'assureur, pour se défendre de payer la perte, serait non recevable à lui opposer qu'il n'est que commissionnaire, qu'il n'a contracté que pour compte d'autrui.*

On voit qu'Emérigon ne recule pas devant l'objection tirée de l'aliénation qu'entraîne ou implique le délaissement ; c'est bien sciemment que, sous ce rapport même, il donne au commissionnaire un droit égal à celui qu'aurait le propriétaire, s'il était assuré.

Pour compléter l'assimilation, il soumet d'ailleurs le

commissionnaire aux mêmes formes et devoirs que doit remplir tout assuré pour l'exercice de ces actions.

En conséquence, *il a qualité pour faire tous actes et déclarations nécessaires, aux termes de l'Ordonnance*, qu'a reproduits le Code.

*Il doit, à mesure qu'il les reçoit, signifier à l'assureur les avis relatifs aux risques et ses incidents* (art. 374).

*Avant toute poursuite, il doit lui déclarer toutes assurances ou tous contrats à la grosse qui auraient été faits ou ordonnés sur l'objet en risque* (art. 379).

*Il doit lui signifier les actes justificatifs du chargement et de la perte* (art. 383).

*Il doit lui faire abandon ou délaissement, par acte fait dans les conditions et dans le délai prescrits* (art. 373).

*Il doit, en attendant et en toute hâte, faire travail-au sauvetage, dont il devra ensuite faire compte à son assureur* (art. 381).

Et tout cela, Emérigon l'appuie de documents ou coutumes, de préceptes des docteurs de tout pays, de jugements ou arrêts rendus sous l'Ordonnance.

Et enfin sa doctrine a généralement fait loi pour nos auteurs et tribunaux, écrivant ou jugeant sous l'empire du Code.

La jurisprudence ancienne et moderne offre, à ce sujet, de curieux et nombreux exemples.

Plus d'une fois il est arrivé que, le procès s'étant engagé, comme d'usage, entre l'assuré commissionnaire et ses assureurs, le propriétaire ou intéressé pour qui il a agi, est intervenu dans l'instance, y a fait valoir sa qualité, et a demandé que son commissionnaire fût mis hors de cause.

Et toujours la Justice a repoussé cette prétention, n'a voulu voir dans l'intervenant qu'un tiers relativement au contrat, et a maintenu au procès le commissionnaire seul et véritable assuré.

Après cela, bornons-nous à citer une espèce remarquable jugée dans le temps par la cour d'Aix (Aix, 17 juillet 1829 ; Dalloz, n° 1440 ; *J. M.*, 10, 1, 154).

Un négociant de Marseille déclare faire assurer, dit la police, *d'ordre et pour compte de telle personne positivement dénommée.* — La police dit de plus que *les assureurs ont pris connaissance entière de la lettre d'ordre en date de tel jour.*

Plus tard le commettant dénommé dans la police et dont l'ordre a été produit, signifie à son commissionnaire défense expresse de s'immiscer désormais dans l'affaire dont il l'avait chargé.

En cet état de choses, les assureurs attaquent le commissionnaire en nullité de la police, pour réticence, défaut de risque ou autre cause.

Le commissionnaire se récrie, et les renvoie à se pourvoir contre le commettant qu'il leur a nommé, dont il a exhibé l'ordre ou les pouvoirs, et qui depuis a même expressément révoqué le mandat qu'il en avait reçu.

Que décide pourtant l'arrêt d'Aix ? il décide que le

contrat l'a constitué vrai et seul assuré ; que cette qualité a été pour lui irrévocable à l'égard de ses assureurs ; qu'ils ont pu et dû l'actionner comme tel, et que comme tel il doit être maintenu partie directe au procès.

Vous voyez que là l'assuré s'était donné toute l'apparence d'un pur et simple mandataire ; en contractant il avait nommé celui d'ordre et pour compte de qui il disait agir ; il avait même pleinement exhibé les pouvoirs qu'il tenait de lui et qu'ensuite il avait voulu révoquer.

Et néanmoins de telles précautions n'empêchèrent pas qu'en justice il fut réputé, reconnu pour commissionnaire, c'est-à-dire comme ayant contracté en son propre nom, comme assuré véritable, unique, bien qu'en réalité agissant pour le compte d'autrui ; comme ayant à l'actif et au passif tous les mêmes droits que s'il eût agi pour son compte personnel.

Et cela même juge et confirme, une fois de plus, ce que disait Emérigon, qu'il est indifférent pour les assureurs que leur assuré soit propriétaire ou commissionnaire, et qu'il n'y a réellement aucune nécessité d'exprimer dans la police l'une ou l'autre de ces qualités, qui ont absolument le même effet, et dont l'articulation, dans un sens ou dans l'autre, ne peut en aucune façon influer sur le résultat. (2)

---

(2) Ces principes, d'une vérité incontestable, et auxquels la loi moderne est venue en somme donner force obligatoire, ont

2° *Assureur commissionnaire.*

On peut activement, comme passivement, faire l'assurance par commission, être assureur, comme assuré, pour compte d'autrui.

---

été méconnus quelquefois dans l'application, sous l'influence précisément des hésitations de l'ancienne doctrine. C'est ainsi qu'un arrêt d'Aix, du 10 juin 1842, a décidé que le commissionnaire ne joue le rôle d'assuré qu'en ce qui concerne la formation (et non l'exécution) du contrat, et par conséquent que, s'il y a lieu plus tard pour les assureurs de répéter les sommes par eux payées, c'est au commettant, comme au seul et véritable intéressé, et non au commissionnaire qu'ils doivent s'adresser (*J. M.*, 21, 1, 82). C'est ainsi encore qu'il résulte d'un jugement de Nantes, du 19 mars 1861, que le commissionnaire n'est tenu envers les assureurs de l'acquittement de la prime, que si ceux-ci n'ont pu se faire payer au moyen du privilège qui leur compète sur le navire (*ibid.*, 1862, 2, 38). Mais ce sont là des erreurs caractérisées ; ce n'est pas seulement en ce qui concerne la formation du contrat que le commissionnaire joue le rôle d'assuré, mais en ce qui concerne l'exécution ; les passages cités d'Emérigon le disent textuellement. Le contraire ne saurait d'ailleurs se concevoir, saus faire dégénérer le commissionnaire en un mandataire pur et simple. De même pour la doctrine du jugement de Nantes ; l'assureur ayant le commissionnaire pour véritable assuré, n'a pas à se préoccuper à son encontre du privilège qui lui compète sur le navire ; et l'exercice de l'action réelle ne peut pas plus envers lui qu'envers le commettant, faire brèche à l'action personnelle.

Il n'y a guère qu'un tempérament à apporter à cette distinction absolue du commettant et du commissionnaire, et à cette incarnation, dans la personne de celui-ci, du rôle de l'assuré.

Les principes du reste sont absolument les mêmes :

---

C'est, en ce qui concerne les exceptions de *réticence,* de *fausse déclaration*, de *perte survenue avant l'assurance*, sur lesquelles nous nous sommes déjà expliqués précédemment. Il a toujours été admis que l'assureur pouvait se faire une arme de ces exceptions, non seulement lorsque le fait qui y a donné naissance était imputable au commissionnaire, mais alors même qu'il émanait du commettant, c'est-à-dire, en d'autres termes, que l'assureur pouvait opposer au commissionnaire les exceptions dues au fait de celui-ci. Cette solution se trouve en quelque sorte commandée et en équité et en droit : en équité, parce qu'autrement il suffirait au véritable intéressé, pour échapper à la nullité des articles 348 et 365, de faire traiter l'assurance par commissionnaire ; en droit, parce que le commettant, en tenant le commissionnaire dans l'ignorance des circonstances particulières du risque, a commis, à l'égard des assureurs eux-mêmes, un délit dont il leur doit réparation, conformément au principe doctrinal de l'article 1382 du Code civil ; ce qui suffit, soit de son chef, soit de celui du commissionnaire, pour empêcher toute action, *dolo malo facit qui petit quod redditurus est.* Encore une fois, cette restriction aux règles de la commission est à peu près universellement admise, et il en a été fait de nombreuses applications ; voy. à défaut d'autres Bédarride, n[os] 1215 et 1387, et en jurisprudence Aix, 13 novembre 1822 et 7 janvier 1823 ; Marseille, 20 février 1824 et 13 février 1826 ; Aix, 13 août 1829; Marseille, 25 mars 1830 ; Paris, 29 avril 1831 ; Marseille, 2 février 1843 et 7 février 1848 ; Aix, 28 décembre 1857 ; cass., 17 août 1863 (*J. M.*, 4, 1, 174 et 305, 5, 133, 7, 1, 89, 10, 1, 150, 11, 1, 201, 12, 2, 103, 22, 1, 89, 28, 1, 57, 36, 1, 28, 1864, 2, 16, Dalloz, *Répert.*, n[os] 1440 et sq.).

sureur commissionnaire s'oblige personnellement, 'il dise ou non qu'il agit pour compte, qu'il nomme non son commettant.

Et il s'oblige seul, tout comme il a seul action ; int d'action directe de l'assuré à l'assureur commet-t, ni de celui-ci à l'assuré ; tout se concentre dans rapports de celui-ci avec l'assureur commission-ire.

C'est encore la doctrine d'Emérigon (t. I, p. 141 et 2). (3).

Terminons sur ce point par deux remarques commu-s à deux cas d'assurances par commissionnaire, et i ne sont du reste qu'une conséquence des principes dessus posés, en ce qui concerne la commission en néral.

La première est que, pas plus ici qu'ailleurs, rien ne ohibe aux parties de déroger à ces principes du droit mmun, pour rentrer dans ceux du droit civil.

---

(3) Ce second cas d'application de la commission à l'assu-ce est aussi rare que le premier est au contraire fréquent. n'est pas que les assureurs, surtout les assureurs qui opèrent lément, ne soient dans l'habitude, pour la facilité des sous-iptions, de se faire représenter par un tiers, qui est leur pro-reur fondé et signe comme tel. Mais ce tiers, comme le nom ndique, n'est pas un commissionnaire ; c'est un mandataire r et simple, et on l'a, après quelques hésitations dont le texte rte ci-après la trace, toujours considéré comme tel ; voy. III, p. 40 et sq et la note.

L'assuré, comme l'assureur commissionnaire, peuvent stipuler qu'ils ne seront tenus qu'en nom qualifié et non personnellement, à la condition néanmoins que leur commettant aura permis cette dérogation à la règle comme à l'usage du commerce.

Car, ici comme en général, pour qu'un commissiontraite avec les tiers, non en son propre nom, mais au nom du commettant, il faut que celui-ci l'y ait autorisé.

A défaut, le commissionnaire ne peut traiter comme procureur ou simple mandataire (Delam. et Lepoit., t. II, n° **263** et sq).

Mais, si cela lui est permis et s'il veut en effet s'y tenir, il faut qu'il l'exprime et qu'il déclare expressément qu'il ne contracte qu'en qualité de procureur fondé, que par procuration d'une telle personne dénommée.

Il ne faut, dans l'expression de cette qualité, ni doute, ni équivoque possible.

Voir, à ce sujet, des exemples donnés par Emérigon (*loc. cit.*).

Deux personnes souscrivent des assurances, l'une signe *en qualité de directeur de la Compagnie générale des Assurances de Paris*, l'autre *en qualité de directeur de la Compagnie des Assurances Maritimes de la ville de Barcelone*.

Les effets assurés viennent de part et d'autre à périr ; les deux assureurs assignés en paiement de la perte, excipent de leur qualité de mandataires, et renvoient les assurés à se pourvoir contre qui de droit.

Sur ce il intervient deux jugements, qui les condamnent personnellement.

Ces décisions peuvent sembler sévères, si l'on considère que ces compagnies, pour qui l'on contractait, n'étaient autre chose que des sociétés anonymes, administrées par de simples agents ou procureurs fondés, à qui l'usage a donné le nom de *directeurs*.

Ceux-ci, en traitant sous ce nom, avaient donc pu croire qu'ils exprimaient suffisamment que c'était par procuration.

Et cependant, faute d'expression claire et nette de eur qualité, ils furent tenus et condamnés en leur propre nom ; sévérité dont la jurisprudence moderne nous ournit encore des exemples.

Il est donc plus prudent, en tout cas, d'employer le mot consacré *par procuration*. (4)

La seconde remarque est que le commettant et le tiers, bien que n'ayant pas plus ici qu'ailleurs d'action

---

(4) Un jugement de Marseille, du 6 mai 1864 (*J. M.*, 1864, 1, 136), a fait une curieuse et intéressante application de cette idée, en décidant que le capitaine qui fait assurer son navire, ne le fait pas seulement en qualité de capitaine, c'est-à-dire en nom qualifié, mais en qualité de commissionnaire, et est dès lors personnellement tenu des effets du contrat. Le mandat conféré au capitaine, en ce qui touche l'administration du navire, n'a jamais en effet impliqué pouvoir de faire assurer ; non seulement la loi n'autorise pas textuellement une opération semblable, mais un argument décisif se tire en sens contraire de l'article 234.

directe l'un contre l'autre, peuvent s'atteindre cependant par l'action oblique.

Emérigon s'en explique, en ce qui concerne l'assuré commissionnaire.

Il ne dénie à l'assureur contre le commettant que l'action directe ; mais il lui accorde l'action utile ou oblique, dans le cas tout au moins où ce commettant n'a pas encore payé la prime au commissionnaire, par subrogation à celui-ci, du chef de celui-ci, tandis que, s'il l'a payée de bonne foi, tout est dit pour l'assureur.

Valin et Pothier, s'inspirant de la doctrine italienne, allaient plus loin, et admettaient une action solidaire contre le commissionnaire et le commettant ; ce qui donnait à l'assureur le droit de les poursuivre directement, ensemble ou séparément (Valin, t. II, p. 33 et 34, Pothier, n° 98).

Mais cette doctrine devrait aujourd'hui, sans aucune hésitation, être repoussée comme étant contraire aux principes mêmes de la commission.

A son tour le commettant n'aurait contre l'assureur que l'action utile, par subrogation au commissionnaire, en faisant la même distinction, suivant que l'assureur devrait encore la perte au commissionnaire, ou la lui aurait payée de bonne foi.

Dans l'usage, c'est ordinairement le commissionnaire qui attaque les assureurs en paiement de la perte ; quelquefois le commettant intervient au procès, pour concourir avec le commissionnaire à faire condamner les assureurs.

Mais, ainsi que nous l'avons dit et prouvé par l'exemple rapporté ci-dessus, sa présence et son concours ne changent point les qualités ; c'est toujours le commissionnaire qui attaque ou se défend, comme assuré. L'intervenant n'est admis qu'à titre d'intéressé.

Allons plus loin : on a vu des exemples de commettants attaquant seuls directement les assureurs, et l'on ne leur a pas opposé défaut de qualité ou d'action.

Mais l'explication en est bien simple, c'est qu'ils agissaient en vertu de la police que leur avait transmise le commissionnaire ; or cette police était payable *au porteur*.

Nous avons dit, en parlant de la commission en gé-éral, qu'elle différait essentiellement du mandat, quant ux rapports qu'elle établissait avec les tiers, quant ux actions et obligations qui naissaient des conventions assées avec les tiers par le commissionnaire. Il con-ient d'ajouter qu'entre le commettant et le commis-ionnaire ces différences s'effacent, qu'à l'égard l'un de autre, le premier n'est qu'un mandant, le second qu'un andataire ; en sorte que les rapports de l'un de l'au-e, c'est-à-dire leurs droits et obligations respectifs, ivent se régler comme le mandat ordinaire.

Cela est vrai, sauf toutefois quelques modifications enées par le besoin et l'usage du commerce.

Quelles sont ces modifications ?

Nous avons à les signaler, en considérant maintenant commission d'assurance, non plus dans les rapports avec les assureurs, mais dans les rapports de l'assuré commettant à l'assuré commissionnaire.

De l'un à l'autre, ce n'est proprement que le mandat donné et reçu de faire assurer.

Voici néanmoins ce qui, sous certains rapports, différencie ce mandat du pur mandat civil.

1° *En ce qui concerne la nature du contrat.*

En droit romain, et d'après nos anciens principes, le mandat était *essentiellement* gratuit ; salarié, c'était un autre contrat, le contrat de louage de services, *locatio operarum.*

Aujourd'hui, chez nous, il est, non plus de l'essence, mais de la nature du mandat civil, d'être gratuit. Il l'est par lui-même ; pour qu il cesse de l'être, il faut une convention contraire (Cod. civ., art. 1986).

S'il y a donc silence sur ce point, le mandataire ne peut réclamer aucun salaire ou rétribution.

Il en est autrement du mandat entre commerçants, ou mieux pour affaires de commerce.

En commerce, tout a un prix ; rien ne s'y fait pour rien, les services gratuits y sont à peu près inconnus, les contrats de bienfaisance n'y sont point d'usage.

Par lui-même, par sa nature, le mandat y est donc salarié ; et l'on n'a pas besoin de le dire, encore moins de fixer le taux du salaire ; on est censé s'en référer à l'usage qui, suivant les lieux, alloue tant pour cent pour telle ou telle opération, ce qu'on appelle *droit de commission*, ou simplement *commission.*

Il en est ainsi, pour la commission d'assurance.

2° *Forme et preuve de mandat donné.*

La loi civile admet qu'il peut être donné par acte public ou privé, même par lettre. Elle ajoute qu'il peut même être donné verbalement, mais la preuve par témoins n'en peut être reçue, s'il s'agit d'une valeur de plus de 150 francs (Cod. civ., art. 1985).

En commerce, cette distinction disparaît.

La commission peut toujours être purement verbale, de quelque objet, de quelque valeur qu'il s'agisse ; et tout genre de preuve en sera toujours admissible.

Il en est du mandat commercial comme de tous les autres contrats commerciaux. Pour tous la preuve testimoniale est admissible, à moins que la loi commerciale elle-même n'ait fait exception, en exigeant l'écriture, soit pour la validité, soit pour la preuve de telle ou telle convention, *sociétés, contrats maritimes.*

Au surplus, la commission est rarement verbale, elle n'a lieu ordinairement qu'entre négociants éloignés, forcés de recourir à leurs correspondants.

Mais il n'y a ni actes publics, ni actes privés ; la ommission s'y donne communément par lettres.

Il en est de même pour les assurances ; il y a ici ce u'on appelle les *lettres d'ordre.*

3° *Acceptation du mandat.*

Tant qu'un mandat n'est pas accepté (et rien n'y blige), il n'y a pas de concours de volontés : *le contrat ne se forme que par l'acceptation du mandataire* (art. 1984 Cod. civ. 2^me^ al.).

Mais, d'après ce Code même, l'acceptation n'a pas besoin d'être formelle, d'être faite par un acte quelconque ; elle peut n'être que tacite, en ce sens qu'*elle peut résulter de l'exécution donnée au mandat par le mandataire* (art. 1985 Cod. civ., 2^me^ al.).

Si donc le mandataire, agit dans le sens du mandat, fait l'opération qu'on lui prescrit, il accepte tacitement.

Mais là s'arrête la présomption de la loi civile. Si le mandataire s'abstient, il est censé refuser.

Le droit commercial va plus loin.

Pour qu'il y ait acceptation tacite, il n'est pas besoin d'un fait actif, positif d'exécution ; il suffit du seul silence.

La plupart des affaires s'y traitent entre absents, entre négociants éloignés, d'une place à l'autre, ventes, achats, changes, commissions, etc.

Ces contrats s'y forment donc par correspondance. Mais, comme il faut que tout y soit rapide et ponctuel, l'usage et la force des choses ont établi certaines règles.

Il faut qu'une lettre, portant une proposition ou un ordre, soit rapidement répondue par une autre lettre portant acceptation ou refus.

Si le correspondant, à qui l'offre est faite ou l'ordre donné, ne répond pas immédiatement, aussitôt que possible, par la plus prompte voie, il est, par son seul retard, réputé acceptant et tenu comme tel.

Cela a été établi, pour que l'occasion, si fugitive, ne soit pas manquée.

Ici encore, il en est de même pour la commission d'assurance.

Maintenant, quelles sont les obligations, quelle est la responsabilité du commissionnaire qui, formellement ou tacitement, a accepté le mandat ?

Le mandataire choisi par quelqu'un est parfaitement libre de refuser la commission, le commissionnaire encore plus que le mandataire ; car celui-ci ne s'oblige à rien envers les tiers, l'autre s'engage envers eux personnellement.

Aussi, celui à qui l'on commet une assurance, peut ne pas vouloir s'engager personnellement à payer une prime importante, avec la chance possible de ne pas en être remboursé.

Mais si une fois il accepte, en quelque mode que ce soit, fût-ce par son silence, il est rigoureusement tenu 'exécuter le mandat.

Dès lors il répond envers son mandant, non seuleent du dol, mais de la simple faute qu'il peut commettre.

De quel genre de faute est-il tenu ? Non seulement e la *faute lourde*, mais de la *faute légère* et même, uivant la nature de l'affaire, de la *faute très légère*.(5)

(5) Cette terminologie, empruntée à Pothier, n'a pas été nservée par le Code civil qui, après avoir posé en principe,

Or le mandat de faire assurer est de ceux qui comportent et exigent le plus de soin et le plus de diligence.

D'ailleurs il s'agit ici d'un mandat salarié, et la responsabilité y est plus rigoureuse que pour le mandat gratuit.

En général, le mandataire répond de ses fautes *in omittendo*, comme de ses fautes *in committendo*.

Il doit, non seulement ne rien faire qui sorte du mandat, ni qui y soit contraire, mais encore ne rien omettre de ce qu'on lui a prescrit.

Or cette règle, commune à tous les mandats, est encore plus rigoureusement applicable au mandat commercial, emportant salaire, et plus particulièrement au mandat si grave de faire assurer.

Il faut seulement distinguer ici l'inexécution totale de l'inexécution partielle.

1° En cas d'inexécution totale, quelle sera la peine

---

dans l'article 1992, que le mandataire répond, non seulement de son dol, mais de sa faute, se borne à ajouter que *néanmoins la responsabilité relative aux fautes est appliquée moins rigoureusement à celui dont le mandat est gratuit qu'à celui qui reçoit un salaire*. Du reste, il y a dans tout cela une différence de mots, beaucoup plus que de choses, et le législateur, en écartant la division tripartite des fautes, a voulu simplement enlever à cette théorie ce qu'elle avait dans la forme de trop absolu.

du commissionnaire d'assurance, qui, ayant reçu et accepté l'ordre, l'aura cependant laissé sans exécution?

Que ce soit par simple erreur, oubli ou négligence, cela ne fait rien à la solution.

Si le risque vient à bien, si la chose arrive à bon port, évidemment ce commissionnaire n'aura encouru aucune peine, car l'inexécution n'aura causé nul préjudice à son mandant, lequel n'aura pas même de prime à payer.

Mais, s'il y a sinistre, si la chose est perdue, c'est un préjudice dont son mandataire lui devra réparation ; il y aura lieu à dommages-intérêts (art. 1991 Cod. civ.).

Et l'indemnité devra être égale au dommage ou préjudice, à ce que souffre le commettant par le défaut d'assurance, c'est-à-dire qu'il sera tenu du sinistre, de la perte, tout comme en serait tenu un assureur, tout comme s'il était assureur lui-même. (6)

2° En cas d'inexécution partielle, c'est-à-dire lorsque le commissionnaire ne fait assurer qu'une partie de la somme commise, il sera, par les mêmes principes, tenu jusqu'à concurrence de ce qu'il a omis de faire assurer.

Il deviendra donc assureur jusqu'à due concurrence.

Mais quoi ! Sera-t-il, dans tous les cas, responsable du défaut d'exécution, soit total, soit partiel ?

---

(6) Voy. une application intéressante de cette idée dans un jugement de Marseille du 8 mai 1855 (*J. M.*, 33, 1 160).

Les circonstances ne peuvent-elles pas être telles, qu'il y trouve une excuse ou une exception ?

Aussitôt l'ordre reçu, il a proposé le risque aux assureurs ; personne n'en a voulu, par une cause ou par une autre ; le risque était chanceux ou suspect, on était à un moment où les assureurs étaient effrayés, ou bien les conditions du commettant ne convenaient pas à la place.

La police est restée ouverte, sans signature, ou avec un petit nombre. Il a fait, mais en vain, tout ce qu'il a pu ; sera-t-il responsable ?

Non, à l'impossible nul n'est tenu ; il répond de son fait, mais non de la force majeure.

Cette force majeure relève le mandataire civil de l'inexécution ; à une condition cependant, c'est que sans délai il donnera avis au mandant de l'obstacle qu'il rencontre, de l'impossibilité qu'il éprouve, pour que le mandant puisse aussitôt prendre d'autres dispositions, pourvoir autrement à son intérêt.

Or, si cela est vrai, même pour le mandat civil, à plus forte raison cela l'est-il pour le mandat commercial, notamment pour le mandat d'assurance ; tous les moments y sont précieux, et il n'en faut pas perdre un seul.

Immédiatement, par la voie la plus prompte, il faut avertir le mandant, afin qu'il prenne ses mesures pour se faire couvrir ailleurs, par lui-même ou par ses amis, faire ou compléter ses assurances.

Autrement le commissionnaire est tenu de toutes les conséquences.

Que décider, si, avant que le mandataire ait fait les assurances commises, la nouvelle du sinistre arrive sur la place, et rend toute assurance impossible ?

C'est bien là, ce semble, un cas de force majeure qui empêche toute exécution ; et néanmoins, pour savoir si c'est là pour le mandataire une excuse suffisante, il y a lieu de faire une distinction, à raison de la conduite antérieure qu'il a pu tenir.

Si la nouvelle est arrivée avant le moment ou au moment où le mandataire aurait dû agir, il n'y a rien à lui reprocher, l'impossibilité survenue ne lui est pas imputable.

Mais si au contraire, avant l'arrivée de la nouvelle, le mandataire avait pu agir et ne l'avait pas fait, s'il était déjà en retard ou négligent, c'est-à-dire n'avait pas agi immédiatement après la réception de l'ordre, ce fait le constituerait en faute et mettrait à sa charge l'obstacle survenu depuis, et que sa diligence eût pu prévenir.

Il en serait de même si la nouvelle venait interrompre une assurance commencée trop tard.

La force majeure, avons-nous dit, exonère le mandataire.

Mais pourrait-il présenter comme telle cette circonstance, que, lors de la réception de l'ordre et pendant plus ou moins de temps, il a été retenu malade dans son lit, ou bien qu'à la même époque il était absent de son domicile ?

En droit civil, de pareilles excuses pourraient être admises ; mais non, en droit commercial, entre commerçants.

Le négociant, malade ou absent, n'en est pas moins réputé présent dans son comptoir ; toujours quelqu'un doit l'y représenter, pour faire face au diverses occurences, continuer le cours des affaires, recevoir des ordres ou en donner, etc.

S'il n'a pas pris cette précaution, il sera en faute et responsable.

Il ne suffit pas à celui qui a reçu un ordre d'assurance d'ouvrir en conséquence une police, et de le faire en temps utile.

Il faut encore qu'il exécute le mandat, tel qu'il lui a été donné, avec exactitude, soin et intelligence ; qu'il ne sorte pas des limites tracées, ni ne s'écarte des conditions prescrites ; qu'au besoin même, il sache suppléer, selon l'esprit du mandat, à ce qu'il pourrait avoir d'incomplet ou d'indéterminé.

Nous allons faire une application de ces maximes à des exemples qui feront mieux ressortir les devoirs d'un mandataire de ce genre.

I. — *Somme à assurer, ou valeur de l'objet à assurer.*

Si, dans l'ordre, cette somme ou valeur est déterminée, le commissionnaire doit s'y conformer, ne rien faire assurer de plus, ne rien faire assurer de moins, sous peine de voir le plus ou le moins rester à son compte.

Mais si, comme il est arrivé, le mandant se borne à donner l'ordre de faire assurer telles facultés qu'il expédie, sans exprimer la somme de l'assurance, le mandataire sera-t-il par là dispensé d'exécuter ?

Non, il devra tâcher d'y suppléer : par les connaissements et factures, si on les lui transmet, à défaut par une expertise ou une évaluation conventionnelle.

Sinon, il sera responsable et tenu du défaut d'assurance.

### II. — *Taux de la prime à allouer aux assureurs.*

Assez souvent, le commettant, ne connaissant pas le cours de la place, lequel est sujet à varier, ne fixe rien à cet égard, et s'en remet au commissionnaire, en lui disant d'opérer pour le mieux, aux conditions les plus avantageuses.

Avec cette latitude, il peut allouer telle ou telle prime, sans qu'on puisse dire qu'il est sorti des bornes du mandat, sans qu'on puisse répudier ce qu'il a fait.

Mais ce n'est pas à dire qu'il puisse allouer une prime exorbitante, dépassant le taux le plus élevé.

Ce taux, il est vrai, entre les parties contractantes (assuré et assureur), est illimité, en ce sens que, quel qu'il soit, les parties ne peuvent l'attaquer pour cause de lésion.

Mais il n'en est pas moins vrai que les primes ont,

sur chaque place, un cours, c'est-à-dire un taux commun ou moyen, qui se forme par la comparaison des primes stipulées communément pour des risques pareils ou approchants, et qui est certifié par les courtiers d'assurance, conformément à l'article 79 du Code de commerce.

Eh bien ! A défaut de limites, c'est là une règle qui est censée donnée au commissionnaire. Sa latitude doit prudemment se renfermer entre le taux le plus bas et le plus haut, et autant que possible ne pas dépasser ce dernier. (6)

Mais *quid* si, dans son ordre, le mandant a déterminé précisément le taux de la prime, 3 p. 0|0 par exemple ?

Alors on ne peut s'écarter de ce taux.

Quand l'ordre est clair et précis, le mandataire doit s'y tenir exactement, littéralement.

Bien entendu qu'il pourra s'en écarter, s'il trouve à traiter à un taux moindre, par exemple à 2 ou 2 1|2 p. 0|0.

Ce ne serait pas là violer le mandat qui, naturellement, en limitant 3 p. 0|0, sous-entendrait *ou pour moins, si c'est possible.*

Le mandant pourrait-il jamais convertir en préjudice ce qui a été précisément fait à son avantage ?

---

(6) Voy. en ce cens Aix, 7 décembre 1831 (*J. M.*, 13, 1, 191).

Mais, au contraire, bien évidemment il y aurait violation, s'il eût dépassé les 3 p. 0|0 fixés, et alloué 4, 5 p. 0|0.

C'est l'avis de Pothier (n° 93) ; Emérigon dit cependant (t. I, p. 145) que le mandat n'est pas moins bien exécuté; mais son opinion, ainsi que nous allons mieux le voir ci-après, est fort contestable, et ne doit pas être suivie.

Et alors, quelle sera la conséquence ?

C'est rigoureusement que le mandant pourrait laisser la chose pour le compte du mandataire.

Mais pourrait-il prendre l'assurance pour son propre compte, mais au taux par lui déterminé, en laissant l'excédant au compte du mandataire ?

En droit civil rigoureux, il ne le pourrait ; il devrait, ou accepter le marché pour le tout, ou le répudier pour le tout (Pothier, n° 94, 2me al.),

Emérigon (*loc. cit.*) admet le contraire en matière d'assurance ; mais ici encore sa solution ne parait pas devoir être suivie. Ou le contrat, dans les conditions où il est fait, est avantageux, ou il ne l'est pas ; s'il l'est, il doit être accepté tel qu'il est ; sinon, il doit être répudié en entier.

Mais le mandataire ne pourra-t-il pas, de son côté, forcer le mandant à prendre le marché pour lui, en offrant de supporter lui-même l'excédant ? L'affirmative est généralement admise (Pothier, n° 94 ; Pardessus, n° 572 ; Emérigon et Valin, *loc. cit.*). (7)

---

(7) On sait qu'une question semblable avait été agitée entre les jurisconsultes romains, et qu'elle avait été décidée, après

### III. — *Risques à faire couvrir par les assureurs ; pertes ou dommages à mettre à leur charge.*

Si le mandant a donné purement et simplement l'ordre de faire assurer, sans rien ajouter relativement à l'étendue des risques à faire garantir, le commissionnaire pourra-t-il, dans sa police, consentir des clauses qui affranchissent les assureurs de tel ou tel risque particulier, de telle nature ou de telle quotité du dommage ?

Non, si c'est arbitraire et par exception à ce qui se pratique habituellement sur la place.

Oui, si l'usage l'y veut ainsi, si telle clause de fran-

---

une longue controverse, dans le sens de l'opinion exprimée au texte (Gaïus, comment. III, § 161, Inst. lib. III, tit. XXVI, § 8). Cette opinion souffre, en thèse générale, beaucoup de difficulté ; car il dépendrait alors du commissionnaire, suivant que e marché par lui fait serait avantageux ou non, de le garder pour lui, ou de s'en débarrasser moyennant un léger sacrifice. Et c'est ce qu'avaient très-bien fait remarquer les jurisconsultes qui, en droit romain, étaient d'avis contraire. Ceci posé, toute la question est de savoir si cette dernière doctrine doit être transportée en matière d'assurance ? Or nous ne le croyons pas, et c'est la solution indiquée ci-dessus qui doit être suivie. Il ne peut en effet dépendre ici du commissionnaire de garder ou de ne pas garder le marché pour lui, car il est sans intérêt personnel à l'assurance et ne saurait dès lors, en ce qui le concerne et en dehors de la participation du commettant, en réclamer les effets.

chise y est ordinairement insérée dans les polices : par exemple, si, comme anciennement à Marseille, on y insère toujours le pacte de franchise d'avarie.

Le commettant, en ordonnant l'assurance sans autre explication, sur telle place de commerce, est censé s'en être référé, dans l'exécution, à ce qui est de règle ou d'usage sur cette place, et le commissionnaire ne peut être blamable d'avoir fait ce qui y est fait ordinairement (Emérigon, t. I, p. 147 ; conf. aussi Marseille, 10 mars 1843, *ibid.* 23, 1, 70).

Si, au contraire, l'ordre a été donné de faire assurer à tout événement, ou à tout risque, alors le commissionnaire ne peut plus consentir à restreindre les risques par aucune clause, même le plus en usage.

Mais si le commissionnaire ne trouve personne qui veuille assurer à tout événement, que devra-t-il faire?

Voici ce que répond Emérigon (*loc. cit.*), d'après Casaregis : *Attendre des ordres plus libres, s'il n'y a pas péril en la demeure, et, si le temps presse, faire une assurance restreinte quant aux risques, qui vaudra toujours beaucoup mieux qu'un défaut d'assurance.*

C'est là conseiller au commissionnaire quelque chose de délicat : se faire juge du moment, prendre sur lui une violation formelle.

S'il y a perte, sans doute à défaut d'une garantie complète, le commettant pourra s'estimer heureux d'avoir au moins une garantie restreinte ; mais en cas d'arrivée, ce commettant pourra très bien laisser au compte du commissionnaire trop zélé, la prime et les frais d'une assurance prise contrairement à ses ordres.

Je crois donc que, s'en tenant à l'ordre littéral, il vaut mieux qu'il s'abstienne. (7)

Mais il a dans cette hypothèse un devoir qu'il doit remplir rigoureusement, comme dans tout cas d'impossibilité d'agir.

Il ne peut trouver d'assureur à la prime fixée par le commettant ; il ne peut trouver d'assureur qui couvre tous les risques indistinctement comme le veut le commettant ; il faut qu'il en avertisse immédiatement celui-ci, afin que, s'il en a le temps, il cherche ailleurs à faire assurer comme il l'entend ; ou que, modifiant ses premiers ordres, il lui en transmette à lui-même de plus libres.

Si, ne trouvant pas d'assureur au taux de prime fixé, ou à la condition de courir tout risque, le commissionnaire, croyant bien faire, passe outre et conclut à une prime supérieure ou avec quelque pacte exceptionnel, il devra aussitôt, et sans attendre l'événement du risque, informer son mandant de ce qu'il a fait, au risque d'être blamé ou désavoué.

Il peut se faire que le commettant, mieux avisé, approuve ce qu'il a fait pour son avantage, hors des termes rigoureux du mandat.

---

(7) Cette décision est fort sage, et le commissionnaire fera bien de s'y tenir. Voy. en ce sens Marseille, 18 juin 1850 et 12 octobre 1855 (*J. M.*, 29, 1, 216, 33, 1, 311).

Et, s'il l'approuve, toute irrégularité est couverte ; car l'approbation postérieure a les mêmes effets qu'un mandat antérieur : *ratihabitio mandato æquiparatur*.

Cette ratification n'a pas besoin d'être expresse : elle peut résulter du seul silence gardé sur l'infraction commise, à la réception par le commettant de l'avis qui a été fait ; s'il ne répond pas, ou si, en répondant, il ne blâme pas, par cela même il approuve, et se rend non recevable à désapprouver plus tard.

Dans le commerce entre négociants, la réception d'une lettre non contredite est une ratification, est un acte positif d'approbation.

•

Maintenant qu'en sera-t-il, si, le commissionnaire ayant fait souscrire l'assurance, et l'objet assuré ayant péri, les assureurs attaquent l'assurance et la font annuler pour cause de réticence, fausse déclaration, différence entre la police et le connaissement ?

Peu importe aux assureurs, ainsi que nous l'avons dit, que la réticence, fausse déclaration ou différence procèdent du commettant ou du commissionnaire. Celui-ci, bien que leur assuré véritable, ne peut s'excuser à leur égard sur sa bonne foi personnelle, et dire : *j'ai ignoré ou bien j'ai cru tel fait*. Le fait du commettant est opposable au commissionnaire, bien que ce commettant soit hors du contrat.

A défaut des assureurs ainsi exonérés, qui devra, du commettant et du commissionnaire, supporter la perte ?

La question se réduira à savoir à qui, du commettant ou du commissionnaire, devra s'imputer la nullité de l'assurance : en d'autres termes, à savoir quel est celui des deux qui a dissimulé le fait influent qu'il connaissait, ou qui a déclaré un fait influent non conforme à la vérité, ou non conforme au connaissement.

Cela ressortira de la comparaison de l'ordre, des instructions, du connaissement transmis par le commettant, avec la police telle que le commissionnaire l'a dressée ou fait dresser.

Si ces pièces ne mentionnent nullement le fait omis dans la police, ou si elles énoncent le fait faux déclaré dans la police, sans nul doute toute la faute est au seul commettant; c'est lui-même qui a induit en erreur son comissionnaire, qui n'a fait qu'exécuter fidèlement son mandat ; c'est sur le commettant lui-même que la faute doit retomber.

Si, au contraire, le fait omis dans la police se trouve énoncé dans les pièces du commettant, ou si dans ces pièces il n'est fait nulle mention de ce que la police énonce faussement, alors l'omission ou la déclaration est le propre et unique fait du commissionnaire, qui en cela s'est écarté de son mandat.

Et peu importerait qu'en omettant ou déclarant, il eût été de très bonne foi, qu'il n'eût eu aucune intention de tromper, de cacher ; que ce soit par simple erreur, méprise, oubli, inattention, inadvertance, il est responsable de la faute comme du dol.

Il ne lui servirait de rien de dire : j'ai cru que le fait

était insignifiant, que mon commettant n'y attachait aucune importance ; il l'énonçait dans ses instructions ou dans son connaissement, mais il ne donnait pas l'ordre formel de le déclarer, etc.

C'était à lui commissionnaire à en juger, à en apprécier l'importance, l'influence sur le risque ; il est tenu d'apporter l'attention, l'intelligence, l'habileté requise pour ces sortes d'opérations toujours délicates.

Si donc, par le fait du commissionnaire, par son infraction au mandat, l'assurance effectuée est nulle et non avenue, c'est en résultat tout comme si le mandat fût resté sans exécution, tout comme si aucune assurance n'eût été faite.

La conséquence doit donc en être la même : c'est que le commissionnaire devra au commettant la même garantie qu'eussent donnée les assureurs ; c'est qu'il répondra lui-même comme eussent répondu les assureurs, c'est qu'en remplacement il sera tenu lui-même comme assureur. (8)

Mais si, d'un autre côté, on le considère comme assureur, si on lui en impose les obligations, ne sera-t-il

---

(8) La jurisprudence est pleine d'exemples de cette sévérité; voy. entre autres Marseille 8 août 1821 ; Aix, 7 décembre 1831 précité, et 18 février 1837 ; Marseille, 4 juillet 1837 ; Aix, 26 août 1840, 12 mai 1841 et 23 juin 1842 ; Paris, 22 mai 1843 et 22 mai 1844 (*J. M.*,3, 1, 35, 13, 1, 191, 16, 1, 107, 17, 1, 19, 21, 1, 50, 98 et 101, 231, 113. — *J.*, 1845, 2, 231).

pas juste aussi de lui en accorder toutes les exceptions?

Puisqu'on le substitue à l'assureur exonéré, ne doit-il pas être subrogé à tous ses droits, actifs comme passifs ?

Sans doute, il doit avoir toutes les exceptions qui compétaient à l'assureur et que celui-ci aurait pu opposer.

Ainsi supposons qu'indépendamment du fait imputable au commissionnaire, dont l'assureur s'est prévalu et qui a suffi pour faire annuler l'assurance, il y eût un autre fait, imputable au seul commettant, dont l'assureur aurait pu aussi se prévaloir et qui eût été également un motif de nullité, le commissionnaire mis au lieu et place de l'assureur, pourra en exciper contre le commettant, tout comme aurait pu faire l'assureur; et l'annulation de l'assurance prononcée aussi à son profit le libèrera également du paiement de la perte.

Exemples : si, l'assurance étant annulée pour omission ou déclaration fautive du commissionnaire, il se trouve qu'une autre omission ou déclaration, également grave, également influente, avait été faite par le commettant lui-même ;

Si l'assurance annulée par un fait quelconque du commissionnaire, était illicite, contraire aux lois ou à l'ordre public, comme s'il s'agissait d'une assurance sur le fret ou le profit espéré, ainsi que cela résulte d'une des décisions précitées.

Dans ce cas, bien que l'assureur, lié moralement par ce qu'on appelle un *pacte d'honneur*, n'ait pas relevé cette cause de nullité radicale, le commissionnaire pourra lui-même s'en emparer, pour échapper à la garantie que le commettant voudrait faire peser sur lui.

Le commissionnaire d'assurance est-il responsable de la solvabilité des assureurs ?

En principe on peut répondre que non.

En général le commissionnaire qui traite avec des tiers pour le compte de son commettant, n'est pas de plein droit tenu envers celui-ci de la solvabilité de ceux avec qui il a traité.

Pour qu'il en réponde, il faut, ou qu'il s'en soit rendu garant par un pacte exprès, spécial, ou bien que, sans convention, quelque dol ou faute de sa part lui en impose la preuve.

1° *Pacte de garantie.* C'est ce que dans ces matières on appelle *ducroire* (de l'italien *del credere*).

Ce nom donné au pacte de garantie désigne aussi le commissionnaire qui le consent.

Il désigne aussi le salaire ou droit de commission, attribué par la convention ou par l'usage au commissionnaire qui garantit la solvabilité.

Ce salaire ou ce droit est ordinairement du double du droit ordinaire, sans pacte de garantie.

Le surcroit de commission allouée l'est à raison de la responsabilité consentie.

Or nul doute qu'un pacte de ce genre ne puisse s'appliquer à la commission d'assurance, comme à toute autre espèce de commission.

Et le commissionnaire d'assurance qui se rend *ducroire* se rend par là assureur lui-même envers son commettant de la solvabilité des assureurs avec lesquels il contracte.

Si l'un ou plusieurs assureurs deviennent insolvables, c'est lui qui payera à leur place.

2° Mais supposons qu'il n'y ait point de *ducroire* stipulé, point de pacte de garantie expressément convenu, qu'il y ait commission pure et simple.

Alors le commissionnaire n'en répondra pas, mais à une condition, c'est que, ni lors du contrat, ni depuis, il n'y aura eu de sa part ni dol, ni faute, relativement à la solvabilité des assureurs.

Et d'abord lors du contrat, le commissionnaire ne doit pas prendre ou accepter pour assureur le premier venu, sans égard à sa consistance.

Il ne doit accepter comme tel que celui qui est sur pied et en plein crédit.

*L'ordre de faire assurer suppose naturellement que le mandataire ne fera choix que de personnes d'une solvabilité connue et d'une réputation entière* (Valin, art. 3 du tit. *Des assurances*, t. II, p. 33).

Autrement il répondrait de leur insolvabilité, et son choix pourrait passer pour frauduleux.

Il ne faudrait pas pourtant exagérer cela, et exiger du commissionnaire une sorte d'inquisition sur l'état de fortune de chaque assureur.

Il suffit, pour qu'il soit à couvert, que son assureur

ait toutes les apparences d'un homme solvable, qu'il soit réputé tel, et jouisse de son crédit.

Peu importerait donc que, malgré l'apparence, cet assureur fût au fond insolvable ; le commissionnaire ne répondrait pas de l'insolvabilité qui se manifesterait plus tard.

A moins toutefois qu'il ne fût prouvé qu'il connaissait ou ne pouvait ignorer le dérangement de sa fortune, encore inconnu au public ; alors il y aurait dol de sa part, et sa responsabilité serait engagée.

Après le contrat, le commissionnaire n'a-t-il plus à cet égard, de devoir à remplir ?

Cet assureur qui paraissait solvable, et que de bonne foi il a accepté comme tel, donne plus tard des signes de dérangement : il y a lieu de craindre que, le cas échéant, il soit hors d'état de faire face à ses obligations.

Le devoir du commissionnaire est, dès que ces signes se manifestent, d'en donner avis à son commettant, afin que celui-ci puisse se prononcer contre l'insolvabilité qui le menace.

Averti qu'il sera, ce commettant pourra user d'un moyen : ce sera, quand il en est encore temps, de faire assurer la solvabilité chanceuse de l'assureur.

Cette assurance de la solvabilité des assureurs était formellement autorisée par l'Ordonnance, tit. *Des assur.* art. 20.

Le Code de commerce ne l'a pas répété, et c'est avec

raison ; ce n'était pas là une assurance maritime : les chances d'insolvabilité ne sont pas des chances de mer, des risques provenant de la mer.

Du silence de la loi, on ne peut donc induire qu'elle ait interdit cette assurance, qui, comme assurance terrestre, est aussi légitime que toutes celles que peut faire un créancier en général sur la solvabilité de son débiteur.

Emérigon (t. I, p. 262) et après lui Estrangin sur Pothier (n° 33, p. 41), sans contester que cette assurance (celle de la solvabilité de l'assureur) soit légitime et pratiquée, n'admettent pas qu'elle puisse ou doive l'être, hors du cas de faillite notoire ou déclarée.

Mais s'il y a faillite, c'est-à-dire insolvabilité complète et légale de l'assureur, comment pourrait-on encore faire assurer sa solvabilité ? Comment faire garantir ce qui est déjà évanoui ? Comment se faire garantir contre un fait déjà réalisé ? Il serait bien temps !

Ces auteurs confondent l'assurance de solvabilité, qui nécessairement, pour avoir lieu, doit précéder la faillite, avec la nouvelle assurance que l'assuré peut faire après la faillite, en remplacement de celle qu'avait souscrite l'assureur failli.

Emérigon ajoute (*ibid.*) que, hors du cas de faillite, ce serait faire injure à l'assureur que de faire assurer sa solvabilité ; qu'il ne sait s'il ne serait pas en droit de s'en plaindre, le crédit étant la première richesse des négociants.

Son observation serait juste, appliquée à une nouvelle

assurance qu'on ferait sur de simples craintes ; mais elle perd beaucoup de sa force, appliquée à l'assurance de solvabilité.

Sans doute il y a, dans l'emploi de cette assurance, quelque chose de délicat, et qui commande d'être circonspect ; il ne faut pas légèrement y recourir, et sur de simples et vagues soupçons, exposer le crédit et la réputation d'un négociant.

Mais, d'autre part, pourquoi, lorsqu'il y a de justes sujets de crainte sur un négociant débiteur, priverait-on le négociant créancier de prendre ses précautions et ses sûretés ?

Et pourquoi ce qui est permis à tout créancier en général, ne le serait-il pas à l'assuré, menacé de perdre la garantie sur la foi de laquelle il a formé ses expéditions et exposé sa fortune ?

Convenons pourtant que, tant que le risque est en suspens, la créance d'un assuré n'est qu'une créance aléatoire, éventuelle, sous condition suspensive, subordonnée à l'événement incertain de la perte ; et qu'une telle créance diffère de celle qui serait pure et simple, actuelle et définitive.

Mais, pour n'être que créancier éventuel, cet assuré n'en est pas moins toujours créancier ; conditionnel ou non, son droit, s'il est sérieusement menacé, doit toujours être préservé du danger qui peut l'atteindre. Seulement, s'il n'est que conditionnel, il faudra, dans l'appréciation du danger et dans l'emploi du moyen préservatif, plus de prudence, de réserve et de circonspection.

Quoi qu'il en soit, le commissionnaire qui conçoit des craintes sérieuses sur quelqu'un de ses assureurs, ne doit pas négliger d'en informer son commettant, afin que celui-ci puisse, appréciant la gravité des circonstances, ou recourir à une assurance de solvabilité, ou, s'il est possible, obtenir de l'assureur douteux la résiliation volontaire de l'assurance, pour être libre d'en faire une autre en remplacement.

Mais *quid*, s'il ne s'agit pas seulement de craintes conçues sur la solvabilité de l'assureur, si son insolvabilité devient tout à coup certaine et notoire, si, en un mot, il est déclaré en faillite ?

Nous supposons qu'au moment où la faillite éclate, le risque dure encore, c'est-à-dire qu'on ignore encore la perte ou l'arrivée, car si, à ce moment, le risque était fini, l'événement était connu, il n'y aurait plus aucun moyen de se délier du contrat, et de se soustraire aux conséquences de la faillite.

Mais les choses étant encore entières, c'est-à-dire le risque n'étant pas terminé, que doit faire le commissionnaire pour mettre à l'abri l intérêt de son commettant ?

Il va sans dire qu'il doit l'en aviser ; mais il ne doit pas se borner là.

Il faut qu'immédiatement il se pourvoie contre la faillite pour obtenir une caution solvable qui remplace la garantie, ou qu'à défaut il obtienne la résiliation du contrat.

Ce droit, pour tout assuré, d'obtenir contre son assureur failli une caution ou la résiliation du contrat, était autrefois reconnu, bien que l'Ordonnance n'en parlât pas (Valin, t. II, p. 66 ; Emérigon, t. I, p. 259 ; Pothier et Estrangin, p. 176 et 177) ; et il a été consacré par l'article 346 du Code de commerce, lequel l'a rendu réciproque, comme le voulaient les deux premiers. (9)

Et c'est ce droit que l'assuré commissionnaire devrait se hater d'exercer, dans l'intérêt de son commettant.

L'intérêt qu'il a à faire résoudre la question se comprend de soi :

Toute obligation étant éteinte par là, l'assuré, quoi qu'il arrive, n'aura plus à payer au failli la prime à lui promise; et les parties devront être remises au même état qu'auparavant, si le failli a reçu la prime, il sera obligé de la restituer.

Et d'un autre côté ; l'assuré peut dès lors, pour se couvrir du sinistre possible, remplacer l'assurance dissoute par une nouvelle assurance qui lui donnera un assureur solvable ; les frais et le surcroît de prime que pourra exiger la nouvelle assurance restant, comme dommages-intérêts, à la charge du premier assureur, qui, par son fait, a donné lieu à la résolution.

---

(9) Voy. pour le commentaire de l'article 346, précédent volume, p. 113 et sq.

Mais voici la question :

Le commissionnaire obligé, sous peine de responsabilité, de faire aussitôt annuler l'assurance du failli, doit-il aussi, sous la même peine, procéder au remplacement de cette assurance par une autre ?

Valin et Emérigon étaient divisés sur ce point.

Valin (p. 33) ne pense pas, non seulement qu'il doive, mais même qu'il puisse, de son chef et sans ordre nouveau, faire la nouvelle assurance. Selon lui, l'ordre de faire assurer n'emporte nullement le droit de faire une deuxième assurance, si la première se trouve sans effet ; il doit donc attendre de nouveaux ordres.

Emérigon (p. 158) combat cet avis ; il dit qu'un nouvel ordre n'est pas nécessaire, dès que l'assurance se fait aux frais du failli. Il ajoute : *nos négociants commissionnaires sont trop attentifs à l'intérêt de leurs commettants, pour négliger jamais cette opération, qui exige la plus grande célérité.* Cet avis est adopté par Boulay-Paty (*ibid.*).

Et en effet, pour peu que les parties soient éloignées, comment, dépourvu de toute garantie, attendre de nouveaux ordres, lorsque, d'un moment à l'autre, peut arriver la nouvelle du sinistre ?

Le droit et le devoir de prendre une assurance en remplacement, ne sont-ils pas une conséquence nécessaire du droit et du devoir de dissoudre la première assurance ?

Enfin, même après le risque fini, après sa solution

définitive, tout devoir et toute responsabilité ne cesse pas pour le commissionnaire.

S'il y a eu perte, si les sommes assurées sont échues, exigibles, il entre dans son mandat de les recouvrer exactement.

Et s'il y a mis de la négligence, s'il n'a pas poursuivi en temps convenable, et que, dans l'intervalle, quelque assureur devienne insolvable, c'est là une faute caractérisée, qui l'obligera à en répondre. (10)

---

(10) Nous avons été très sobre de remarques sur ces notions présentées, comme toujours, d'une façon si nette et si attachante, parce qu'il n'y a rien là en somme qui soit particulier à notre contrat ; c'est, sauf une ou deux singularités, l'application à l'assurance des principes généralement reçus en matière de commission.

---

## § VI

### Effets du contrat d'assurance.

Avec les explications qui précèdent, se terminent tous les manuscrits de M. Cresp relatifs au droit maritime.

C'est à nous donc qu'incombe la lourde tâche de clore la matière, et de donner le commentaire de toutes les dispositions de la loi, en ce qui concerne les effets mêmes du contrat.

Nous suivrons pour cela notre méthode ordinaire ; partant de cette idée que l'assurance est une convention synallagmatique, et produit des engagements du chef des deux parties contractantes, nous traiterons dans une première section des *obligations de l'assureur*, et dans une seconde de *celles de l'assuré*. Nous n'avons pas besoin de faire remarquer que celles-là seules sont véritablement intéressantes, et absorberont la presque totalité des explications que nous avons à donner sur la matière de notre contrat.

### SECTION A

### *Des obligations de l'assureur et des actions qui en naissent*

Ces obligations, très diverses dans leur application, sont néanmoins susceptibles de se ramener en principe à une seule, ainsi présentée dans sa formule générale : répondre des *fortunes de mer* (le mot est dans la loi elle-même) qui peuvent atteindre, en tout ou en partie, la chose assurée. On conçoit seulement tout ce que ce terme de *fortunes de mer* a par lui-même de vague et d'indéterminé ; aussi le législateur, pour restreindre autant que possible le champ de la controverse, en même temps qu'il a donné une nomenclature des fortunes de mer les plus fréquentes et les plus caractérisées, a indiqué d'autre part les risques qui, quoique survenus sur mer ou se rattachant à la navigation, ne seraient pas à la charge des assureurs. Et la convention des parties, consignée dans les polices en usage, a encore ajouté, en précision, aux restrictions formulées par le législateur.

Quoi qu'il en soit, ceci nous fournit la clef d'une division nouvelle ; dans un premier paragraphe nous verrons quels risques sont à la charge des assureurs, et, dans un second, quels autres ne le sont pas,

La loi, ainsi que nous l'avons déjà observé, donne l'indication des premiers dans une disposition importante (puisqu'elle est la base de le responsabilité des assureurs), celle de l'article 350. Nous n'avons pas à entrer avec le législateur dans le détail de cette énumération, ni à caractériser en particulier chacun des événements de mer qui s'y trouvent relatés. La chose serait actuellement de peu d'intérêt (*); l'énumération de la loi, ainsi que cela résulte du texte même de l'article 350, est purement énonciative ; et il est de principe que tout accident survenu sur mer, même sans cause déterminée, est *a priori*, et sauf justification contraire, à la charge des assureurs. Il importe donc peu qu'il y ait ou qu'il n'y ait pas précisément *tempête*, qu'il y ait ou qu'il n'y ait pas précisément *naufrage*, etc.; dans

(*) On ne lira pas cependant sans charme les longues explications qu'Emérigon a consacrées à ce point; mais l'intérêt tient moins au fond des idées, qu'à la forme qui est exquise, et aux souvenirs classiques dont était nourrie l'imagination de l'auteur. La doctrine juridique a depuis perdu ce parfum d'antiquité.

un cas comme dans l'autre, la responsabilité des assureurs existe (*). La distinction de ces divers sinistres n'aura de l'intérêt que lorsque nous serons arrivés à la la matière du délaissement ; alors, en présence de l'article 369, qui, lui, est limitatif, en présence des dispositions des polices qui en ont encore circonscrit et restreint l'application, il sera intéressant de se demander si l'on se trouve dans le cas de *naufrage*, dans celui *d'échouement avec bris*, etc.; alors il faudra forcément définir, préciser, caractériser. Pour le moment cette étude serait sans objet.

Toutefois, tout en maintenant d'une façon générale la vérité de cette observation, il est certains événements de mer, mentionnés en l'article 350, qui appellent quelques explications ; car ils n'engagent pas uniformément, et dans tous les cas, la responsabilité des assureurs.

Le premier est l'*abordage*. La loi parle d'*abordage fortuit* ; cette qualification, si on la prenait à la lettre, pourrait induire en erreur. Le Code, dans une autre disposition, qui est fondamentale en la matière, a distingué trois espèces d'abordages : l'abordage *fortuit*, c'est-à-dire occasionné par la force ou la violence des éléments ; l'abordage *fautif* ou dû à la faute de l'un des capitaines, et enfin l'abordage *douteux*, abordage dû

(*) Dans le sens de ces idées, un arrêt de Bordeaux, du 19 août 1862 (*J. M.*, 1862, 2, 130), a décidé qu'on devait entendre par fortune de mer, non pas seulement un événement déterminé, mais l'ensemble des faits et accidents ordinairement désignés sous le nom de cas fortuits ou de force majeure ; qu'ainsi l'agitation de la mer, quoique non accompagnée de tempête, est une fortune de mer à la charge des assureurs quand elle devient assez forte pour compromettre la solidité d'un navire en bon état. Et dans une affaire récente à laquelle nous avons été mêlé la cour d'Aix l'a également jugé ainsi, au sujet d'un navire du plus puissant tonnage, qui avait sombré en pleine mer, sans cause bien déterminée ; voy. ci-après.

également à une faute, mais avec cette particularité qu'on n'en connait pas l'auteur (*). Suivant ces données, et en s'en tenant à la combinaison des deux articles, il n'y aurait à la charge des assureurs que le premier de ces trois abordages, l'abordage dit *fortuit*. Mais c'est une conséquence que tous les auteurs ont avec raison repoussée ; et les deux autres espèces d'abordages peuvent également intéresser le sort de l'assurance : 1° l'abordage fautif, au regard du capitaine abordé, lorsque la cause en est dans la faute du capitaine abordeur, car la faute d'un tiers est pour moi assuré un cas fortuit ; et même lorsque l'accident est imputable au capitaine abordé lui-même, si les assureurs, comme cela est aujourd'hui d'usage presque universel, se sont portés garants de la *baraterie de patron* ; 2° l'abordage douteux dans tous les cas, et chaque catégorie d'assureurs est obligée de supporter la demie des dommages mis à la charge de leur propre assuré. Et c'est vainement que, pour faire tomber la responsabilité, on prétendrait qu'il y a eu faute, et qu'en vertu même du règlement établi par la loi, l'abordage est imputable pour moitié aux deux capitaines. La clause aujourd'hui d'usage par laquelle les assureurs garantissent la baraterie du patron ne laisse même plus de prétexte à ce raisonnement. Mais à supposer que la clause n'eût pas été stipulée, l'argumentation n'en serait pas moins captieuse : la présomption de faute établie ici, en dehors de toute possibilité d'une preuve directe, par la loi, doit, comme toutes les présomptions, être sévèrement

(*) Certains auteurs se sont trompés sur le sens de ce dernier terme, et ont cru que l'abordage était douteux, lorsqu'il y avait doute *sur les causes de l'événement* ; voy. notamment M. de Courcy, qui est parti de là pour critiquer amèrement, et bien injustement selon nous, le système de l'Ordonnance (*Quest. de droit marit.*, p. 183 et sq). Les explications d'Emérigon ne laissaient cependant rien à désirer sous ce rapport, pour la netteté et la précision (t. I, p. 411 et sq).

cantonnée dans la matière même, et restreinte à la situation en vue desquelles elle a été écrite. Ailleurs, il faut partir de cette maxime que tout abordage, pour lequel une faute n'est pas démontrée, est un abordage fortuit, et engage dès lors la responsabilité des assureurs.

L'article 250 mentionne ensuite le *feu*. Ce risque parait d'abord n'avoir rien de maritime, et cette impression première n'est pas sans avoir exercé une certaine influence sur la solution d'une difficulté à laquelle nous allons arriver. Quoi qu'il en soit, le danger de l'incendie était un de ceux que l'assurance était appelée tout naturellement à courir (*), et comme ce danger peut se produire sur mer aussi bien que sur terre, que dans certains cas il est une conséquence, sinon de la navigation elle-même, du moins du mode de navigation. on comprend que l'attention du législateur, surtout du législateur moderne, se soit spécialement portée sur ce point, et que le risque du feu ait été considéré en dernière analyse comme un risque maritime, de plein droit à la charge des assureurs.

Mais ce qu'il importe bien de remarquer sous ce rapport, en raison même de la nature de l'accident, c'est que le risque de l'incendie ne peut être à la charge des assureurs que tout autant qu'il est dû à un cas fortuit ou de force majeure, qu'il n'est pas, en d'autres termes, la conséquence soit du vice propre de la chose, soit de la négligence ou de l'imprudence de l'équipage (réserve faite du cas où les assureurs se sont rendus garants de la baraterie du patron). Ce principe incontestable a fait naître dans l'application une difficulté, et l'on s'est demandé, étant donné un risque de ce genre, laquelle de ces deux causes devait être présumée, et par conséquent si la responsabilité des assureurs était ou non engagée de plein droit.

(*) Voy. les considérations présentées ci-dessus, p. 72 et sq.

Une ancienne opinion, qui nous vient de l'école italienne, voulait qu'on distinguât : si personne n'avait échappé au sinistre, l'accident était réputé fortuit ; mais s'il y avait des survivants, dont les témoignages pussent éclairer la justice sur la cause première de l'incendie, c'était la faute qui était présumée, et c'était à l'assuré à fournir la justification contraire. Emérigon, qui rapporte cette distinction et qui parait s'y rallier, observe cependant qu'elle est contraire au texte de l'Ordonnance (*ibid.*, p. 433 et sq). La doctrine et la jurisprudence modernes se sont néanmoins tenues à cette solution (*) ; elles se sont contentées de l'atténuer dans l'application ; au point même où en sont arrivées les choses, la distinction, ainsi que nous allons le voir, est devenue un peu une affaire de mots.

Quoi qu'il en soit, il nous est impossible d'être de cet avis, et il nous parait qu'on s'est, ici comme souvent, laissé entraîner par l'autorité de la tradition. L'article 350 du Code de commerce ne distingue pas plus que ne le faisait la disposition correspondante de l'Ordonnance, et le *feu* est mis au rang des risques maritimes, au même titre que le *naufrage* ou l'*échouement*. Qu'il y ait une nuance entre ces divers accidents et celui de l'incendie, et que celui-ci soit dans une corrélation moins directe avec l'état de navigation, c'est ce que nous avons nous-même déjà observé et reconnu. Mais on pourrait en dire autant d'autres événements, tels que les *risques de guerre*, pour lesquels cependant la difficulté n'a pas été soulevée. En définitive,

(*) En ce sens Dageville, t. III, p. 262 ; Boulay-Paty sur Emérigon, t. I., p. 434 ; Bédarride, nos 1245 et sq ; Caumont, *Dict. univ. de droit marit.*, v° *Assur.*, nos 319 et sq ; Aix, 10 déc. 1821 et 4 avril 1829 ; Cass., 4 janv. 1832 ; Douai, 1er fév. 1841 ; Marseille, 8 nov. 1859 ; cpr Marseille, 8 mars et 10 nov. 1875 (Dalloz, *Jur. gén.*, v° *Droit marit.*, nos 1835 et sq, *J. M.*, 3. 1. 1, 10. 1. 136, 13. 2. 59, 20. 2. 133, 37. 1. 329, 1875. 1. 163, 1876. 1. 24).

le législateur a compris sous le nom de *fortunes de mer* et a dès lors traité également tous les accidents qui pouvaient survenir en cours de navigation, lorsqu'ils sont marqués au coin de cette *vis divina*, c'est-à-dire de cette force irrésistible, dont on ne peut ni prévenir, ni combattre les effets.

Aussi les auteurs et les arrêts, tout en acceptant en principe la doctrine ancienne, y ont-ils, ainsi que nous venons de le dire, apporté un tempérament considérable dans l'application. Ils se sont bornés à exiger que le capitaine indiquât dans le rapport de mer la cause du sinistre, ou, s'il ne la connait point, déclarât que l'accident est dû à une cause inconnue, moyennant quoi, les assureurs sont tenus ; M. Bédarride (*dict. loc.*) a particulièrement insisté sur cette idée. Nous croyons de plus en plus que c'est là une pure affaire de forme. Mais, dit-on, un incendie, dont la cause n'est pas indiquée, est suspect ! Ni plus ni moins qu'un échouement ou un bris ; cela empêche-t-il cependant les assureurs d'être en principe tenus, et le défaut d'indication dans le *rapport* de la cause de l'accident aurait-il pour conséquence nécessaire de les exonérer de leur responsabilité ? Ce sera affaire d'appréciation pour le juge ; tantôt il ne verra (et ce sera le plus souvent) dans le fait de ce silence qu'un commencement de preuve, qu'il faudra compléter par d'autres pièces justificatives ; tantôt il pourra y voir une preuve complète ; mais la responsabilité n'en subsiste pas moins comme principe. M. Bédarride va, il est vrai, plus loin, et il attache au silence gardé par le rapport sur la cause du sinistre une présomption absolue de faute. C'est bien là la conséquence à laquelle il faut aboutir, si l'on veut donner à ce système une conclusion pratique ; mais cette conséquence est une violation catégorique de la loi (art. 247). La jurisprudence a reculé devant une pareille exagération, et, dans ses derniers arrêts, elle parait admettre que le cas fortuit doit être présumé ici comme ailleurs (*).

Nous arrivons enfin aux *risques de guerre.* Nous résumons dans ce mot synthétique diverses énonciations de l'article 350, telles que *prise, pillage, arrêt de puissance, déclaration de guerre, représailles*, etc. Ici encore il s'est produit des difficultés que la convention des parties a aggravées en venant modifier profondément la loi. Aux termes de notre article, les risques de guerre sont de plein droit à la charge des assureurs, au même titre que les autres fortunes de mer dont il est parlé dans l'article. Et quand on se reporte à l'époque où, soit l'Ordonnance de la marine, soit le Code de commerce, ont été écrits, cette disposition légale n'a rien de bien étonnant ; les hostilités entre nations étaient alors assez fréquentes, pour que les parties contractantes eussent fait entrer l'état de guerre dans leur prévision, et eussent traité en vue des risques spéciaux qui en dérivaient. C'est Lemonnier qui a fait cette remarque très judicieuse. Cet état de choses n'en avait pas moins fait naître des tiraillements et des contestations, non pas au sujet de la responsabilité des assureurs, qui était générale et s'étendait à tout (il importait assez peu à ce point de vue que le risque à raison duquel on agissait, fût ou ne fût pas risque de guerre, les assureurs étant tenus dans tous les cas), mais au sujet du taux des primes. On stipulait presque toujours en effet une augmentation de prime pour le cas de survenance de guerre ; or, à ce point de vue, il était intéressant de connaître s'il y avait eu ou non fait de guerre, si l'on se trouvait, ou non, en présence de véritables

(*) *Sic* Marseille, 24 janv. 1861 ; Bordeaux (*trib. com.*), 28 mars 1866 ; Aix, 2 juin 1871 (*J. M.*, 1861, 1, 69, 1863, 2, 163, 1871, 1, 261); voy. aussi Dalloz *loc. cit* ; Lemonnier, *Comment. des polic. d'assur.*, nos 169 et sq ; Labraque-Bordenave, *Traité des assur. marit.*, no 291).

belligérants, etc. C'est pour couper court à ces différends, et aussi parce que les guerres sont devenues à la fois moins fréquentes et plus meurtrières, et ont entraîné dès lors une aggravation considérable, en même temps qu'imprévue, des risques, que l'usage s'est introduit d'exempter les risques de guerre de la responsabilité des assureurs, ou de ne les y soumettre que moyennant clause expresse. L'article 2 des polices françaises d'assurances, soit sur corps, soit sur facultés est la dernière consécration de cette pratique.

Mais alors de nouvelles difficultés se sont fait jour; c'est alors en effet qu'il est devenu intéressant de distinguer et de discerner les fortunes de mer ordinaires, à la charge des assureurs, des risques de guerre qui sont en dehors. La question s'est présentée à un double point de vue, que j'appellerais des *personnes* et des *choses*, c'est-à-dire du belligérant qui est l'auteur du fait et du fait considéré en lui-même.

On s'est demandé tout d'abord s'il fallait assimiler à un véritable état de guerre la simple insurrection venant à éclater chez une nation déterminée, ou si au contraire les déprédations pillages commis à l'occasion de ces mouvements politiques ne devaient pas être considérés comme des faits de piraterie ordinaires, à la charge des assureurs. Il y a sous ce rapport des décisions contradictoires. Un jugement assez ancien de Marseille du 19 janvier 1824 (*J. M.*, 5, 1, 235), a décidé que des colons révoltés et constitués en gouvernement de fait sont de véritables belligérants, *si, tout en attaquant le pavillon et les propriétés de la métropole, ils respectent ceux des autres puissances;* par conséquent qu'une prise effectuée par ces colons est valable et constitue, au regard des assureurs, un événement de guerre et non une simple fortune de mer. Cette doctrine a été suivie par le tribunal de commerce de Bordeaux, dans un jugement du 8 août 1863 (*Ibid.*, 1863, 2, 151), rendu à l'occasion de la guerre de sécession, qui a armé pendant quelque temps les uns contre les autres les Etats du Nord et les Etats du Sud de l'Union américaine. Mais, d'autre part, il résulte d'un arrêt d'Aix, du 27 juillet 1859 (*ibid.*, 37, 1, 290), dont nous reproduisons ici la rubrique, très exactement formulée, que *lorsque la police stipule au profit des assureurs l'exemption des risques de guerre, cela doit s'entendre de la guerre que se font deux états ou deux gouvernements, et non de la lutte intestine engagée entre deux partis du même état qui se disputent le pouvoir. En conséquence, et nonobstant l'exemption ci-dessus, les assureurs sont responsables de la perte des facultés assurées, si le navire, à bord duquel elles étaient chargées, a été coulé bas par les coups de canon qu'échangeaient deux partis aux prises dans le port où il était ancré.* Il y a sans doute une nuance entre l'espèce de cet arrêt et celle des deux jugements précités ; il ne s'agit plus ici d'une lutte de gouvernement à gouvernement, d'autorité constituée à autorité constituée, mais de simples partis politiques entre eux ; et l'on comprend que l'on puisse sous ce rapport hésiter ; la gravité et le caractère de ces mouvements politiques peuvent être si différents ! Nous n'en tenons pas moins en principe pour la doctrine des jugements de Marseille et de Bordeaux ; tout fait qui est inspiré par une pensée politique, qui n'est pas commis dans un simple but de brigandage, qui est l'œuvre d'un parti organisé en vue d'arriver au pouvoir, est un fait de guerre. Nous n'en sommes plus au temps où, pour qu'une guerre fût *juste (justa arma)*, il fallait qu'elle se passât entre deux nations différentes et eût été précédée d'une déclaration en règle. D'ailleurs l'article 2 des polices françaises nous paraît avoir levé toute espèce de doute à cet égard en visant *les hostilités, représailles, captures, arrêts, molestations de* GOUVERNEMENTS QUELCONQUES, RECONNUS OU NON RECONNUS.

Ceci dit, examinons le risque lui-même. Il peut se faire, sous ce second rapport, que le risque opère ou se produise, non pas directement, non pas *vi propria et in se*, comme dirait Dumoulin, mais simplement par voie de conséquence ; en d'autres termes il peut se faire que le risque de guerre donne lieu, par la crainte même qu'il inspire, à un événement de mer ordinaire, ou, en sens inverse, ne soit lui-même que la conséquence de ce dernier événement.

Premier exemple : un navire menacé par une fortune de guerre, rétrograde, change ou précipite sa route pour se soustraire au danger, et fait naufrage. *Quid juris ?* Les assureurs seront-ils tenus parce qu'il ne s'agit ici que d'un risque de droit commun ? ou seront-ils déchargés, parce que ce risque n'est que la conséquence d'une fortune de guerre ? M. de Courcy, qui pose à la fois la question et l'hypothèse (*Comment. des polices franç. d'assur.*, p. 24 et sq), résout le tout par une distinction : l'événement de mer n'est-il pas la conséquence directe et obligée du risque de guerre, la solution devra être tout comme si celui-ci s'était produit ; dans le cas contraire, il y a là un accident nouveau et fortuit, qui ne se rattache au risque de guerre que par une série de causes plus ou moins contingentes et qui par conséquent ne peut s'empreindre du caractère ou de la couleur de celui-ci.

Nous adoptons la distinction (laquelle n'est d'ailleurs qu'une application des principes généraux reçus en droit ; cpr art. 1149 et sq. Cod. civ.), mais en en changeant un peu les termes. Nous sommes de l'avis de M. de Courcy si c'est *le risque de guerre lui-même* qui a produit, par voie de conséquence, l'événement de mer ; si, pour employer un autre exemple du même auteur, *le navire poursuivi par un croiseur et, dans la poursuite même, n'ayant plus la liberté de ses mouvements, ne pouvant pas prendre l'assistance d'un pilote ni éviter les* *écueils, a été jeté sur un récif.* Mais la solution devrait, selon nous, être tout autre, si c'était *par crainte seulement du risque de guerre* que ce résultat se fût produit. Ainsi, dans l'espèce citée au début par M. de Courcy, nous n'admettrions pas qu'il y eût risque de guerre. Cet accident qui consiste, par crainte d'un danger plus ou moins imminent, à se détourner de son chemin, porte un nom dans la loi ; il s'appelle *changement forcé de route*, et il est de plein droit à la charge des assureurs. On conçoit du reste qu'on irait loin avec le système contraire ; et, avec un peu de bonne volonté, on pourrait tout rattacher à un risque de guerre (*)

L'hypothèse inverse, celle où le risque de guerre s'est produit à la suite de la fortune de mer ordinaire, a également fait difficulté ; elle a donné lieu à une contrariété de décisions dans une espèce curieuse et importante, dont nous empruntons encore les termes à M. de Courcy. *Pendant la guerre de Crimée*, dit-il, *il s'est produit un fait tristement curieux, qui a été le renversement de l'hypothèse que je viens d'examiner. Un navire de Fécamp,* L'IRIS, *était affrété par l'Administration, avec garantie des risques de guerre, pour le transport des vivres et munitions. Il était garanti contre les risques maritimes, avec exception des risques de guerre, par une compagnie d'assurances. Il se trouvait à l'ancre devant Kamiesch, lorsqu'un ouragan l'arracha de son mouillage et le poussa sous le feu des forts de Sébastopol, qui le coulèrent à coups de canon. La perte était complète. L'armateur en demanda d'abord la réparation à ses assureurs maritimes, en*

(*) Voy. dans le sens de cette distinction, Bordeaux (trib. com.), 6 janv. 1840 ; Marseille, 15 fév. 1855 ; Rouen, 14 mars 1872 (*J. M.*, 19, 2, 111, 33, 1, 75, 1872, 2, 111).

*se fondant sur l'ouragan, cause première de la perte. Un jugement du tribunal de commerce, confirmé par un arrêt de la cour de Rouen* (*) *repoussa la demande. L'arrêt établissait que la tempête avait seulement mis le navire en péril, mais que la canonnade qui l'avait coulé était certainement un fait nouveau,* UN RISQUE DE GUERRE... *Ainsi éconduit l'armateur se retourna vers son autre garant, l'Administration. Par malheur il devait l'attaquer devant la juridiction administrative. Un arrêt du Conseil d'Etat, ne tenant aucun compte de celui de la cour de Rouen, repoussa pareillement la demande en établissant que l'ouragan avait été la véritable cause de la perte, attribuée conséquemment à une fortune de mer.* M. de Courcy, après avoir déploré avec raison un pareil résultat, et fait remarquer que *le malheur de l'armateur fut de ne pouvoir mettre ses garants en présence devant la juridiction commerciale,* ajoute que *le droit de l'armateur à être indemnisé n'aurait pas été contesté, et il est probable,* dit-il en forme de conclusion, *qu'en raison des circonstances de fait la vérité de la solution eût été dans le partage des responsabilités (ibid).*

Nous ne goûtons pas beaucoup, nous en faisons l'aveu, ce jugement de Salomon, d'autant plus étonnant sous la plume de M. de Courcy qu'ailleurs il critique amèrement la disposition de l'article 407, § 3, du Code de commerce, conçue dans le même sens et inspirée par la même idée. Il ne nous paraît pas douteux qu'il n'y eut en l'espèce uniquement risque de guerre et partant nous approuvons complètement la décision de la cour de Rouen. Le navire avait péri par suite d'un risque de guerre, voilà le fait certain ; en présence de cela, il ne nous paraît pas même nécessaire de se demander jusqu'à quel point l'ouragan,

(*) Rouen, 2 avril 1856 (*D. P.*, 1856, 2, 221, *J. M.*, 34, 2, 92).

qui avait précédé, en avait été la cause déterminante. Les risques de guerre ne se produisent pas toujours d'une façon spontanée; ils ont une cause comme tous les accidents maritimes; s'il fallait chaque fois remonter à cette cause, pour déterminer le caractère de l'événement, on sortirait du domaine de la réalité pour tomber dans celui de la conjecture, il n'y aurait plus de fortune de mer fixes et déterminées. Supposez que le navire en pleine mer eût été poussé par un coup de vent sur une croisière ennemie; supposez encore, pour forcer l'exemple, que, pourchassé par l'ennemi, le navire n'eût pu échapper à la capture, parce que la mer était mauvaise ou le vent contraire. Dira-t-on, dans toutes ces hypothèses, qu'il n'y a pas risque de guerre, et se rejettera-t-on encore sur la cause première ou incidente de l'événement pour en changer la nature ou la qualification?

Nous en avons fini avec les particularités que prescrit l'article 350 du Code de commerce; mais cet article, ainsi que nous en avons déjà fait l'observation, est purement énonciatif; il met à la charge des assureurs, outre les accidents caractérisés dont nous venons de parler, *toutes fortunes de mer en général.* La pratique a fait, à un double point de vue, une application intéressante de ce principe: 1° en ajoutant aux risques dénommés dans la loi d'autres accidents beaucoup plus rares, tenant à des circonstances particulières de la navigation; 2° en classant comme risques maritimes certains faits qui, considérés en eux-mêmes, n'ont nullement ce caractère, mais qui l'empruntent aux événements de mer principaux, dont ils ne sont en quelque sorte que le prolongement dernier. C'est ainsi d'une part qu'on a mis à la charge des assureurs les dommages causés à la coque du navire par la *piqûre des vers* qui infectent certains parages des mers du Sud ou pullulent dans les eaux croupissantes des ports ; et que, d'autre part, on fait tomber sous leur responsabilité, non seulement la perte produite par l'événement de mer lui-même, mais encore celle résultant *du fait même de la vente des marchandises en cours de voyage,* ou de *l'erreur du juge* dans les règlements d'avaries : tous risques qui n'ont au premier aspect rien de maritime et qui ne peuvent dès lors être régis par notre contrat que tout autant qu'il sera établi qu'ils ont leur cause première dans les accidents de la navigation Aussi les assureurs ont-ils élevé des difficultés sur l'un et l'autre point.

En ce qui concerne les piqûres de vers, ils ont soutenu, avec assez de vraisemblance, que ceci était une conséquence du vice propre du navire ; et aujourd'hui, où l'opinion contraire a prévalu, ils ont fait insérer dans les polices sur corps une disposition aux termes de laquelle ils *sont exempts de la piqûre des vers sur les parties du navire non protégées par un doublage métallique* (art. 3). Sans nier que le plus ou moins bon conditionnement de la coque ne puisse exercer une grande influence sur ce cas de perte ou de dommage, il est certain néanmoins qu'il y a ici *a priori* un risque maritime, puisqu'il est une conséquence et une conséquence nullement nécessaire de la navigation. Tout ce que l'on pourra exiger, à l'égard des navires qui seront plus particulièrement exposés à cette cause d'avarie, parce qu'ils fréquentent habituellement des parages suspects, c'est qu'on prenne des précautions à l'effet de prévenir le mal autant que possible, sous peine de tomber dans l'exception du vice propre ou du fait de l'assuré ; et c'est à cet ordre d'idées que se réfère évidemment la disposition précitée de la police française d'assurances (*).

(*) Voy. dans le sens de ces observations Bordeaux, 14 avril 1856, et 19 août 1862.

Bien autrement vives ont été les controverses au sujet de l'étendue qu'il fallait donner à la responsabilité des assureurs, lorsque le dommage ne se rattachait qu'indirectement à un événement de mer ; et, en ce qui concerne notamment l'erreur du juge dans les règlements d'avarie, on comprend qu'il eût été d'autant plus difficile de faire admettre cette conséquence aux assureurs, que le plus souvent ils sont étrangers à ces règlements d'avaries. Nous n'avons pas à entrer pour le moment dans les détails de cette matière, qui doit être étudiée de très près, et qui comporte bien des réserves et des distinctions. Toutefois, ici encore, la règle est certaine ; lorsqu'un risque maritime survient, toutes les suites de ce risque, si lointaines ou indirectes qu'elles soient, doivent en principe être à la charge des assureurs, parce que sans lui elles ne se seraient produites. Telle est du reste la solution aujourd'hui incontestée et en vérité elle ne pouvait être autre.

Voilà pour toute cette première sorte de risques. Nous devons, avant d'arriver aux autres, faire une observation essentielle : c'est que ces derniers ne constituent en somme qu'une exception à la responsabilité des assureurs ; en d'autres termes cette responsabilité est de droit et ne peut tomber que devant une justification contraire caractérisée. Cette vérité est palpable, en matière d'assurances sur corps, lorsque le navire est parti avec un certificat de visite en règle, à cause de la présomption de navigabilité qui s'ensuit. Cela n'est pas moins certain, quoique moins sensible, soit dans la même hypothèse lorsque le navire est parti sans certificat, soit d'une façon générale en matière d'assurances sur facultés, à cause du sens générique attaché au mot *fortunes de mer* et qui en font le synonyme de tout événement arrivé par la mer et sur la mer ; la comparaison de l'article 350 et des dispositions qui suivent, est sous ce rapport décisive. Cette règle ne souffre qu'un tempérament unique ; rien n'attestant ici le bon état, soit du navire, soit des marchandises au lieu de départ, il faudra le plus souvent que l'assuré fasse cette preuve préalable. Mais ce point, une fois établi, la règle reprend tout son empire et la responsabilité des assureurs ne peut disparaître que par l'articulation précise d'un des faits que nous allons maintenant examiner.

Les risques, qui ne sont pas à la charge des assureurs, peuvent se ramener à trois : 1° risques provenant de la *chose ;* 2° risques dérivant de la *personne* ; 3° risques inhérents à la *navigation* elle-même, si heureuse qu'on veuille la supposer. Passons-les successivement en revue.

Les premiers, ou plutôt le premier (car tout cela peut se désigner par un terme unique), porte un nom bien connu dans la langue de la science et de la pratique, c'est le *vice propre.* Le Code de commerce le vise expressément dans son article 352, et les assureurs n'ont pas manqué de rappeler la disposition de la loi dans leurs imprimés de polices (v. art. 3 des *polices françaises*). Quoi qu'il en soit, si le principe est hors de toute contestation, attendu que les assureurs ne peuvent ou ne doivent répondre que des accidents de la navigation, il n'en a pas été de même des applications et il n'est pas de disposition qui ait été plus controversée dans la pratique que celle-ci. La difficulté a porté ici encore sur deux points : elle s'est posée d'abord à propos de certains faits d'un caractère douteux, et elle a consisté à se demander si c'était là ou non du vice propre ; en second lieu, étant donné un cas précis de vice propre, il y a eu doute sur le point de savoir si ce vice n'avait pas été déterminé par les circonstances mêmes du voyage accompli, et par conséquent s'il ne devait pas être assimilé à une véritable fortune de mer. Nous n'avons pas à entrer dans de longs développements sur ce double sujet ; ce sont là avant tout des questions de fait, sur lesquelles le jurisconsulte ne saurait *à priori* se prononcer. Il sera cependant intéressant de connaître les principales espèces pratiques, au sujet desquelles le problème s'est posé et a reçu des solutions diverses.

Un des accidents les plus fréquents en matière de navigation, ce sont les *voies d'eau*. Lorsque cet accident se déclare à la suite de mauvais temps, d'une navigation longue et pénible, *à fortiori* lorsqu'il est la conséquence d'un choc contre un objet quelconque, mouvant ou non, il est, à n'en pas douter, fortune de mer ; mais il arrive très souvent aussi qu'il se produit après quelques jours de navigation, par un beau temps, la mer étant calme, en un mot sans cause caractérisée. Le vice propre doit-il alors se présumer ? et s'il ne doit pas se présumer, ainsi que nous l'avons ci-dessus enseigné, doit-il tout au moins être facilement admis ? Je tiens d'abord que si le navire est parti avec un certificat de visite en règle, c'est aux assureurs, ici comme ailleurs, qu'incombe la preuve ; c'est là, ainsi que nous l'avons maintes fois répété, une solution de principe, et il n'y a aucune raison, en la question présente, de la faire fléchir. Mais, ce point acquis, comment les assureurs pourront-ils faire tomber cette présomption ? S'ils arguent d'un vice dans la construction, ce sera là évidemment et au premier chef un vice propre, et le moyen, sous la condition d'une justification directe et pertinente, devra être admis. Même solution, s'ils s'autorisent d'un défaut de réparation à la suite d'avaries souffertes dans un voyage précédent et dûment constatées ; dans les deux cas, en effet, le navire est réellement innavigable.

Mais faut-il aller plus loin et reconnaître comme vice propre la *vétusté*, c'est-à-dire le grand âge du navire, ou bien un état général de fatigue dû aux circonstances des traversées antérieures ? C'est bien douteux, car cela conduirait à cette conclusion, que l'on ne pourrait assurer que des navires neufs ou d'une navigabilité irréprochable. Ce serait l'entrave la plus complète apportée au commerce des assurances. Il est un principe qui doit dominer toutes ces questions particulières, c'est celui du respect dû à la libre convention des parties. Lorsque des assureurs ont en connaissance de cause garanti un navire vieux ou fatigué, l'on se demande vraiment comment ils pourraient faire un grief de cet état de choses ; cette aggravation, ou, si l'on veut, ce nouveau chef de responsabilité, ils l'ont sciemment accepté et ont dû calculer leur prime en conséquence. Tout ce qu'ils sont en droit d'exiger, c'est que rigoureusement le navire soit navigable, c'est-à-dire apte à tenir la mer et propre au genre spécial de navigation qu'il doit entreprendre. Ces solutions sont du reste généralement admises (*).

Nous n'avons pas besoin de faire remarquer qu'il en serait autrement si le double fait dont nous avons parlé avait été caché aux assureurs. Il y aurait alors le vice de réticence, lequel suffirait à entraîner la nullité du contrat. Mais on se trouverait alors placé sous l'empire de l'article 348, et non sous celui de l'article 352.

Les mêmes observations s'appliquent à un autre accident très connu des bateaux à vapeur, la *rupture de l'arbre de couche de la machine*. Il est assurément très anormal qu'un pareil fait se produise en dehors d'événements de mer caractérisés. Lorsque la chose se présentera, il y aura lieu de se demander si elle est due à un vice de fabrication, et c'est aux assu-

(*) Voy. en ce sens Marseille, 10 janvier. 16 mai et 11 juillet 1834; Aix, 7 décembre 1834 ; Marseille, 13 août 1839 ; Aix, 28 mars 1865. Paris, 25 janvier 1868 ; Aix, 21 avril 1871 ; Marseille, 10 juin 1873 (*J. M.*, 14, 1, 86, 161, 330 et 335, 15, 1, 114, 18, 1, 340. 1865 1 60, 1869, 2, 137, 1872, 1, 48, 1873, 1, 234. — *D, P.*, 1869, 1, 219) cpr de Courcy, *op. cit.* (1re sério), p. 320 et sq.

reurs qu'incombera encore cette preuve, car le certificat de visite couvre le navire dans toutes ses parties. Dans le cas d'une réponse négative faite par les gens de l'art, il faudra bien encore, si dure que cette opinion paraisse, admettre la fortune de mer ; et toutes les raisons tirées de l'usure, de la fatigue, etc., seront, à moins de réticence, insuffisantes pour faire admettre le vice propre ; car ce sont des risques que les assureurs ont dû connaître, et qu'ils sont dès lors réputés avoir couvers. M. de Courcy, qui a examiné *loc. cit.* toutes ces questions avec sa pénétration et sa hauteur de vues habituelles, a, ce nous semble, indiqué un excellent terme de comparaison : il y aura vice propre toutes les fois qu'à défaut d'assurances, l'armateur sera dans le cas d'exercer un recours contre le constructeur.

Des difficultés analogues se sont élevées en matière d'assurances sur *facultés*, notamment en ce qui concerne la combustion spontanée de certains produits de la nature ou de l'industrie, tels que les houilles ou les laines et les cotons. La question est à peu près tranchée aujourd'hui pour les houilles, et il est démontré que cet accident si grave, qui peut compromettre non seulement le sort du navire, mais la vie des hommes, est une conséquence de la nature même du produit (*). Il n'en est pas de même des laines et cotons ; la marchandise n'a rien ici d'inflammable par sa nature propre, bien qu'elle soit dangereusement combustible ; par conséquent l'échauffement qu'elle a pu subir ou l'incendie qui l'a dévorée, doivent être attribués soit à un mauvais arrimage, soit à l'action de l'eau, ce qui la fait tomber dans les deux cas (étant donnée la clause, devenue de style, par laquelle il est dérogé à l'article 353, sur la *baraterie de patron*), sous la garantie des assureurs. La question ne

(*) Voir ici encore M. de Courcy, p. 347 et sq. et les décisions judiciaires par lui rapportées.

s'est guère présentée du reste en matière d'assurance, ce qui prouve qu'elle est peu susceptible de controverse ; elle a été quelquefois soulevée dans les rapports du capitaine et des chargeurs, en ce qui concerne les recours à exercer des uns aux autres, et elle a reçu une solution conforme à ces idées.

Dans toutes les hypothèses que nous venons de parcourir, la donnée était parfaitement simple ; il s'agissait d'envisager le fait en lui-même et de lui reconnaître le caractère soit de vice propre, soit de fortune de mer. Mais les choses ne se présentent pas toujours ainsi : tel fait qui, pris en lui-même, aurait incontestablement le caractère de vice propre, aura pu ne se produire ou ne se développer qu'à la suite de certains accidents de navigation; reste à savoir comment il faut, en dernière analyse, apprécier la chose, dans quelle catégorie de risques il faut la faire entrer. Les décisions des tribunaux sont à ce sujet en apparence très divergentes ; dans certains cas on a fait prédominer le vice propre sur la fortune de mer, dans d'autres, cela a été le contraire, dans d'autres enfin, on a admis le concours des deux causes et partagé le différend entre assureurs et assurés. Tout cela n'est au fond nullement contradictoire et s'explique par la diversité des espèces. On peut néanmoins tirer de toutes ces décisions isolées une règle de principe qui est la suivante : le fait connu, patent est ici le vice propre ; pour qu'il puisse tomber à la charge des assureurs, deux conditions seront requises : 1° qu'il y ait eu d'abord un événement de mer à la suite duquel le vice propre s'est produit ; 2° que ce vice propre soit la conséquence nécessaire de la fortune de mer antérieure.

Supposez, en effet, que la marchandise n'arrive avariée que par suite de retards éprouvés dans la traversée ; il n'y aura pas ici, à moins d'une relâche forcée du navire, *fortune de mer* ; quelques jours de retard, de navigation laborieuse et pénible ne font pas que la traversée ne se soit heureusement accomplie, et les assureurs ne répondent que des événements imprévus, extraordinaires de la navigation. C'était à l'assuré à faire entrer ce contre-temps en ligne de compte dans ses calculs et établir son opération en conséquence. « *Une avarie*, dit encore M. de Courcy (p. 341), *qui n'a pas une cause accidentelle, qui n'a pas d'autre cause que les conditions normales dans lesquelles voyageait la marchandise, est certainement une avarie de vice propre, alors même qu'elle serait déterminée ou augmentée par la longueur de la traversée, parce que les assureurs n'ont pas garanti la durée de la traversée, qui est une chance de la spéculation commerciale.* Et il ajoute, à l'appui de son observation, un exemple qui en fait bien sentir la justesse : *C'est si bien une chance de la spéculation qu'il y a beaucoup de marchés à livrer où le délai de la livraison est la condition même du marché, lequel est rompu si la marchandise n'arrive pas dans le délai fixé. Ces marchés ne sont pas communiqués aux assureurs et leur sont étrangers.* Dans notre hypothèse, il est vrai, il y a en plus la détérioration matérielle de la marchandise ; mais il n'y a pas davantage un événement de mer comme cause première de cette détérioration.

La seconde condition est d'une justification encore plus facile ; la chose ne saurait souffrir de doute dans son principe ; s'il est acquis en effet qu'en dehors de la fortune de mer, l'avarie se fût également produite, la cause en est forcément dans un vice même de l'objet, et l'accident survenu ne doit être d'aucune considération pour le règlement de l'indemnité. C'est dans cette détermination seule que sera donc la difficulté, difficulté d'autant plus grande qu'on se trouvera en présence de deux faits en apparence contraires, un événement de mer plus ou moins caractérisé, un dommage qui a l'air de provenir de la chose même. Ce sera la mission des gens de l'art ; tout ce que théoriquement on peut dire, c'est que le fait offrant toutes les apparences du vice propre, et le lien avec l'événement de mer ne se montrant point, ce sera à l'assuré à l'établir; c'est à lui donc qu'incombera ici le fardeau de la preuve, et ce n'est que l'application des principes.

2° *Risques provenant du fait de la personne.* Cette personne peut être ou l'assuré lui-même, ou son préposé, c'est-à-dire le capitaine. Il importe de ne pas confondre ces deux ordres de faits, dont l'un est *essentiellement* en dehors de la garantie des assureurs, et dont l'autre ne l'est que *naturellement.* Nous n'aurons pas, en ce qui concerne le premier, d'autre observation à présenter, si l'attention du législateur ne s'était portée spécialement sur un de ces faits, à cause des difficultés d'application qu'il fait naître, c'est l'*abandon ou rupture du voyage.*

Voici en deux mots le système de la loi sous ce rapport, tel qu'il résulte des articles 349, 350, 351 et 364. Si la rupture a lieu avant le départ, c'est un cas de ristourne; le contrat est censé n'avoir jamais eu d'existence légale et ne produire dès lors aucun effet (voy. ci-dessus t. III, p. 182). Si elle n'a lieu au contraire qu'en cours de navigation, il y a lieu de distinguer ; est-elle due à un cas fortuit ou de force majeure, tel que tempête, chasse donnée par l'ennemi, nécessité de se réparer, elle est incontestablement à la charge des assureurs , c'est au premier chef un risque maritime ; mais si elle émane du fait volontaire de l'assuré ou du capitaine, elle met fin à l'assurance ; elle l'anéantit pour l'avenir, tout en en laissant subsister les effets pour le passé. Il ne peut y avoir le moindre doute sur ces choses, qui ne sont que l'expression de la pensée même du législateur. Le doute et la difficulté n'ont commencé ici encore qu'à l'application. Lorsque, le voyage se trouvant modifié d'une façon quelconque, le navire ou la marchandise viennent à périr en dehors de leur ligne primitive, de la route originairement convenue, la controverse n'est pas possible ; la perte n'est pas à la charge des assureurs. Mais *quid* dans le cas contraire, celui où, étant donné le même changement dans la direction du navire, la perte ou l'avarie viendraient à se produire avant qu'on eût atteint le point de prolongement ou de déviation? Il arrive assez souvent en effet que l'écart n'a pas lieu tout de suite et que le navire suit sur un parcours assez long sa ligne primitive.

La question n'est pas nouvelle ; elle était discutée déjà par les jurisconsultes de notre ancien droit. Emérigon, reproduisant la doctrine de l'école italienne, tenait que dans cette hypothèse le voyage était rompu, *etiamsi intra limites itineris destinati navis se contineat ;* et il cite des espèces où la question a été jugée en ce sens (t. II, p. 48 et sq). Depuis l'opinion a varié ; si la doctrine a tenu d'une façon générale pour la solution d'Emérigon (*), la jurisprudence a hésité, et les décisions qu'on y rencontre sont divergentes. C'est ainsi que trois jugements de Marseille, l'un du 23 juillet 1823, l'autre du 27 septembre 1832, le troisième du 29 octobre 1872, et un arrêt de la Cour d'appel de Paris, du 24 novembre 1862, ont décidé que, les risques ne se trouvant pas ici changés, puisque le navire avait péri ou avait subi des avaries dans le tracé de sa route primitive, on ne devait pas tenir compte du changement de destination et les assureurs devaient quand même être tenus. Mais cette solution, en dehors même de la désapprobation qu'elle avait encourue dans la doctrine, avait été, en jurisprudence même, fortement contredite ; et on peut citer en sens contraire un arrêt de Bordeaux du 3 février 1829, un jugement de Mar-

(*) Voy. à défaut d'autres Alauzet, n° 1479, et Bédarride, n° 1227 ; cpr Caumont *op. cit.*, n° 452.

seille du 30 avril 1852, un arrêt d'Aix du 18 juillet 1873 qui a réformé le jugement précité de 1872, et enfin un arrêt de cassation du 25 août 1874, par lequel la Cour suprême a cassé le même jugement pour les assureurs de moins de 1,500 fr. Cette dernière opinion peut donc être regardée comme dominante.

Il faut s'y rattacher sans hésiter ; il y a en l'espèce changement de voyage, puisque l'un au moins des deux points extrêmes de l'expédition se trouve modifié ; ce qui suffit pour faire régir la situation par l'article 349, si le fait est antérieur au départ, ou par l'article 351 s'il se produit (du fait bien entendu de l'assuré), alors que le navire est déjà en route.

Ah ! mais, dit-on, la chose a péri dans le lieu du contrat, c'est-à-dire dans la ligne de sa destination première ; par conséquent les risques n'en ont pas été par le fait aggravés. Là n'est pas, répondrons-nous, la question ; et l'assureur sera toujours en droit de dire que, s'il avait su que le voyage dût être changé, il n'eût pas assuré, ou il l'eût fait soit à une prime plus forte, soit dans des conditions de responsabilité différentes. L'article 348 fournit à l'appui de ce raisonnement un argument décisif.

On a aussi, contre cette solution, tiré une autre objection de l'article 364, aux termes duquel *l'assurance a son entier effet, si le voyage est raccourci*, indiquant bien par là que le raccourcissement n'est pas un changement. Mais qui ne voit qu'il s'agit ici uniquement d'un raccourcissement intervenu après coup, après les expéditions prises, et contrairement à ces expéditions ? Emérigon est formel sur ce point, et il établit le sens de la loi (l'article 38 de l'Ordonnance correspondant au nôtre) de la façon la plus nette : *On a vu ci-dessus*, dit-il, *que l'assurance aura son entier effet, et que l'asureur ne sera pas tenu de restituer la prime, si le voyage dure moins, ou si le voyage est seulement raccourci.* TOUT CELA EST VRAI POURVU QUE DANS LE PRINCIPE LE VOYAGE ASSURÉ N'AIT PAS ÉTÉ ROMPU PAR UN CHANGEMENT DE DESTINATION, *ainsi qu'on vient de le voir dans la section précédente* (*ibid.* p. 50). On pourrait, il est vrai, faire observer que le législateur ne distingue pas, et par conséquent embrasse dans sa disposition tous les cas de raccourcissement. Mais l'on se trompe quand on interprète ainsi la règle de l'article 364. Cet article n'a entendu viser que l'hypothèse où, soit le prolongement, soit le raccourcissement sont intervenus après coup, en cours de voyage, et ne sont pas dus à la substitution préméditée d'une expédition à l'autre. Ce qui le prouve, c'est que, pour le prolongement, le législateur, en même temps qu'il décide que l'assureur ne sera pas tenu des risques provenant de la prolongation de route, ajoute cependant que *la prime lui sera acquise.* Or, il est évident que s'il s'était agi d'une rupture de voyage réalisée avant le départ par un changement d'expédition, la prime ne serait pas acquise à l'assureur ; il n'y aurait que l'indemnité du demi pour cent. Or, si tel est le sens de l'article dans sa première disposition, on ne comprendrait pas pourquoi ce sens ne serait pas identique dans sa seconde, et pourquoi le législateur se serait ici rattaché à un ordre d'idées différent.

On dira peut-être encore qu'ainsi entendue, la règle est dépourvue de toute signification, qu'elle n'est qu'une répétition inutile, une doublure en quelque sorte du principe écrit dans l'article 351, touchant le changement volontaire de route, de voyage et de vaisseau. Cela est vrai, et Locré en fait l'observation (t. IV, p. 185). Mais cela tient à ce que cette disposition n'a été ajoutée qu'après coup sur les observations du tribunal de commerce de Nantes. Il y a là un exemple de ce défaut d'homogénéité dans la rédaction de la loi, défaut du forcement à la collaboration de plusieurs. Dans ces termes on peut trouver la disposition de loi insignifiante ou inutile ; mais ni le sens, ni l'esprit n'en sont douteux.

En résumé, le raccourcissement, non moins que le prolongement ou la déviation, constitue une rupture de voyage lorsqu'il a lieu avant le départ, et consiste dans la substitution d'une expédition à une autre, et par conséquent les assureurs cessent d'être tenus, malgré *l'unité de lieu*, c'est-à-dire la confusion du voyage réel avec le voyage assuré. Nous n'admettrions qu'un tempérament à cette opinion pour le cas où la police porterait, ainsi que cela est d'usage, la clause de *faire échelle.* Il importe peu dans cette hypothèse que le navire prenne ses expéditions pour le lieu du reste, en indiquant les divers ports intermédiaires dans lesquels il doit relâcher, ou qu'il n'indique ces diverses destinations que successivement, en prenant ses expéditions pour chacune d'elles, au fur et à mesure du développement de son parcours. Cette seconde façon de procéder est même plus régulière ; elle est de nature à éviter au capitaine des difficultés avec l'Administration. D'ailleurs, de quoi se plaindraient ici les assureurs ? Non seulement le lieu du risque n'est pas changé, mais il n'y a rien de changé à la convention des parties, puisque le navire a le droit de s'arrêter aux ports de ses diverses échelles. Le restant n'est qu'une formalité administrative absolument indifférente aux assureurs et qui ne peut influer en quoi que ce soit ni sur leur responsabilité, ni même sur leur opinion (*).

Quoi qu'il en soit de ce point particulier, la solution de principe que nous avons ci-dessus indiquée, en ce qui concerne le

(*) *Sic* Bédarride, nº 1297, et en jurisprudence Marseille, 13 juillet 1819, 11 juillet 1821, 22 septembre 1823 ; cass., 17 décembre 1838 ; Paris, 18 avril 1849 (*ibid.* 11, 120, 21, 184, 4, 2, 161, 18, 2, 33, 28, 2, 117. — *D. P.*, 1849, 2, 163).

changement de voyage et les conséquences en résultant, parait, en thèse générale, et malgré quelques tâtonnements dans l'application, devoir être aujourd'hui acceptée. Mais comme il est écrit qu'il y aura toujours des difficultés dans la pratique, la contestation naissant de l'opposition même des intérêts, la controverse n'a cessé d'être d'une façon générale que pour se représenter, dans un cas spécial, celui de *l'assurance à temps*. Voici l'hypothèse : un navire est assuré pour un certain nombre d'années, avec indication des lieux de navigation. En fait, ce navire arme pour un port situé en dehors du cercle de ses opérations ; il part, et périt en plein milieu contractuel. *Quid juris ?* Faut-il admettre ici encore la solution précédente ? ou bien faut-il dire que, l'assurance n'étant pas faite ici *au voyage*, il n'y a pas à proprement parler, changement de voyage, qu'il n'y a plus à tenir compte de cet élément d'appréciation, qu'on ne voit pas dès lors, le navire ayant péri dans le lieu des risques, pourquoi les assureurs seraient exonérés de leur responsabilité? Le tribunal de commerce de Marseille, saisi le premier de la contestation, l'a décidée dans ce dernier sens par jugement du 18 mai 1875 (*J. M.*, 1875, 1, 238). Ce jugement a été confirmé sur appel, et, par des motifs à peu près identiques, par arrêt de la cour d'Aix, du 24 janvier 1876 (*ibid.* 1876, 1, 88.). Mais sur pourvoi la Cour suprême a cassé par arrêt du 8 août 1876 (*J. P.*, 1877, 658), par la triple raison : 1° que lorsque la destination du navire se trouve changée, les risques cessent pour les assureurs, même pour la partie de route que la navire devait traverser selon les prévisions de l'assurance, que telle est la disposition de l'article 364 ; 2° que cet article est conçu en termes généraux et ne distingue pas entre l'assurance *à temps* et l'assurance *au voyage* ; 3° qu'il importe peu que le voyage entrepris n'ait pas été mené à bonne fin, c'est-à-dire que le navire n'ait pas dépassé le lieu des risques, le voyage étant réputé changé, dès que la navire a pris charge, établi ses expéditions et fait voile pour une autre destination que celle du voyage assuré. Ces considérations nous paraissent la vérité même ; elles ont été néanmoins contredites (*). On a prétendu, d'une part, que le Code n'avait pas prévu cette situation et que l'article 364 n'avait été écrit qu'en vue des assurances *au voyage*, et, d'autre part, que la destination n'étant pas ici la chose essentielle, le changement de cette destination ne pouvait être d'aucun effet, puisqu'en fait on était resté dans le lieu du risque.

Mais rien de tout cela n'est fondé.

En admettant d'abord que le Code n'eût pas prévu la situation dont s'agit, il n'en résulterait point que cette situation ne dût pas être régie par lui, si elle n'avait rien d'incompatible avec l'application de ses règles ; ce qui est à démontrer. Mais est-il vrai que tout cela soit aussi étranger qu'on veut le dire aux prévisions du législateur ? La loi a visé l'assurance à temps dans sa disposition fondamentale, celle de l'article 332, où elle fait aux parties une obligation d'exprimer *les temps auxquels les risques doivent commencer et finir*. Cette prescription n'a évidemment de raison d'être qu'au point de vue de l'assurance *à temps* ; puisque en matière d'assurance *au voyage* le temps des risques est nettement déterminé par la loi elle-même (art. 341). Cela ne peut être contesté ; il faut en conclure que lorsque l'article 364 statue après coup et déclare l'assureur déchargé de tout risque, *si l'assuré envoie le vaisseau en un lieu plus éloigné que celui qui est désigné par le contrat*, il statue d'une façon générale, non seulement au point de vue de l'assurance *au voyage*, mais encore à celui de l'assurance *à*

(*) Voy. dans le recueil précité la note qui accompagne l'arrêt de la Cour de cassation.

*temps*, lorsque celle-ci a eu lieu avec indication des lieux de navigation.

On répond, il est vrai (c'est le second motif que l'on fait valoir en ce sens), qu'il n'y a pas même raison de le décider ainsi; qu'en matière d'assurance *au voyage*, la considération du lieu de destination est essentielle, car c'est en vue de tel voyage que traite l'assureur et non pas en vue de tel autre, tandis qu'ici le voyage n'est plus rien ; ce qui est essentiel c'est le temps et le lieu des risques ; dès que l'on se trouve placé, sous ce double rapport, sur le terrain de la convention, l'assureur est tenu. L'argument est habile et ingénieux ; il ne résiste cependant pas à l'analyse. Si, en matière d'assurance *au voyage*, la considération du lieu de destination est essentielle, c'est parce que l'indication de ce lieu constitue avec celle du port de départ, le seul moyen donné à l'assureur de spécialiser ses risques ; il est entendu par là que le *lieu* des risques sera l'espace intermédiaire compris entre ces points extrêmes. Conséquemment à cette idée, il aurait fallu décider, dans l'hypothèse précédente, que lorsque, même en l'état d'un voyage changé, le navire vient à périr *intra limites itineris destinati*, les assureurs devraient être tenus ; car le lieu où le risque s'est produit est bien celui indiqué par le contrat. Il n'en est pas ainsi cependant, par la raison que nous avons fait valoir, à savoir que si l'assureur avait pu prévoir ce changement de destination, il n'eût pas assuré ou il l'eût fait à des conditions différentes. Or le même raisonnement ne peut-il pas être tenu ici ? L'assureur ne peut-il pas dire également : si j'eusse pu prévoir que le navire dût sortir du cercle de sa navigation normale, je n'eusse pas, vu l'aggravation des risques, assuré, ou j'eusse assuré à des conditions plus onéreuses ? La situation est la même, et l'indication des lieux de navigation est ici ce qu'est à l'assurance *au voyage* la mention du lieu du reste, et l'infraction à l'accord des parties doit dans les deux cas produire le même effet. Nous croyons donc qu'il a été bien jugé par la Cour de cassation, et qu'il n'y a pas à distinguer entre l'assurance *à temps* et l'assurance *au voyage*.

Voilà pour les risques provenant du fait même de l'assuré. *Quid* maintenant de ceux dus au fait du capitaine ? Ceci porte un nom bien connu dans la langue du droit maritime ; cela s'appelle la *baraterie de patron*. Il peut paraître d'abord étonnant que l'assureur ne réponde pas de plein droit de ces faits. l'assureur *sur facultés*, tout le premier, car pour le chargeur les fautes du capitaine constituent un véritable cas fortuit, et même l'assureur *sur corps*, à cause des conditions particulières dans lesquelles s'exerce ici le mandat conféré au capitaine, et qui font que le mandataire est presque absolument indépendant du mandant. Aussi, dans l'ancien droit, beaucoup de législations imposaient-elles à l'assureur la garantie de la baraterie du patron, et telle était chez nous la doctrine du *Guidon*, avec cette seule restriction que l'assuré était obligé de faire tout d'abord ses diligences contre le capitaine, de le discuter et ne pouvait recourir contre l'assureur qu'en cas d'insolvabilité et d'insuffisance du premier (*Guidon*, chap. IX, art. 1 ; Emérigon, t. I, p. 366).

Quoi qu'il en soit, cette doctrine n'a pas prévalu chez nous ; l'Ordonnance de la marine, s'inspirant de cette idée que la *baraterie du patron* n'est pas une fortune mer, en affranchit de plein droit les assureurs, et le Code de commerce a reproduit cette règle dans son article 353, où il est dit que *l'assureur n'est pas tenu des prévarications et fautes du capitaine et de l'équipage, connues sous le nom de baraterie du patron, s'il n'y a convention contraire*. Ajoutons, pour compléter cet exposé, que la convention des parties, usant largement de la latitude que lui avait réservé la loi, a modifié du tout au tout la situation sur ce point ; sans revenir à la législation des anciens règlements, et tout en faisant certaines réserves dont il sera parlé ci-après, elle a admis d'une façon générale l'assurance de la *baraterie du patron*.

Ceci observé, que faut-il entendre au juste par ce terme *baraterie du patron?* La question, en l'état de la pratique aujourd'hui suivie, semble de prime abord dépourvue d'intérêt; lors, en effet, qu'on invoquera le fait du capitaine comme cause d'un accident, ou bien l'on fera de ce fait un cas fortuit, et alors l'assureur sera tenu en vertu de l'article 350, ou bien on y verra une baraterie, et il sera tenu encore, en exécution de la convention des parties. M. de Courcy, qui a agité la question (2me *série des quest. marit.*, p. 1 et sq), lui a cependant assigné un intérêt considérable ; d'après lui, si l'on comprend dans la *baraterie* tous les faits reprochables du capitaine, il va s'en suivre qu'en cas de réalisation d'un de ces faits, l'assureur sur corps sera obligé de réparer, non seulement le dommage afférent au navire par lui assuré, mais celui encore causé à la cargaison, celui enfin causé soit au corps, soit aux facultés d'un autre navire (s'il s'agit par exemple d'un abordage fautif). L'éminent publiciste nous permettra de lui dire que c'est là un faux point de vue ; l'article 353, qui met les faits de baraterie en dehors de la responsabilité des assureurs, ne constitue qu'une exception à la grande règle de l'article 350, touchant l'étendue assignée à cette responsabilité. Or, par rapport à quoi cette dernière disposition déclare-t-elle l'assureur de plein droit responsable ? Par rapport *aux objets assurés*, d'où il suit qu'alors même qu'on donnerait au mot *baraterie* le sens large qu'il doit avoir, et qu'on y comprendrait tous les faits reprochables au capitaine, la garantie assumée par l'assureur sous ce rapport ne comporterait pas l'application exagérée, le prolongement extrême qu'on indique ; l'assureur n'est, d'une façon ou d'une autre, responsable que par rapport aux objets assurés et dans la limite de la somme par lui souscrite et acceptée.

Est-ce à dire que le problème soit véritablement sans intérêt ? Non certes, l'intérêt subsistera dans deux hypothèses : 1° dans celle fort rare, il est vrai, où il n'aura pas été dérogé à l'article 353, et où l'assureur n'aura pas garanti la baraterie du patron ; 2° dans celle, en sens inverse, où l'assureur aura garanti le recours des tiers, en cas d'abordage par exemple. Dans ces diverses situations, on sera tout naturellement amené à se demander si l'on est, ou non, en présence d'un fait de baraterie, et la question du sens exact à attacher à ce mot prend tout de suite une importance marquée. Qu'en est-il dès lors sur ce point ?

Il n'est pas douteux qu'au début le terme *baraterie* ne fût synonyme de prévarication, n'impliquât seulement une idée de fraude ; cela résulte du sens étymologique du mot (*). Mais ce sens ne tarda pas à prendre de l'extension, et à la fin de notre ancien droit il comprenait la simple faute et s'entendait de toute négligence, imprudence, impéritie, en même temps que de toute fraude, commises par le capitaine ; Pothier, Valin, Emérigon sont unanimes sur ce point. Il est donc presque certain que les rédacteurs du Code, lorsqu'ils ont écrit, ainsi qu'ils l'ont fait, la disposition de l'article 353, n'ont voulu que reproduire les idées de l'ancienne doctrine. Tel n'est pas cependant l'avis de M. de Courcy (*op. et loc. cit.*) qui, argumentant de la construction grammaticale de la phrase, et, s'appuyant sur la

(*) *Baraterie* est un mot barbare inconnu à l'antiquité ; Pasquier dit que ce mot dérive de *barat*, qui signifie tromperie, fourbe, mensonge (Emérigon, t. I, p. 366). Le terme est du reste très ancien ; M. de Courcy (*op. cit.*) cite un passage du Dante où il est dit que chez les Lucquois *ogni uom v'é baratier*.

définition que les principaux dictionnaires donnent de la baraterie, prétend que, au regard du législateur lui-même, toutes les fautes ne constituent pas des barateries, sans dire du reste lesquelles se trouvent dans ce cas et lesquelles ne s'y trouvent point (*).

Nous craignons qu'ici encore M. de Courcy n'ait été égaré par une idée juste dans son principe, mais qu'il ne faut pas outrer, sous peine de la fausser et de lui faire produire des conséquences inadmissibles. Nous comprenons qu'en présence d'un événement de mer caractérisé, tel qu'un naufrage ou un bris, on ne se montre pas très regardant sur la conduite d'un capitaine, d'ailleurs expérimenté et estimé ; on n'aille pas chercher jusqu'à quel point il a fait son devoir d'homme du métier, et habilement manœuvré. Ce serait une mauvaise politique de la part des assureurs en même temps qu'une injustice ; car, à supposer que le capitaine ait fait faute, il n'est pas dit que cette faute, au milieu des circonstances graves où elle s'est produite, ait été d'aucune influence sur le résultat final. Lorsqu'il s'agit d'un événement de mer comme celui-ci, où la force majeure se trouve en quelque sorte en première ligne, où elle constitue le facteur, sinon unique, du moins prépondérant du sinistre survenu, ce serait encore une fois une puérile et sotte chicane, de faire une enquête sur les actes du capitaine et de vouloir établir une proportion géométrique entre le fait de l'homme et la violence des éléments. Mais de là à ériger en système qu'il est des fautes qui n'en sont pas (sans dire lesquelles), que les assureurs doivent uniformément en répondre, comme de choses prévues, c'est aller un peu loin ; c'est, en même temps que corriger la loi, se jeter en plein dans l'arbitraire et l'incertain. Où sera

(*) La pensée de l'auteur paraît être cependant qu'il n'existe de baraterie que là où la faute est lourde, c'est-à-dire consiste dans un manquement caractérisé à des devoirs professionnels ; il y a alors *lata culpa quæ dolo adnumeratur*, et partant baraterie.

alors la ligne de démarcation ? A partir de quel point commencera la faute ? Quel degré de négligence, d'imprudence ou d'impéritie faudra-t-il pour qu'il y ait baraterie ? Tout cela sera livré aux fluctuations des intérêts individuels, aux tiraillements des prétentions contradictoires, aux appréciations divergentes des tribunaux. Non, tel n'est pas le système de la loi ; la loi n'a pas voulu que les assureurs répondissent de la faute du capitaine ; son intention se trouve établie, quoi qu'on en dise, et par les précédents historiques et par la rédaction même de l'article 353. Quant à l'appréciation de la faute, elle appartient ici comme ailleurs aux tribunaux, et nous ne faisons aucune difficulté de reconnaître qu'on devra tenir grand compte, à ce point de vue, des considérations présentées par M. de Courcy.

Nous ne sommes préoccupé jusqu'à présent que des faits du capitaine ; mais il est évident que la solution serait la même pour ceux de l'équipage ; car il y a même raison, et la question se présente dans les deux cas avec le même caractère ; aussi l'article 353 met-il tout cela sur un pied complet d'égalité. Le doute ne peut naître qu'en ce qui concerne la personne du pilote. Le pilote ne fait pas partie de l'équipage ; c'est l'aide ou le guide d'un moment. D'autre part, le capitaine n'a pas le choix du pilote; il prend celui que lui délègue l'Administration, à laquelle il est obligé de s'adresser. Il ne saurait donc ce semble supporter la responsabilité des actes de celui-ci, et ces actes constituent un véritable cas fortuit à la charge des assureurs ; en ce sens Bédarride, n° 1273.

Si séduisante que soit cette opinion, nous préférons nous rattacher au système contraire, que nous avons déjà soutenu (t. I, p. 587 et sq.), et qui compte pour lui de nombreuses autorités. Il est un premier cas où la solution semble ne pas devoir faire grande difficulté, c'est celui où le ministère des pilotes est facultatif, c'est-à-dire où le capitaine a pris un pilote sans y être astreint par les règlements. Il faut admettre sans hésitation dans cette hypothèse qu'au regard des assureurs les fautes du pilote sont assimilables à celles du capitaine, puisqu'il dépendait de celui-ci de ne pas se substituer ce préposé, et que, se l'étant substitué, il doit en répondre. Et il importe peu qu'il n'ait pas eu le choix de l'homme, l'Administration ayant fait ce qu'il aurait fait à sa place, c'est-à-dire ayant puisé dans une classe d'agents expressément et officiellement commissionnés pour cela. Mais *quid* dans l'hypothèse où le ministère des pilotes serait forcé ? Il n'a pas dépendu ici du capitaine de ne point se servir du pilote, par conséquent les fautes de celui-ci sont pour lui de véritables cas de force majeure. Cette observation serait juste et serait de nature à exclure l'application de l'article 353, si celui-ci était fondé simplement sur l'idée que le commettant doit répondre des faits de son préposé. Mais telle n'est pas la raison d'être de l'article 353, et cette disposition a une base autrement large. C'est parce que les prévarications et les fautes, soit du capitaine, soit de l'équipage, ne constituent pas des fortunes de mer que les assureurs, même les assureurs sur facultés, n'en répondent point ; or cela est vrai également des fautes du pilote. Le pilote doit être considéré, par rapport à l'assurance, comme faisant partie momentanément de l'équipage ; à ce titre, il relève, lui aussi, de l'article 353, dans sa règle et dans son exception.

Il en serait autrement des faits des passagers. Ici nous sommes également loin de la lettre et de l'esprit de l'article 353 ; de la lettre, car il n'est plus question du capitaine ou de l'équipage ; de l'esprit, car les faits des passagers tenant, sinon à la navigation elle-même, du moins au mode de navigation ou de transport, constituent des fortunes de mer, de plein droit dès lors à la charge des assureurs.

Ceci dit, arrivons à la clause par laquelle la baraterie du

patron se trouve garantie. Cette clause, nous l'avons déjà dit, est aujourd'hui devenue de style ; les divergences qui peuvent exister sous ce rapport entre les polices françaises ou étrangères, ne portent que sur des points de détail, sur la plus ou moins grande extension donnée au principe. Il n'en a pas toujours été ainsi ; autrefois l'école italienne, dont la doctrine a été suivie par Emérigon (ch. XII, sect. 2, § 2), distinguait sous ce rapport entre l'assurance sur corps et celle sur facultés ; les assurés sur facultés seuls pouvaient garantir la baraterie du patron, et pas les assureurs sur corps, attendu que *omnia facta magistri debet præstare, qui eum præposuit*. C'était la disposition de l'article 1384 du Code civil élevée à la hauteur d'une loi d'ordre public. Il va sans dire qu'une pareille doctrine ne pourrait plus être professée aujourd'hui, l'article 353 étant aussi général et aussi absolu que possible, dans sa règle et dans son exception.

Et à ce sujet nous sommes bien aise de présenter quelques explications complémentaires sur un point que nous avons déjà longuement discuté (t. I, p. 638 et sq), et qui tient à la matière présente par un lien évident, puisqu'il s'y agit de l'assurance, masquée, il est vrai, déguisée sous des termes différents, mais certaine néanmoins, de la baraterie du patron. On devine que nous voulons parler de la fameuse clause par laquelle armateurs individuels ou compagnies de transport, déclinent aujourd'hui la responsabilité des faits du capitaine. Nous n'avons pas admis la validité de cette clause, contrairement à une jurisprudence qui va s'accentuant de jour en jour ; nous voudrions que l'on sache bien pourquoi. Ce n'est pas que nous pensions que la disposition de l'article 1384 du Code civil est une règle d'ordre public, à laquelle on ne puisse pas déroger (*). Cette thèse, qui a été quelquefois celle des chargeurs

(*) Nous avouons que l'une des considérations par nous présentées a

lorsqu'ils ont voulu se soustraire aux conséquences de la clause, serait condamnée par notre article 353 lui-même ; et l'on comprend en effet qu'au point de vue de la logique et de l'équité il y ait une différence à faire entre les faits de l'assuré lui-même et ceux de son préposé, en d'autres termes, entre l'application de l'article 1382 et celle de l'article 1384. Notre raison de décider a été autre, et nous demandons à la reprendre ici en quelques mots, afin de lui donner toute la précision scientifique possible.

Une pareille clause est, par ses termes mêmes, éminemment exceptionnelle ; elle est contraire à toutes les idées reçues et à la pratique courante, en matière de responsabilité. Elle ne doit donc recevoir son exécution que tout autant qu'elle aura été nettement et sciemment acceptée par les parties intéressées, et notamment par celui sur qui elle pèse d'une façon si lourde, le chargeur. De plus le chargeur, en assumant un pareil risque, peut le faire de deux façons, à titre gratuit ou à titre onéreux ; si c'est à titre gratuit, il faut que son intention soit bien établie, les libéralités ou les actes de bienfaisance ne se présumant pas, en matière de commerce surtout ; si c'est à titre onéreux, il faut une rémunération expresse, disons le mot, il faut *une prime*, car la convention revient à une assurance, dans laquelle le chargeur joue le rôle d'assureur, et l'armateur celui d'assuré. Or que l'on ose dire que toutes ces conditions se trouvent réunies ici ! Le plus souvent le chargeur se trouve en présence d'une compagnie privilégiée qui lui impose, tels qu'ils sont, ses connaissements ; c'est donc une situation qu'il subit, quelquefois sans trop s'en rendre compte, mais que moralement il n'accepte pas. D'un autre côté, et en supposant cette

pu donner le change sur ce point. Mais nous avons, en la formulant, fait abstraction de l'idée d'assurance, c'est-à-dire que nous n'avons nullement envisagé la question au point de vue des deux qualités respectives d'assureur et d'assuré.

difficulté écartée, où est l'intention de libéralité de la part du chargeur ? Et si cette intention n'existe pas, si elle est impossible, si c'est contre certains avantages qu'on lui procurerait en retour que le chargeur accepte la clause, où sont ces avantages? Où sont ces charges nouvelles assumées par les compagnies, non inhérentes à l'idée même de transport, et qui ne seraient pas dès lors compensées par le fret ? Il faudrait en vérité beaucoup de complaisance pour les trouver, et les observations, par lesquelles nous avons, *dict. loc.*, terminé la discussion de ce point, ne nous paraissent pas pouvoir être sérieusement combattues.

Nous ne pouvons donc voir, en dernière analyse, dans les décisions qui ont été rendues sur ce point, qu'un exemple de ces *sententiæ benigniores* par lesquelles on a voulu, dans les circonstances critiques que nous traversons, favoriser l'essor de la marine nationale et la défendre contre la concurrence étrangère. Or ceci nous paraît devoir être plutôt l'œuvre du législateur que du jurisconsulte et du magistrat.

Ce point éclairci, faisons un retour à l'assurance et déterminons la portée exacte de la clause dérogatoire de l'article 353 sur la *baraterie du patron*. Nous avons à voir, dans cet ordre d'idées, si tous les faits illicites des gens de mer qui sont à bord du navire, se trouvent garantis, et en second lieu s'ils se trouvent garantis dans toutes leurs conséquences.

Au premier point de vue, la pratique, après quelques tâtonnements, a fait une distinction très rationnelle entre le capitaine et le restant de l'équipage. La clause a été admise dans sa généralité pour l'équipage, c'est-à-dire qu'elle a été étendue sans difficulté à tous les faits quelconques de celui-ci. Mais, quant au capitaine, on s'est accordé à réserver les faits de dol ou de fraude, ce qu'on a appelé dans le langage de la pratique *la baraterie frauduleuse*, et on l'a, en thèse ordinaire (*), exceptée de la garantie de l'assurance, de telle sorte qu'il n'y a sous ce rapport de couvert par le contrat que la faute proprement dite, la faute à ses divers degrés et dans toutes ses progressions. Cette limitation se conçoit très bien ; car si l'on peut admettre à la rigueur que la faute du capitaine constitue un risque de mer, à cause du lien intime qu'elle présente avec les accidents de la navigation, il n'en est pas de même du dol, dont l'action ne se relie pas forcément à celle d'un événement de mer, qui consiste d'autre part dans des agissements assez caractérisés pour que l'existence puisse en être, sans trop de difficultés, établie et dont dès lors la responsabilité doit rester à celui qui a librement choisi le capitaine, l'armateur.

Cette distinction faite, et, pour nous en tenir à ce qui concerne le capitaine, à quel ordre de fautes s'applique la garantie de l'assurance ? M. de Courcy a très finement remarqué (*op. cit.*, p. 56 et sq.) qu'outre son titre, un peu accessoire du reste, d'officier public, le capitaine réunit sur sa tête deux qualités : 1° il est chargé de tout ce qui a trait aux opérations de l'armement ; c'est à ce titre qu'il enrôle l'équipage, qu'il conclut les affrétements et perçoit le fret, qu'il emprunte sur corps ou sur marchandises, etc.; 2° il a, comme homme technique et spécial, et au point de vue de la conduite du navire, des devoirs professionnels qui lui sont nettement tracés par la loi ; c'est ainsi qu'il doit être lui-même à bord du navire, à l'entrée comme à la sortie des ports, havres ou rivières, qu'il doit achever le voyage commencé, qu'il ne doit abandonner le navire qu'à la dernière extrémité, qu'à l'arrivée il doit faire un rapport sur

(*) Nous disons *en thèse ordinaire*, parce qu'il est des cas où, même ici, la garantie embrasse tout, celui par exemple où le capitaine a été changé en cours de voyage, sans l'agrément de l'armateur. Le dol, comme la faute, constituent alors des cas de force majeure, dont il serait injuste que l'armateur ne pût s'exonérer par une assurance.

les événements de mer qui ont signalé sa traversée, etc. Cela étant, on peut se demander si, en vertu de la convention, les assureurs répondent forcément de toutes les fautes qui auraient été commises, dans l'une comme dans l'autre de ces deux ordres d'idées ; ou bien, s'il y a à distinguer, et si ce ne sont pas seulement les actes de l'homme technique dont ils ont voulu assumer la responsabilité. On pourrait au premier abord le croire, et le lien qui unit notre disposition avec l'article 350, fondamental en la matière, semblerait justifier cette solution. Il faut néanmoins la repousser, sans hésitation aucune (M. de Courcy est lui-même de cet avis) et cela pour deux motifs : 1° parce que le législateur n'a nullement discerné les deux ordres de fonctions ou d'attributions, qu'il les a au contraire perpétuellement confondus, non seulement en jetant pêle-mêle dans le même titre les règles afférentes à chacune de ces idées, mais encore en les amalgamant dans la même disposition, comme le prouve l'article 224 ; 2° parce que le capitaine est, sous l'un et l'autre rapport, le mandataire privé de l'armateur, lequel répond sans distinction de toutes les fautes qu'il a pu commettre dans l'exercice de sa double fonction (voy. t. I, p. 617 et sq.). Il y a donc lieu de penser que, lorsque par une convention expresse, l'armateur transporte cette responsabilité à une tierce personne, il la lui transporte telle qu'elle résidait auparavant sur sa tête, avec toute l'étendue qu'elle se trouvait comporter.

A quelle conclusion faut-il donc aboutir ? A celle-ci : c'est qu'en définitive il ne peut y avoir en dehors de la garantie des assureurs que les actes que le capitaine ferait en une autre qualité que sa qualité ordinaire, celle résultant virtuellement de son titre et des fonctions auxquelles il est de plein droit appelé. Nous avons déjà indiqué une application de cette idée (t. I, p. 619 et 620), nous ne pouvons que nous y référer, la solution étant la même ici, ainsi que le reconnaissent tous les auteurs qui se sont expliqués sur ce point (*).

Nous arrivons à une question bien autrement délicate, celle de savoir dans quelle mesure les assureurs sont responsables de la faute commise, en d'autres termes quelle suite comporte leur responsabilité. Le problème, pour être bien compris, demande à être éclairé par un exemple. Voilà, je suppose, un abordage survenu par la faute du capitaine ; les assureurs du navire abordeur devront réparation des dommages (s'il y en a) subis par le navire abordeur lui-même, puisque c'est, quant à eux, la chose assurée ; mais devront-ils en plus réparation des dommages bien autrement considérables subis : 1° par le navire abordé ; 2° par les marchandises du navire abordé ? La question présente aujourd'hui beaucoup moins d'intérêt que par le passé ; elle a été en grande partie tranchée par la convention des parties ; les articles 3 et 4 de la police française sur corps portent en effet ce que voici : 1° *Les assureurs sont exempts de tous recours de tiers, chargeurs ou autres, notamment pour vices d'arrimage, chargement sur le pont, excès de charge, infraction de chartes-parties, ou pour dommages ou empêchements causés dans les ports, rivières ou bassins, sauf ce qui va être dit à l'article 4, quant à l'abordage ;* 2° *les risques de recours de tiers contre le navire assuré pour fait d'abordage avec un autre navire ou corps flottant, sont à la charge des assureurs, pour les neuf dixièmes des dommages alloués, et jusqu'au maximum des neuf dixièmes de la somme assurée, sous la déduction d'une franchise de un pour cent*

(*) Voy., à défaut d'autres, Bédarride, n° 1278, et en jurisprudence Paris, 14 juin 1852, Marseille, 14 août 1862, Rennes, 21 juin 1869, Rouen, 17 février 1875, Cass, 22 novembre 1876 (*J. M.*, 31, 2, 117, 1862, 1, 261, 1370, 4, 155, 1875, 2, 114, 1877, 2, 101. — *D. P.*, 1870, 2, 296.

*de la somme assurée*. Nous indiquerons mieux tout à l'heure le sens de cette distinction, parfaitement raisonnable, conciliatrice de tous les intérêts ; nous devons pour le momont revenir sur la question principale, tout comme si elle n'avait pas été tranchée : 1° parce qu'il est des hypothèses non prévues où elle peut encore se présenter ; 2° parce que les considérations auxquelles sa discussion va donner lieu seront le meilleur commentaire de la règle aujourd'hui adoptée.

M. de Courcy, dans une de ces dissertations comme il sait les écrire (*ibid.*, p. 14 et sq.), a soutenu l'opinion restrictive et s'est efforcé de démontrer : 1° que l'article 353, relatif à la *baraterie du patron*, ne constitue qu'une restriction de la règle générale contenue en l'article 350, et par conséquent que la convention contraire permise par le législateur n'a qu'un effet, celui de faire retour à la règle et de replacer hommes et choses sous l'empire de la disposition de principe ; 2° que cette dernière disposition, en mettant à la charge des assureurs *toutes pertes et dommages qui arrivent aux objets assurés par tempête, naufrage*, etc., a par cela même exigé que l'avarie se rapportât à la chose assurée elle-même ; que le recours exercé par des tiers, à la suite d'une faute du capitaine, est chose trop extraordinaire, pour avoir été implicitement compris dans l'assurance ; qu'il faut une convention expresse pour cela.

La première partie de cette proposition est incontestable ; elle se trouve établie, ainsi que le fait remarquer M. de Courcy, et ainsi que nous l'avons redit nous-même, par l'enchaînement des articles. Il n'en est pas de même, du moins à première vue, de la seconde ; et en donnant à la clause relative à la baraterie du patron la portée étroite qui est la sienne, en résulterait-il forcément que les assureurs ne soient jamais tenus à l'occasion de recours exercés par les tiers ? Non certes ; tout dépend du sens qu'il faut attacher aux expressions *pertes et dommages qui arrivent aux objets assurés* dont s'est servi la loi. S'il ne s'agit ici que de pertes et avaries matérielles, la conclusion admise par M. de Courcy va de soi, mais si, ainsi que le soutient la Cour de cassation dans un important arrêt du 23 décembre 1857, ces mots *doivent s'entendre non seulement des avaries matérielles, mais encore des* DÉPENSES *qui, par suite d'un accident, seraient tombées à la charge du navire assuré*, cela devient beaucoup plus douteux, et si la conclusion contraire ne s'impose point par cela même, du moins l'argument tiré des termes de l'article 350 est insuffisant pour l'écarter. Or l'exactitude du point de vue adopté par la Cour de cassation ne peut être niée ; il est certain que par les expressions précitées la loi a visé, non seulement les pertes et dommages *matériels*, mais les pertes et dommages simplement *pécuniaires*, les *avaries-frais*, comme on les a appelées dans la pratique. Quel est, je vous prie, le dommage matériel produit par la *prise?* Quel est celui, plus significatif encore, puisqu'il atteint encore moins directement la chose, provenant de la *contribution à une avarie commune?* L'assureur est tenu néanmoins ; ce qui prouve qu'il peut y avoir autre chose que des pertes matérielles à la charge des assureurs, qu'il peut y avoir la perte pécuniaire résultant pour l'assuré du recours exercé par des tiers contre lui.

Nous n'en sommes pas moins, en fin de compte, de l'avis de M. de Courcy ; nous sommes de son avis par une raison, qui ne lui a certes pas échappé, mais qu'il n'a pas suffisamment mise en lumière. Les recours des tiers peuvent, en vertu de ce qui vient d'être dit, être à la charge des assureurs ; il n'en est pas moins vrai que ceci revêt un caractère exceptionnel; c'est la conséquence extrême, et comme le prolongement dernier de l'assurance. Il faut donc que les assureurs aient pu l'entrevoir, s'y attendre, et partant l'accepter. Ce serait un contre-sens que de transporter ici, sous prétexte d'analyse, une disposition du genre de celle de l'article 1602 du Code civil. N'est-ce pas plutôt le cas d'appliquer l'aphorisme *in obligationibus quod minimum est sequimur*, et le doute, si doute il y a, ne doit-il pas, conformément à l'article 1162, s'interpréter contre l'assuré, comme étant le véritable stipulant, celui qui a proposé le contrat aux assureurs ? Ceci posé, on comprend qu'en présence d'un événement de mer caractérisé, d'une capitale importance pour l'armateur, les assureurs supportent toutes les conséquences de cet événement de mer, même le dommage causé à un tiers, parce qu'ils ont dû faire entrer tout cela dans leurs prévisions. Ainsi lorsque, par rapport à un abordage, ils se sont rendus garants de la faute du capitaine, ils ont dû s'attendre à ce que cette faute produirait des conséquences, non seulement pour le navire assuré lui-même, mais pour l'autre navire, celui qui est entré en collision avec le premier. Cette interprétation de la volonté des parties contractantes est tellement commandée, que les polices modernes se la sont, ainsi qu'on a pu le voir, appropriée, et qu'elle est devenue une de leurs dispositions. Mais n'eût-elle pas été textuellement écrite, il aurait fallu l'accepter quand même, sous peine de ne faire de l'assurance, dans ce cas particulier, qu'une leurre, qu'une apparence sans réalité. Mais de là à charger les assureurs indistinctement de tous les recours que les tiers, les affréteurs notamment, peuvent avoir à exercer pour fautes du capitaine, il y a toute la distance qui sépare une chose prévue et acceptée d'une chose qui ne l'est pas, un contrat sérieux et loyal d'une spéculation peu délicate dans ses procédés et dans son but. Aussi, en dehors même d'une exclusion formelle, ce résultat n'aurait pas dû être admis, et la décision que M. de Courcy rapporte en sens contraire (*ibid.*, p. 34

et sq.) nous paraît, comme à lui, une véritable et profonde erreur juridique (*).

3° *Risques inhérents à la navigation.* Nous comprenons dans ce mot les dépenses nécessaires ou même ordinaires de toute navigation, et par conséquent, non seulement les frais ou droits dont il est question dans les articles 354 et 406 du Code de commerce, mais tous autres analogues, tels que frais d'hivernage, de jours de planche ou de quarantaine. *Ces frais*, dit quelque part encore M. de Courcy, *sont des accidents commerciaux à la charge du fret (ou de la marchandise), et non des fortunes de mer ;* ce qui revient à dire, en d'autres termes, que l'assuré a dû les faire entrer en ligne de compte dans ses prévisions, et les a d'avance imputés sur les profits de son opération commerciale.

Ceci souffre néanmoins exception. M. Bédarride fait observer avec raison (n° 1303) que la disposition de loi ne comprend d'abord que les *frais d'entrée,* c'est-à-dire les frais imposés par l'arrivée au port de destination ; elle laisse en dehors de son application les *frais de sortie*, c'est-à-dire ceux nécessités par la mise hors du navire ou de la marchandise, parce que ces frais augmentent d'autant la valeur de la chose, et constituent dès lors l'aliment légitime de l'assurance. Il convient d'ajouter qu'en outre des principes, la loi elle-même est en ce sens, et sous ce rapport ce que la règle de l'article 354 a de trop absolu dans les termes, se trouve corrigé par celle de l'article 339, qui

(*) Voy. en sens divers sur cette question, Bédarride, nos 1286 et 1287 ; Boistel, *Précis du cours de droit commercial*, p. 1020 ; et en plus Rouen, 23 décembre 1853 ; Paris, 23 juin 1855 ; Cass., 23 décembre 1857 ; Aix, 20 juin 1859 ; Aix, 7 juin et Marseille, 23 novembre 1860 ; Cass., 12 février 1861. (*J. M.*, 33, 2, 8, 33, 2, 85, 36, 2, 25, 37, 1, 291, 38, 1, 239 et 317, 1861, 2, 104. — *D. P.*, 1855, 2, 220, 1858, 1, 61, 1861, 1, 163).

porte en termes formels que *tous les droits payés et les frais faits jusqu'à bord* doivent être compris dans la valeur de la chose, lorsque cette chose n'étant pas estimée dans le contrat, il y a lieu de procéder à cette estimation.

D'autre part on a remarqué, en ce qui concerne méme les frais d'entrée, que ces frais ne sont régis par la présente règle et ne sont en dehors de l'assurance que tout autant qu'ils sont une conséquence normale de la navigation. S'ils étaient dus à une cause extraordinaire, telle qu'une relâche forcée, ils relèveraient immédiatement du contrat et engageraient la responsabilité des assureurs, par suite du lien qu'ils auraient avec l'événement de mer survenu.

Faisons, quant à nous, sur un point voisin de celui-ci, une dernière observation. Nous venons de voir que les frais de quarantaine, tout comme les autres frais similaires dont il est question en l'article 354, ne sont pas à la charge des assureurs, en tant du moins qu'ils se rattachent d'une façon normale au voyage entrepris (cpr t. II, p. 205). Il ne faudrait pas confondre avec ces frais les risques courus par le navire ou la cargaison pendant la durée de la quarantaine. Ces risques sont au contraire à la charge des assureurs, parce que *la quarantaine est considérée comme faisant partie du voyage qui y donne lieu* (*art. 5 et 7 des pol. franç. sur corps et sur facultés*). L'idée est sans doute différente de celle qui a inspiré l'article 354 du Code de commerce, et les deux dispositions se comprennent très bien ; nous ne les avons rapprochées que pour présenter ensemble, en un seul tableau, ce qui tient à la quarantaine et à ses effets.

Telles sont les explications que, considérées dans leur principe, nous ont paru mériter les obligations de l'assureur. Nous connaissons maintenant ce qui est dans ces obligations et ce qui n'y est pas ; il nous reste à voir pour en finir (et ce ne sera pas la partie la moins riche de nos développements), comment l'exécution peut en être poursuivie, c'est-à-dire, pour employer le terme consacré, quelles sont les *actions* auxquelles elles peuvent, au point de vue de leur réalisation pratique, donner lieu.

Ces actions sont au nombre de deux : 1° *l'action d'avarie*, par laquelle on demande la réparation exacte du préjudice subi ; 2° *l'action en délaissement*, par laquelle l'assuré fait abandon de ce qui peut rester de sa chose, contre paiement complet de l'indemnité d'assurance. De ces deux actions, celle qui est normale, qui est de droit en quelque sorte, c'est *l'action d'avarie* ; cela résulte tout d'abord de sa définition et ensuite de ce fait qu'elle existe indistinctement dans tous les cas, même dans ceux qui donnent ouverture au délaissement (art. 409). La seconde est au contraire par sa donnée même, une action extraordinaire qui ne peut être intentée que dans certaines hypothèses nettement prévues et limitativement indiquées par la loi, et que la convention des parties, ainsi que nous le verrons plus loin, a encore plus circonscrites. Le législateur a fait ici application de cette idée que, lorsque la perte de l'objet assuré est à peu près complète, il serait oiseux de faire une ventilation exacte du préjudice éprouvé ; que, la chose ne pouvant plus être d'aucune utilité pour son propriétaire, presque rien doit équivaloir pour lui à rien ; qu'il vaut mieux dès lors, dans l'intérêt de tous, couper court à toute expertise et attribuer à l'assureur la propriété de ce qui peut rester de la chose, contre remboursement intégral de la somme assurée. Ce parti, qui a le très grand avantage, une fois l'admissibilité de l'action reconnue, de simplifier le règlement de l'indemnité, et par là d'éviter des contestations entre les parties, ne laisse pas, à un autre point de vue, de prêter à critique ; et il n'est rien d'étonnant qu'en matière d'assurances terrestres, où les traditions n'étaient pas les mêmes, il ait été abandonné. On comprend en effet que, des deux intéressés qui auraient pu avoir à se défaire de l'objet avarié ou sinistré, celui qui est le plus à même d'en tirer un parti avantageux, c'est l'assuré, trafiquant ou armateur, qui le plus souvent, en vendant ou en réparant la chose, ne fera qu'un acte de son commerce ou de sa profession. Et il suffit de rappeler le souvenir de certains délaissements, où tel navire, condamné pour innavigabilité, a pu reprendre presque immédiatement la mer après certaines réparations, pour comprendre que, en généralisant l'action d'avarie, en même temps qu'on aurait évité des abus, on aurait fait la part plus juste à tous les intérêts (*). Quoi qu'il en soit, c'était une raison, du moment que l'on admettait cette façon de procéder au règlement de l'indemnité et que l'on créait une action dite *en délaissement*, pour qu'on la réglementât sévèrement dans son application, et c'est ce que le législateur a fait dans une section spéciale consacrée à cet objet.

Nous allons faire comme lui et nous occuper tout d'abord, en raison de sa singularité, de *l'action en délaissement*, nous passerons après à *l'action d'avarie*.

I. *De l'action en délaissement.* — Les points que nous avons à examiner sous ce rapport sont les suivants : 1° des cas qui doivent ouverture au délaissement ; 2° des délais et de la procédure à suivre dans l'exercice de l'action ; 3° du caractère

(*) Comme un excès en appelle immédiatement un autre, les assureurs ont répondu à cela en prodiguant les *franchises d'avarie*, c'est-à-dire les déductions sur la somme à payer. C'est ce que nous verrons mieux plus tard.

et des effets du délaissement une fois admis. C'est tout l'esprit des dispositions de la loi sur la matière (art. 369 à 396).

A. *Des cas qui donnent ouverture au délaissement.* — L'indication s'en trouve dans le premier article de la section l'article 369, ainsi conçu :

*Le délaissement des objets assurés peut être fait :*

*En cas de prise,*

*De naufrage,*

*D'échouement avec bris,*

*D'innavigabilité par fortune de mer,*

*En cas d'arrêt d'une puissance étrangère,*

*En cas de perte ou de détérioration des effets assurés, si la détérioration ou la perte va au moins à trois quarts. Il peut être fait, en cas d'arrêt de la part du gouvernement, après le voyage commencé.*

Malgré son apparente précision, cette disposition n'en a pas moins donné lieu à des difficultés très grandes, par suite de l'abus que certains assurés peu scrupuleux ont fait de quelques-uns de ses termes. Aussi les assureurs constitués pour ainsi dire en état de légitime défense, ont-ils eu une tendance de plus en plus marquée à restreindre les cas de délaissement, et s'il fallait en croire les rédacteurs de la police française d'assurances sur corps, ces cas se réduiraient à deux, qui seraient, d'une part, *la disparition ou destruction totale du navire,* et d'autre part, *l'innavigabilité produite par fortune de mer* (art. 9). Toutefois l'étude et le commentaire de l'article 369 sont loin, même aujourd'hui, d'être sans intérêt, pour diverses raisons, dont la principale est que la restriction existe plutôt en la forme qu'au fond, et que les nouveaux termes que l'on a substitués aux anciens ne l'ont été en quelque sorte que pour dégager la philosophie de la loi. Ajoutons que l'article 9 n'est pas partout adopté, qu'il y a, même en France, des dissidences; le mieux sera donc encore de prendre l'article 369 pour base de nos explications, sauf à indiquer au fur et à mesure les modifications de fond ou de forme que la disposition de loi a subies. C'est la marche que M. de Courcy a suivie dans une étude *sur le délaissement*, marquée au coin de son élévation de vues et de son sens pratique habituels (*Nouvel. quest. marit*, p. 283 et sq.).

Aux termes de l'article 369 le délaissement peut être fait :

1° *En cas de prise*. Ceci a perdu presque toute son importance, en l'état de l'exclusion des risques de guerre par toutes les polices ; c'est une remarque qui a été déjà faite ailleurs (voy. ci-dessus p. 57 et sq.). Ce n'est qu'au cas où la prise constituerait, non plus une variété de risques de guerre, mais un simple fait de piraterie, émané de forbans ou voleurs de mer, qu'il pourrait y avoir encore lieu de ce chef à délaissement.

Nous ne nous attarderons pas, vu le peu d'utilité de la chose, à discuter longuement le point de savoir si le droit au délaissement devrait être maintenu, dans l'hypothèse où la prise aurait été suivie de rescousse, c'est-à-dire où le navire aurait été repris des mains de ses capteurs, par un retour offensif de son équipage ou par l'intervention d'un sauveteur. Cette question avait divisé autrefois Valin et Emérigon, et elle a été agitée encore et résolue en sens divers par certains auteurs modernes (voy. Bédarride, nos 1408 et sq.). Quant à nous, la négative, adoptée par l'éminent auteur marseillais, nous paraît incontestable. L'idée fondamentale qui a inspiré la règle de l'article 369, qui constitue la raison d'être de tous les cas de délaissement, est celle de perte entière, ou plutôt, comme le dit M. de Courcy, de dépossession. Or, quelle dépossession y a-t-il, lorsqu'une chose prise ou perdue se trouve immédiatement recouvrée ? *Capere cum effectu intelligitur*, disait Emérigon, et on ne saurait le comprendre autrement qu'en commettant un véritable abus de mots. J'ajoute que l'article 385 fournit à l'appui de cette manière de voir un argument décisif, puisqu'il n'attache un effet absolu au délaissement que tout autant qu'il a été *signifié* d'abord, et ensuite *accepté ou jugé valable*. C'est donc qu'auparavant il n'y a rien de définitif et le droit au délaissement ne persiste que tout autant que, du jour où l'événement s'est produit à celui de l'acceptation ou du jugement, la situation n'a pas changé.

2° *Naufrage*. Il n'y a pas de terme qui ait donné lieu à plus de discussions, à plus de divergences dans les vues et les appréciations que celui-ci. Qu'implique l'idée de naufrage ? Est-ce celle d'une submersion à peu près complète de la chose assurée ? Faut-il y joindre celle de bris ? Le bris ne serait-il pas à lui seul constitutif du naufrage, ainsi que semble l'indiquer le sens étymologique du mot *(navis fractura)* ? Toutes ces idées ont été soutenues et ont rencontré des adhésions, soit dans la doctrine, soit dans la jurisprudence (*). La question parait d'abord avoir peu d'intérêt ; car à supposer qu'il n'y ait pas à la fois bris et submersion, ou bien que l'un et l'autre ne soient pas assez complets pour mériter le nom et la qualification de *naufrage*, le navire ne pourra-t-il pas être condamné pour innavigabilité ? Et si l'on échappe au premier cas de délaisse-

(*) Cpr en sens divers Bordeaux, 31 janvier 1837 ; Cass., 29 décembre 1840 ; Bordeaux, 25 août 1856 ; Cass., 27 juillet 1856 ; Nantes, 5 décembre 1866 et 11 août 1869 ; Marseille, 12 juin 1871 et Aix, 16 mai 1872. (*J. M.*, 17. 2. 25, 20. 2. 49, 34. 2, 159, 1867. 2, 148, 1871. 1. 162, et 2. 142, 1872. 1 : 177. — Dalloz, *Répert.* v° *Droit maritime*, n° 1994, *D. P.*, 1857. 2. 77, 1858, 1. 392).

ment, ne retombe-t-on point dans le troisième ? Le raisonnement ne serait cependant pas décisif, par la raison qu'on a voulu dans la pratique, en argumentant judaïquement du sens grammatical du mot *naufrage*, faire admettre le délaissement en dehors d'une innavigabilité proprement dite. Et la lettre de l'article 369 semble venir à l'appui de cette opinion, puisque le naufrage y constitue un chef de délaissement distinct de celui de l'innavigabilité.

Nous ne craignons pas de dire néanmoins que cette façon d'apprécier les choses repose sur une méconnaissance absolue de l'esprit de la loi. On comprend, à un premier point de vue, que le législateur ait distingué le naufrage de l'innavigabilité, puisque le premier de ces cas de délaissement est de sa nature général, et peut recevoir son application quant aux marchandises aussi bien que quant au navire, tandis que le second, par ses termes mêmes, est spécial au navire ou soit à l'assurance sur corps. De plus, en ce qui concerne même ce dernier objet, l'innavigabilité n'a été mentionnée et acceptée par la loi que comme un diminutif du naufrage, c'est-à-dire qu'en dehors du naufrage il peut y avoir lieu encore à délaissement pour innavigabilité ; mais c'est aller au rebours de ce qu'ont pensé et voulu les rédacteurs du Code et prendre le contrepied de la vérité juridique que d'admettre un naufrage sans innavigabilité. C'est là véritablement jouer sur les mots.

Que conclure de ceci au point de vue de la détermination du mot *naufrage ?* C'est qu'il faut qu'on soit, par voie de bris ou de submersion, en présence d'une perte complète de la chose, d'un fait absolument destructif de sa substance ou son individualité première ; à cette condition il y aura naufrage, sinon non. Ainsi, en ce qui concerne l'assurance sur facultés, et pour prendre l'exemple d'une des décisions judiciaires susmentionnées, voilà des marchandises qui, chargées sur des accons pour être transbordées de là sur le navire qui doit les emporter, ont été submergées à la suite d'un accident quelconque et immédiatement retirées du fond de la mer. Prétendra-t-on qu'il y a eu là un naufrage ? On ne l'a pas osé, à cause du peu d'importance ou du peu de gravité du fait. Mais qu'on nous dise en quoi la solution devrait être différente, parce que l'accident se serait passé en pleine mer, dans des conditions plus périlleuses ou plus dramatiques ? Le fait du recouvrement n'en est-il pas moins acquis, et; en laissant de côté le point de savoir s'il y a ou non perte ou détérioration des trois quarts, peut-on soutenir, comme l'a fait un arrêt de cassation cité et approuvé par M. Bédarride (n° 1411), que l'assuré a subi, quant à sa chose, un véritable naufrage ? Je sais bien ce qu'on peut opposer à notre solution ; il y a, en la matière, un article 381 ainsi conçu : *en cas de naufrage ou d'échouement avec bris, l'assuré doit*, SANS PRÉJUDICE DU DÉLAISSEMENT A FAIRE EN TEMPS ET LIEU, *travailler au recouvrement des effets naufragés*. D'où la conséquence qu'on en tire que les résultats du sauvetage ou du recouvrement sont sans influence sur le délaissement, qui doit être considéré comme d'ores et déjà acquis par le seul fait du naufrage. — Nous croyons que c'est faire de l'article 381 une application abusive que de l'étendre d'une façon indistincte à tous les cas de recouvrement. Que lorsqu'il y a eu un véritable naufrage, c'est-à-dire un séjour plus ou moins prolongé sous l'eau et une détérioration ou déperdition complète à la suite, le sauvetage opéré après coup ne nuise pas à l'assuré et ne fasse pas obstacle au délaissement à intervenir, rien de plus juste ; mais peut-on de bonne foi étendre cette règle à toute reprise de possession, quelle qu'elle soit, à toute extraction immédiate de la chose, alors que la marchandise ne serait encore que très légèrement atteinte ? Ce qui prouve bien que telle n'a pas été la pensée du législateur, lorsqu'il a écrit l'article 381, c'est que, ajoute-t-il, *sur son affirmation* (à l'assuré), *les frais de recouvrement lui sont alloués jusqu'à concurrence de la valeur des effets naufragés*, ce qui, je suppose, indique une diminution de valeur assez considérable.

En résumé, il y a, quant à l'assurance sur facultés, la même relation entre le naufrage et la perte ou détérioration des trois quarts qu'entre le naufrage et l'innavigabilité pour l'assurance sur corps. Le naufrage ne peut pas plus se comprendre sans perte ou détérioration des trois quarts pour le premier de ces objets que sans innavigabilité pour le second, et si la loi a fait de ces deux derniers faits un chef particulier de délaissement, c'est en vue du cas où il n'y aurait pas eu naufrage caractérisé.

Nous avons raisonné jusqu'à présent au point de vue de la marchandise ; mais la solution serait la même pour le navire, et nous n'admettrions pas plus ici le délaissement, dans le cas où le navire pourrait être relevé et réparé (sauf la restriction relative au chiffre des dépenses), que tout à l'heure, pour tout ou partie du chargement, en cas de reprise de possession immédiate. L'article 389 contient formellement cette règle ; il est vrai que, par ses termes, cet article ne vise que le cas où le délaissement est fait à titre d'innavigabilité, à la suite d'un échouement simple. Mais ici encore ce serait méconnaître l'esprit de la loi que de ne pas transporter cette solution au cas de naufrage, lorsque le relèvement et la réparation sont possibles et peuvent être effectués dans des conditions pécuniaires acceptables. Si la disposition n'a statué *in terminis* qu'au point de vue de l'échouement, c'est que le plus souvent il n'y aura lieu à la double opération dont s'agit que dans ce cas ; c'est que le naufrage a éveillé dans l'esprit du législateur l'idée d'une destruction totale et irrémédiable. Dans le cas contraire, la même chose, par identité de motifs, doit avoir lieu ; sans quoi, la faculté de délaisser ou ne pas délaisser ne serait plus qu'une question de mots.

Les assureurs n'ont donc fait qu'exprimer en d'autres termes ce qui était déjà dans la pensée de la loi, lorsqu'ils ont ainsi rédigé l'article 9 de la police sur corps : *Par dérogation expresse au Code de commerce, le délaissement ne peut être fait que pour les seuls cas : 1° de disparition ou destruction totale du navire ; 2° d'innavigabilité produite par fortune de mer*. Par dérogation expresse, disent les assureurs. En tant que besoin serait, peut-on répondre ; car la dérogation, si tant est qu'elle existe, porte uniquement sur la forme ou la nomenclature et nullement sur le fond. Les assureurs, pour éviter des querelles de mots, ont condensé en deux termes généraux la matière des cinq ou six énonciations spéciales du Code.

Précisons en terminant un dernier point ; les explications dans le détail desquelles nous venons d'entrer démontrent que le naufrage, de même que la prise du reste, constitue un mode de délaissement général, susceptible de s'appliquer aux marchandises comme au navire. A une condition cependant, c'est que le sinistre se soit étendu, distributivement en quelque sorte, à chacun de ces deux objets. Le naufrage du navire n'impliquerait donc pas forcément celui des marchandises, si celles-ci avaient été sauvées et transbordées sur un autre bâtiment. Le dommage se résumerait ici en une simple avarie, avarie matérielle ou avarie-frais, et l'événement prendrait, quant aux assureurs sur facultés, un autre nom, il s'appellerait, suivant le cas, *changement forcé de route, de voyage ou de vaisseau*. Les articles 391 et sq. sont encore formels en ce sens, et bien qu'ici encore ils n'aient été écrits qu'en vue du cas d'innavigabilité, on n'a jamais fait doute qu'ils dussent s'appliquer à celui de naufrage proprement dit.

3° *Échouement avec bris*. Ceci n'est également pas arrivé jusqu'à nous sans controverse, et l'histoire de cette mention a été assez accidentée. L'Ordonnance de la marine avait distingué entre les deux faits, ce qui avait permis de soutenir : que l'échouement simple donnait ouverture à délaissement, alors même que le navire pouvait être relevé et réparé. C'était peu équitable, en admettant que cela fût rigoureusement conforme au texte de la loi, et une déclaration royale du 17 août 1779, dont il a été déjà question (voy. t. III, p. 449), et dont il sera encore parlé, vint corriger ce que les termes de l'Ordonnance avaient de trop large et de trop absolu, en disposant que les assurés ne seraient pas admis au délaissement, si le navire, relevé, soit par les forces de l'équipage, soit par des soins empruntés, avait pu continuer sa route jusqu'au lieu de sa destination (art. 5). C'est cette solution que le Code de commerce a recueillie et sanctionnée, d'une part, en exigeant dans l'article 369 que l'échouement soit accompagné de bris, d'autre part, en reproduisant, sauf de légères variantes dans la forme, la règle de la déclaration de 1779 (art. 389).

Mais la controverse n'a cessé sur ce point que pour se porter sur un autre ; on n'a plus équivoqué sur l'échouement, mais on l'a fait sur le bris. Le bris, pour donner ouverture au délaissement, doit-il être total ou absolu, ou suffit-il qu'il soit partiel ? La jurisprudence, après avoir d'abord hésité, parait de plus en plus incliner à croire qu'il suffit d'un bris partiel, à la condition que ce bris atteigne une partie essentielle du navire (*). Nous sommes assez disposé à nous rallier à cette solution, mal-

(*) Voy. entr'autres Paris, 27 août 1842 ; Bordeaux, 1er avril 1844 ; Aix, 1er avril 1852 ; Marseille, 28 septembre 1855 et 14 août 1857 ; Aix 9 mars 1859 ; Marseille, 13 octobre 1865 et 5 août 1869 ; Aix, 21 avril 1871. (*J. M.*, 21. 2. 187, 13. 2. 119, 33. 1. 302, 35. 1. 229, 37. 1. 138

gré les répugnances de M. de Courcy ; car la loi n'a pas parlé, ainsi qu'il le prétend, de bris du navire, mais simplement de bris, sans déterminer sur quoi ce bris devait porter et l'étendue qu'il devait avoir. Nous voudrions néanmoins qu'on s'entendît bien sur ces termes de *partie essentielle du navire* ; l'hélice est une partie essentielle des bateaux à vapeur ; dira-t-on cependant que la fracture de l'hélice vaudra bris, et entraînera délaissement ? *Quid* d'un trou à la coque ? On ne saurait évidemment aller jusque-là, et on n'y est pas allé en effet. Mais, d'autre part, il nous parait bien dangereux de poser, comme on l'a fait, en principe que l'échouement est une cause de délaissement tout à fait différente de l'innavigabilité ; que c'est pourquoi l'article 369 en a parlé dans deux paragraphes distincts (Dalloz, nº 1998). Il n'y a de différent ici au contraire que la forme, et l'innavigabilité doit être la résultante des deux faits indiqués par la loi, l'échouement et le bris. Si le législateur en a fait un chef de délaissement à part, ce n'est pas pour indiquer que le délaissement peut exister sans elle, c'est pour faire entendre qu'elle-même peut se produire en dehors des événements de mer caractérisés que nous venons de mentionner. En d'autres termes, comme nous l'avons déjà fait observer, il ne saurait y avoir de naufrage et d'échouement avec bris sans innavigabilité ; mais il peut y avoir, et il y aura souvent une innavigabilité sans naufrage ou échouement avec bris. Et comme dans cette dernière hypothèse cette innavigabilité pourrait être plus douteuse, la loi a voulu qu'elle fût authentiquement constatée et qu'il y eût une sorte de condamnation officielle du

1865. 1. 308, 1870. 1, 286, 1872. 1. 48. — Dalloz, *ibid.*, nº 1997). — Contr. Paris, 27 février 1841, qui exige que le bris soit général et absolu ; mais c'est une decision, en même temps qu'une doctrine, isolées. (Dalloz, *loc. cit.*, *J. M.* 20. 2. 56.

navire. Voilà, quant à ce, l'esprit des dispositions du Code. C'est vainement qu'on prétendrait que le naufrage ou l'échouement avec bris constitueraient des cas spéciaux de délaissement; que cette qualification de l'événement entraine une sorte de présomption *juris et de jure* de perte, à l'encontre de laquelle on ne peut pas faire de preuve contraire. Oui sans doute, mais comme d'autre part la loi n'a nulle part défini le naufrage ni l'échouement avec bris, on est toujours libre, étant donné un événement de ce genre, d'y voir ou de ne pas y voir le naufrage ou l'échouement avec bris, et en cela on ne viole pas la loi elle-même. N'admet-on pas, en ce qui concerne plus particulièrement notre cas, que le bris doit avoir une certaine importance et porter sur une des parties essentielles du navire ? Ce n'est donc pas aller à l'encontre du texte de l'article 369 que de voir dans l'échouement avec bris, comme dans le naufrage, une innavigabilité qualifiée, et de ne pas admettre ces deux cas de délaissement sans innavigabilité.

En dernière analyse, notre conclusion, au sujet de l'importance que le bris doit avoir pour déterminer le délaissement, est donc qu'il n'y a pas à apprécier ce bris en lui-même, à se demander s'il doit être total et absolu, ou s'il suffit qu'il soit partiel, à la condition de porter sur les parties vitales du navire. Ce sont là des formules un peu abstraites, qui ne répondent pas bien à ce qu'a voulu la loi, et dont on peut trop facilement abuser, pour faire admettre le délaissement là où il n'est pas recevable. La véritable et unique question est de savoir si l'échouement et le bris combinés ont rendu le navire innavigable, et pour résoudre cette question il n'y a pas à tenir compte d'autres éléments que ceux-ci qui vont ci-après être indiqués au sujet de *l'innavigabilité par fortune de mer*. Si oui, le délaissement est admissible, sinon il ne l'est pas. Ce n'est pas que dans l'examen des faits il ne faille apporter une certaine bienveillance pour l'assuré et prendre en considération les mille et une circonstances qui pourront, même en cas de réparabilité, rendre plus tard l'exploitation du navire moins commode et moins fructueuse ; il est tel batiment qui pourra, à la rigueur, être remis sur quille, mais qui ne sera jamais à l'avenir qu'un mauvais navire. Mais tout cela, c'est le problème même de l'innavigabilité, et ce n'est pas pour rien qu'on a admis dans la pratique, et contre le gré des assureurs eux-mêmes, une innavigabilité relative, comme pendant et équivalent de l'innavigabilité absolue.

Il va sans dire que cette solution s'imposerait encore plus, si la police n'avait admis le délaissement qu'en cas d'innavigabilité, et telle est en somme la situation qui résulte aujourd'hui de la combinaison des articles 9 et 10 de la police française sur corps. L'article 9 pose le principe et n'admet, ainsi qu'on l'a vu, le délaissement qu'en cas de disparition ou destruction totales du navire et qu'en cas d'innavigabilité par fortune de mer, et l'article 10 indique les conditions pécuniaires moyennant lesquelles existera cette innavigabilité.

Nous n'avons fait jusqu'à présent aucune allusion à l'assurance sur facultés ; il semble en effet que par ses termes l'échouement avec bris ne peut s'appliquer qu'au navire, c'est-à-dire à l'assurance sur corps. Non pas que si, à la suite du sinistre, les marchandises ont été submergées et complétement avariées ou perdues, il n'y ait lieu de ce chef aussi à délaissement, mais se sera un délaissement pour naufrage, perte ou détérioration des trois quarts, etc. Mais faut-il aller plus loin, et admettre que, par le seul fait qu'il se sera produit pour le navire un échouement avec bris caractérisé, il y ait lieu par cela même à délaissement des marchandises? Ce serait bien fort, car, à supposer que les termes de l'article 369 soient généraux et comprennent toutes les applications de l'assurance (ce qui est déjà bien difficile à admettre ici), encore faut-il que le sinistre se soit produit pour le chargement comme pour le navire, qu'il ait réfléchi de l'un à l'autre en quelque sorte ? S'il a été par le fait circonscrit, cantonné à ce dernier objet, ce serait une véritable iniquité qu'on pût prendre texte de cela pour délaisser des marchandises qui n'auraient été que très peu endommagées.

C'est cependant ce qui a été professé, soutenu, jugé maintes fois (*) sur la foi d'un passage d'Emérigon où il est dit : *Lorsqu'on se trouve dans un des cas majeurs déterminés par l'article 46* (correspondant à notre article 369), *l'action en délaissement est ouverte, tant pour le corps que pour les facultés (sauf le cas d'échouement non accompagné de naufrage). On ne considère pas alors si la marchandise a subi une perte effective ou si elle n'en a point souffert ; car, ainsi que je l'ai déjà observé plus d'une fois, on a besoin en cette matière d'une règle simple, et cette règle a été établie par l'Ordonnance et par la Déclaration de 1770* (t. II, p. 181). Il nous parait difficile, tant la chose serait énorme, de donner à ces paroles toute la portée qu'elles comportent au premier abord. Emérigon a pris soin précédemment de nous avertir qu'il ne vise que le cas d'anéantissement à peu près absolu du navire, ce qui n'a pas pu ne pas entrainer la perte des marchandises elles-mêmes. Voici les termes mêmes par lesquels il a, avec sa précision ordinaire, caractérisé le cas, et qui ~~sont~~ intéressants à relater : *Dès que le navire a fait naufrage, ou qu'il est brisé, il n'existe plus dans son essence. La perte en est*

(*) En ce sens Bédarride, n° 1415 ; Dalloz, nos 2000 et 2001, et les auteurs cités par lui ; Rouen, 14 août 1818 ; Cass., 29 décembre 1840 et les autres décisions ci-dessus rapportées.

entière. *Les débris sont sauvés, mais le vaisseau ne l'est pas.* VOILA POURQUOI LE NAUFRAGE ET LE BRIS DONNENT INDÉFINIMENT LIEU A L'ACTION D'ABANDON, MÊME POUR LES FACULTÉS, QUI NE PEUVENT ÊTRE SAUVÉES SANS AVOIR ORDINAIREMENT SOUFFERT UNE PERTE OU UN DOMMAGE CONSIDÉRABLE. Voilà donc la situation nettement précisée : le navire n'existe plus comme tel, il a été détruit, il n'y en a plus que des débris ; comment cette perte entière ne rejaillirait-elle pas sur les marchandises ? Qu'on rapproche maintenant de ce cas celui de bris partiel admis par la jurisprudence comme constituant un chef de délaissement ; qu'on suppose un sauvetage ou une extraction possibles des marchandises, détériorées si l'on veut, mais non point dénaturées, et qu'on dise si la situation est la même et si la solution doit être la même aussi ! Aussi Valin, visant plus spécialement cette hypothèse, ajoutait : *Mais il se peut que les marchandises soient sauvées, de manière qu'elles n'aient reçu que peu de dommage ; et cela étant vérifié, ce n'est pas le cas d'en faire délaissement, ou du moins de forcer les assureurs de l'accepter* (sur l'art. 46, t. II, p. 100).

Voilà le langage de la vérité et de la justice. Sans doute, ainsi que le proclame Emérigon, on a besoin, ici comme ailleurs, d'une règle simple, qui coupe court à toutes les difficultés. Mais cette simplicité doit-elle aller jusqu'à identifier dans tous les cas le navire et le chargement, et à leur appliquer, dans un sort différent, les mêmes règles ? On est très fondé, malgré le grand nom d'Emérigon, à en douter (*).

4° *Innavigabilité par fortune de mer.* Les développements

(*) Cette opinion, bien qu'en contradiction avec la jurisprudence et la doctrine générales, n'est cependant pas isolée ; voy. en ce sens Caumont, *op. cit.*, n° 571 ; Boistel, p. 1040, et surtout M. de Courcy, *op. cit. passim.*

auxquels nous venons de nous livrer nous ont éclairés sur la raison d'être et la portée exacte de ce cas particulier de sinistre majeur. C'est parce que l'Ordonnance de la Marine faisait de l'échouement simple un chef d'abandon, et que ceci avait été poussé jusqu'à l'abus, en ce sens qu'on avait admis le délaissement, même dans le cas où le navire serait ultérieurement, sans grands efforts et sans grandes dépenses, relevé et réparé, qu'il intervint une déclaration royale du 17 avril 1779, véritable loi interprétative, aux termes de laquelle : 1° il pouvait, en cas d'échouement, être fait délaissement pour innavigabilité; 2° mais le délaissement n'était recevable qu'autant qu'il y avait impossibilité de relever ultérieurement le navire et de le mettre en état de continuer sa route (art. 4 et 5). De plus comme le moyen avait quelque chose de vague, et ne se référait pas à un sinistre caractérisé et défini, on exigea, dans l'intérêt des assureurs : 1° que le navire fût muni en partant d'un certificat de visite attestant sa bonne navigabilité ; 2° que l'innavigabilité fût déclarée, c'est-à-dire confirmée par le témoignage de l'autorité administrative ou judiciaire qui se trouverait sur les lieux ; le navire devait en un mot être condamné pour innavigabilité. Ces dispositions ont à peu près passé tout entières dans le Code; et en laissant de côté tout ce qui a trait aux procès-verbaux de visite, dont nous nous sommes occupés ailleurs, tout le restant est devenu la règle de l'article 369 d'abord, et ensuite des articles 389 et suivants (cpr aussi art. 237).

Il résulte de tout cet ensemble de dispositions qu'ici encore il y a lieu de distinguer entre le navire et la cargaison.

En ce qui concerne le navire, l'innavigabilité constitue par elle-même, par le seul fait de sa réalisation, un cas de délaissement. Mais à quelle condition cette innavigabilité existera-t-elle ? A quels caractères pourra-t-on la reconnaître ? Examinons séparément ce qui a trait au fond et à la forme de la question.

Au premier point de vue, l'article 389 pose une règle très sage dans son principe, mais dont l'application a engendré des difficultés très grandes, à cause de la variété des espèces et de la diversité des appréciations ; il porte ce que voici : *le délaissement à titre d'innavigabilité ne peut être fait, si le navire échoué peut être relevé, réparé et mis en état de continuer sa route pour le lieu de sa destination. Dans ce cas l'assuré conserve son recours contre les assureurs, pour les frais et avaries occasionnés par l'échouement.* Le délaissement à titre d'innavigabilité ne peut être fait si le navire peut être relevé et réparé ! Mais dans quel cas le navire sera-t-il considéré comme réparable et susceptible de continuer sa route jusqu'au lieu du reste ? Il peut se faire, d'une part, que le navire soit matériellement réparable, mais que le chiffre des réparations et des dépenses se monte à une somme telle, que cela équivaille à une reconstruction, auquel cas il sera préférable, ce semble, d'acquérir, avec le même argent, ou même un peu plus, un bâtiment neuf, au lieu d'en restaurer un vieux. Il peut arriver aussi que les frais de relèvement et de radoub soient par eux-mêmes modérés, mais qu'à cause de la distance, de l'éloignement des chantiers, de la difficulté de se procurer des matériaux, ou de toute autre impossibilité de fait, la réparation devienne immédiatement très coûteuse, et même d'un accomplissement très pénible et très incertain. Devra-t-on, dans ces deux hypothèses, admettre l'innavigabilité ?

Sur le premier point, Emérigon contient une formule qui, quoi qu'on en ait dit (*), est suffisamment précise, en même

(*) M. de Courcy qui la cite, p. 243.

temps qu'elle est parfaitement équitable : *On est en état d'innavigabilité*, dit-il, *lorsque, pour réparer le navire, il faudrait presque employer autant de temps et faire autant de dépenses que pour en faire un nouveau.* Ainsi c'est bien entendu ; il y a innavigabilité, alors même que le navire serait matériellement réparable, alors même que la réparation n'équivaudrait pas à une reconstruction, si, d'une part, cette réparation doit absorber un temps précieux pour l'armateur, un temps absolument perdu pour son exploitation commerciale, et si, d'autre part, l'écart de la dépense n'est pas assez grand pour qu'il ne soit pas préférable de garder son navire vieux, plutôt que d'en acheter ou d'en faire construire un neuf. Mais dans quel cas en sera-t-il ainsi ? On est d'accord aujourd'hui pour admettre par interprétation des termes dont s'est servi un peu plus loin le législateur dans l'article 369, que ce sera dans le cas où les réparations à faire se monteraient à plus des trois quarts de la valeur agréée du navire. Cette solution ne peut être contestable, lorsque la police, comme c'est à peu près l'usage constant aujourd'hui, s'en est clairement exprimée et a expressément adopté ce mode de règlement. Dans l'hypothèse contraire, c'est, en apparence du moins, plus douteux, car on confond par cette solution deux cas de délaissement que le législateur a séparés et spécialisés. Il ne faut pas néanmoins s'arrêter à cette objection ; la chose est au fond plus une qu'elle n'en a l'air ; quelle peut être en effet pour le navire cette détérioration de plus des trois quarts, sinon l'innavigabilité (*)?

(*) C'est l'avis général ; consult. Aix, 6 juillet 1852 ; Paris, 24 mai 1853 ; Cass., 27 juillet 1857 précité ; Rouen, 3 décembre 1857. (*J. M.*, 31. 1. 113, 32. 2. 65, 36. 2. 7 et 38,) Cpr Dalloz, *ibid.*, n° 2010. D'autres décisions donnent une formule un peu différente, mais au fond nullement exclusive de celle-ci ; voy. Aix, 19 juin 1853 ; Douai, 10 mars 1859 ; Cass , 6 mars 1867 (*ibid.*, 33. 1. 213, 38. 2. 25, 1867. 2. 130. *D. P.*, 1868. 1. 24.)

J'arrive au second point, connu dans la pratique sous le nom *d'innavigabilité relative*, par opposition au précédent, qui porte la désignation *d'innavigabilité absolue* (*). Ainsi le navire n'est point dans un état de destruction ou de désagrégation tels qu'il ne vaille pas la peine d'être renfloué et réparé ; la dépense n'en serait même pas trop considérable. Mais, par suite de circonstances particulières de temps ou de lieu, cela devient très difficile. Il n'y a pas de chantier de construction là où l'on est, et le port le plus rapproché où l'on pourrait se rendre est assez éloigné pour qu'une navigation dans l'état actuel du navire soit au plus haut point dangereuse, et même impossible. Ailleurs, c'est la main-d'œuvre qui fera défaut, ou qui ne pourra être amenée sur les lieux et employée que dans des conditions de cherté excessives. En troisième lieu, le capitaine n'aura pas d'argent, et il lui sera impossible d'en trouver, par voie d'emprunt à la grosse ou autrement. Dans tous ces cas ou autres semblables, l'innavigabilité s'impose d'elle-même ; elle n'est pas, comme ci-devant, une conséquence immédiate de l'accident survenu, mais elle en est une conséquence nécessaire; ce qui suffit, car le résultat est le même pour l'armateur, savoir, la perte complète ou la dépossession. Aussi, cette innavigabilité relative a-t-elle été admise par la jurisprudence comme l'équivalent de l'innavigabilité absolue (**); la

(*) On a quelquefois compris dans l'innavigabilité relative le cas où le navire était matériellement réparable, mais où sa réparation était par elle-même trop coûteuse pour qu'il y eût intérêt à la tenter. C'est un faux point de vue ; il n'y a d'innavigabilité relative que celle qui tient à des circonstances extrinsèques de la navigation et non au navire lui-même. La question présente un très grand intérêt, dans le cas où la police aurait exclu l'innavigabilité relative, ou, ce qui revient au même, n'aurait admis comme cause de délaissement que l'innavigabilité absolue.

(**) Les décisions sont trop multiples et en même temps trop unanimes pour être ici citées ; on les trouvera dans les recueils.

terminologie n'est sans doute pas dans la loi, mais l'idée que cette terminologie exprime y est (cpr art. 350) et ne peut pas ne pas y être, sans quoi le but même de l'assurance serait manqué.

Les assureurs ont néanmoins beaucoup répugné à ce mode particulier d'innavigabilité, à cause des abus auxquels il a donné lieu dans la pratique, et ils l'ont généralement proscrit dans leurs polices, n'admettant le délaissement qu'en cas de naufrage ou d'innavigabilité absolue. C'était substituer un mal à un autre; car, encore une fois, l'innavigabilité relative est une nécessité en matière d'assurance, et il peut parfaitement se faire que tel navire, qui n'a reçu que des blessures partielles et serait dès lors très réparable, ne le soit plus par suite de circonstances extrinsèques qui sont venues aggraver la situation et qui sont elles-mêmes des conséquences de l'événement de mer survenu. Il est arrivé alors que l'assuré, stimulé par son intérêt, a voulu transformer en innavigabilité absolue ce qui n'était qu'une innavigabilité relative, et les tribunaux se sont trouvés dans la pénible situation, ou de s'en tenir à la réalité des faits et de faire respecter la convention des parties, en faisant subir à l'assuré une véritable perte contre laquelle il s'était prémuni par l'assurance même, ou d'admettre quand même une indemnité au fond parfaitement équitable, mais en contradiction alors avec les faits, et en violation de la lettre des polices!

Les rédacteurs de la police française sur corps ont donc été mieux inspirés, lorsque dans leur article 9 ils ont admis le délaissement en cas d'innavigabilité par fortune de mer, sans distinction de l'innavigabilité absolue et de l'innavigabilité relative. C'est là, en matière d'assurance, le droit; vouloir en créer un autre, au moyen de stipulations particulières insérées dans les polices, c'est, pour employer la forte expression de Bossuet, faire du droit contre le droit; on a vu à quoi cela menait.

Ce n'est pas à dire qu'il faille admettre très facilement l'innavigabilité relative ; aujourd'hui, surtout, avec la facilité actuelle des communications, l'étendue et la multiplicité des correspondances, les moyens nouveaux de crédit dont le commerce dispose, il sera bien rare qu'un navire réparable ne puisse être réparé; les assureurs pourraient même, à la rigueur, à défaut de l'assuré, se charger de ce soin, sauf à agir à leurs risques et périls. Encore moins faudrait-il accepter ce résultat, si c'était par suite d'un manque de crédit que l'armateur, et le capitaine à sa place, ne pût procéder au radoub du navire ; car ceci n'est plus une conséquence directe et forcée du sinistre, et on irait loin dans une pareille voie. Il faut raisonner ici comme en matière de dommages et intérêts et n'admettre que les suites directes et prévues (art. 1151 C. civ). Pour toutes ces raisons, il convient de se montrer, en cette matière et aujourd'hui plus que jamis, singulièrement réservé. Mais le principe ne doit pas moins être maintenu, et ne serait-il applicable qu'une fois sur cent, pour ce cas seul il mériterait d'être conservé.

Nous avons peu à dire de la question de forme. Il est néanmoins un point essentiel qu'il faut ici mettre en lumière, c'est que l'innavigabilité n'existe pas de plein droit, comme le naufrage ou l'échouement avec bris ; il faut qu'elle soit *déclarée*, c'est-à-dire attestée ou certifiée dans un document quelconque, administratif ou judiciaire. L'édit de 1779 exigeait même que le navire fût *condamné pour innavigabilité*, ce qui semblait impliquer la nécessité d'une véritable sentence judiciaire. Le Code va moins loin et se contente d'une simple déclaration, laquelle, comme on va le voir, écarte au contraire toute idée de chose jugée. Mais il résulte néanmoins de ses termes, qu'aujourd'hui comme autrefois, le délaissement de ce chef n'est pas admissible de plein droit, qu'il faut auparavant que l'innavigabilité soit attestée par une pièce authentique et en quelque sorte officielle (art. 237 et 390). Cette donnée est dans la force et la vérité des choses ; le naufrage et l'échouement avec bris présentent des caractères assez marqués, constituent des événements de mer trop singuliers, pour qu'une constatation ne soit pas sous ce rapport inutile. Il n'en est pas de même de l'innavigabilité, qui est un effet plutôt qu'une cause, et un effet sans cause bien déterminée. On comprend dès lors qu'il puisse y avoir ici du plus ou du moins, et qu'une attestation solennelle, empreinte de sincérité et de gravité, ait ici sa raison d'être et son utilité.

Il ne faut pas oublier cependant que la loi, tout en posant le principe d'une déclaration spéciale, n'a pas dit en quelle forme cette déclaration devrait être faite, ce qui laisse toute latitude à cet égard. Dans l'usage on s'adresse au consul français, ou, à défaut, à l'autorité étrangère du lieu où se trouve le navire, et on lui demande de se prononcer, avec ou sans expertise, sur l'innavigabilité. Mais on peut procéder autrement et se contenter, par exemple, d'un simple rapport d'experts ; c'est alors le tribunal appelé à statuer sur le délaissement qui déclarera en même temps, et d'une façon en quelque sorte préjudicielle, l'innavigabilité. Il reste, il est vrai, avec cette procédure, bien peu de différence entre notre cas de délaissement et les précédents, et la question de forme s'amincit au point de n'en être plus une. C'est très légal néanmoins ; le législateur a simplement imposé, pour toute forme, une constatation préalable de l'innavigabilité ; cette constatation peut donc résulter d'un rapport d'experts, comme elle résulterait d'une ordonnance de consul. L'autorité du document pourra être moindre ; mais ce se sera un document concluant à l'innavigabilité, sur le vu duquel se prononcera le tribunal chargé de résoudre la question de délaissement, ce qui est suffisant pour satisfaire au vœu de la loi (*).

(*) Cpr Dalloz, n° 2014, et en plus Bordeaux, 27 février 1826 ; Cass.,

Autre observation importante : les divers actes ou pièces dont nous venons de parler, en ce qui concerne la constatation de l'innavigabilité, n'ont que le caractère de mesures d'instruction, et par conséquent la force de la chose jugée ne saurait en aucune façon s'y attacher. La question ne peut guère être soulevée du reste que pour les ordonnances de consuls ou les décisions des autorités étrangères. Or, il est évident que tout cela n'a rien de contentieux, non seulement parce que les assureurs n'ont pas été représentés ici et qu'il n'y a pas eu de débat contradictoire entre les assurés et eux, mais parce que, dans la pensée du législateur, il n'a pas pu y en avoir; il s'agit de la rédaction d'un document en vue d'un procès à venir et destiné uniquement, comme tous les actes de ce genre, à éclairer la religion du tribunal. La substitution du mot *déclaration* à celui de *condamnation* qui se trouvait dans l'édit de 1779 est sous ce rapport, ainsi que nous l'avons déjà dit, significative. Aussi n'y a-t-il pas, soit en doctrine, soit en jurisprudence, une dissidence sur ce point.

Voilà pour tout ce qui concerne le navire ; arrivons maintenant à la cargaison.

La situation est ici autrement nette qu'elle ne l'a été jusqu'à présent pour tous les autres cas de sinistre majeur ; et il résulte de l'ensemble des articles 390 et sq, relatifs à ce point, que : 1° l'innavigabilité du navire n'entraîne pas par cela même délaissement des marchandises ; 2° le capitaine est obligé de fréter un autre navire pour le transport du chargement à destination ; 3° les assureurs supportent toutes les conséquences de ce transbordement, tels que frais de charge et décharge, magasi-

14 juin 1832, 14 mai 1834 et 31 juillet 1839 ; Aix, 11 mars 1840 ; Marseille, 14 juillet 1865 (*J. M.*, 7 2 161, 13. 2. 28, 14. 2. 122, 18. 2. 164, 19 1. 102, 1866. 1. 222).

nage, avaries, excédant de fret du second navire sur le premier ; 4° ils courent les risques de la chose sur le nouveau bâtiment où elle est embarquée, parce qu'il y a ici *changement forcé de vaisseau ;* 5° ce n'est tout autant que tout cela n'a pas abouti et qu'il a été impossible de se procurer un nouveau navire, que le délaissement peut être fait six mois ou un an après la survenance du sinistre, suivant le lieu où le sinistre s'est produit.

Ces dispositions, parfaitement sages et simples, n'appellent pas de grandes explications. Il convient toutefois de remarquer deux choses : la première, c'est que l'initiative du capitaine, en ce qui concerne le transbordement des marchandises, et leur acheminement au port de destination, n'est pas exclusive de celle des assureurs eux-mêmes, et ceux-ci peuvent procéder à cette opération par leurs agents, sans avoir à craindre qu'on se fasse une arme de leur prise de possession et qu'on y voie une acceptation implicite et anticipée du délaissement qui pourra être effectué plus tard ; il s'agit là en effet d'un acte d'administration de la chose, duquel il n'y a aucune conclusion à tirer dans un sens ou dans l'autre, n'importe par qui il soit fait (*) ; la seconde, c'est que, le délaissement ne pouvant être fait qu'à l'expiration d'un certain délai, le capitaine serait dans son tort et engagerait gravement sa responsabilité, s'il procédait auparavant à la vente des marchandises, à moins d'un cas d'absolue nécessité, car il s'interdirait à lui-même la possibilité de louer un autre navire, et ferait disparaître pour les assureurs la chance d'une issue favorable. L'observation n'a guère du reste qu'une portée théorique, puisque la baraterie du patron se trouve généralement garantie aujourd'hui (**).

(*) Conf. Bédarride (n° 1606).

(**) Il faudrait bien se garder d'étendre cette solution à l'assurance sur

5° *Arrêt d'une puissance étrangère*, auquel il faut ajouter par analogie de motifs et de situation, *l'arrêt de la part du gouvernement après le voyage commencé.*

Ce cas de délaissement a ceci de remarquable, qu'il n'est que conditionnel et qu'il ne constitue un droit acquis qu'après l'expiration d'un certain temps, ainsi qu'il sera mieux expliqué ci-après (art. 387 et 388). Ce qui se comprend ; l'arrêt, à la différence de la prise, n'emporte pas forcément de la part de l'autorité qui a opéré la main-mise, une idée d'appropriation à son profit, et par conséquent de dépossession pour l'assuré. Ce peut n'être qu'une mesure temporaire, transitoire, destinée à disparaître avec les circonstances qui l'ont provoquée ; il aurait été dès lors bien injuste d'y voir quand même un cas de délaissement ; tout ce qu'on peut demander aux assureurs, car cela est dans l'esprit du contrat, c'est d'employer leurs bons offices pour faire cesser aussitôt que possible l'effet de la mesure, c'est de répondre des avaries ou pertes pécuniaires qui pourraient en être la suite, (et c'est à quoi pourvoient les deux dispositions précitées), mais on ne pouvait équitablement leur demander plus.

On remarquera d'autre part que la loi, en mentionnant à la

corps et au cas où le capitaine aurait fait prononcer à tort l'innavigabilité du navire. Il est rare d'abord qu'il n'y ait pas eu ici une véritable fraude organisée à l'encontre des assureurs ; or, ceux-ci, nous l'avons vu, ne répondent pas du dol du capitaine ; la garantie de la baraterie ne va pas jusque-là. D'autre part, étant donnée même une simple erreur, les assureurs ne sauraient en être davantage responsables ; en effet, le capitaine n'agit plus ici en sa qualité ordinaire ; l'innavigabilité, même prononcée à tort, a mis fin à son caractère et ses pouvoirs ; il n'est plus là que comme un agent de l'armateur, commis pour faire le nécessaire, et les conséquences de ses déterminations doivent d'autant plus retomber sur celui-ci, qu'il sera infiniment rare qu'elles soient prises à son insu et sans son assentiment ; en ce sens Bordeaux, 2 mars 1859 ; Havre 8 mai 1865 ; Rennes, 21 juin 1869. (*J. M.*, 37. 2. 76, 1865. 2. 126, 1870. 2. 155. — *D P.*, 1870. 1. 296).

fois l'arrêt de puissance étrangère et celui du gouvernement national, a l'air de faire une différence entre les deux, en ce sens que le second ne serait susceptible de donner lieu au délaissement que lorsqu'il se produirait après le voyage commencé. Mais cette différence n'en est pas une en réalité, et c'est dans un cas comme dans l'autre que le délaissement ne peut avoir lieu que si l'arrêt se produit en cours de voyage ; auparavant, en effet, les risques n'auraient pas encore couru ; aussi l'article 370 porte-t-il d'une façon générale que *le délaissement ne peut être fait avant le voyage commencé.* Si donc le législateur n'a pas répété la condition, pour l'arrêt d'une puissance étrangère comme pour celui émanant du gouvernement français, c'est qu'ici comme ailleurs il a un peu borné sa vue au territoire et cru qu'à l'étranger le voyage serait toujours commencé. Mais le contraire pourra arriver pour des navires étrangers assurés en France, et il faudra dans cette hypothèse laisser de côté la rédaction de l'article 369 et se diriger d'après celle de l'article 370 qui, lui, ne distingue pas.

M. de Courcy semble considérer l'arrêt uniquement comme un cas de risques de guerre, ce qui conduirait à cette conséquence que les assureurs n'en répondraient que tout autant qu'ils se seraient chargés de ces risques. Mais M. de Courcy a confondu l'arrêt avec ce qui n'en est qu'une forme particulière, l'*embargo*, et une forme de plus en plus rare, par suite du progrès des idées et de l'adoucissement des mœurs internationales (*). A côté de la mesure hostile, il y a la mesure pacifique. de quelque nom qu'elle s'appelle, *arrêt du prince,* ou *embargo civil*, qui consiste dans une simple main-mise ou coerci-

(*) Voy. à ce sujet les détails intéressants donnés par M. Desjardins dans son traité si complet et si philosophique de *Droit commercial maritime*, t. I, n° 19, p. 39 et 40.

tion, « pour amener le redressement de griefs sérieux ou la réparation d'atteintes au droit des gens. » Un pareil fait est de plein droit à la charge des assureurs, et tombe, sans restriction aucune, sous le coup des articles 369, 387 et 388.

Il n'y aurait qu'un cas où l'arrêt ne mettrait point en jeu l'assurance, c'est celui où il aurait été pratiqué pour contrebande, c'est-à-dire pour introduction sur le territoire d'un état de marchandises prohibées. La contrebande, nous l'avons vu, (t. III, p. 418 et sq) n'est pas à la charge des assureurs; il y a même aujourd'hui un article de la police française sur corps qui l'exclut expressément, elle et tous les risques en découlant. Il s'ensuit que, dans cette hypothèse, ce ne seront pas seulement les assureurs sur facultés qui seront hors de cause (pour eux la chose n'avait même pas besoin d'être dite, puisque la contrebande n'est pas elle-même un risque maritime), mais encore les assureurs sur corps, pour l'immobilité à laquelle sera condamné le navire, et les autres chefs de perte pécuniaire résultant de l'arrêt.

C'est tout ce que nous avons à dire ici de ce sinistre majeur; ce qui concerne les conséquences mêmes de l'arrêt sera mieux à sa place dans la section des *effets du délaissement*, et nous nous bornons pour le moment à y renvoyer.

6° *Perte ou détérioration des trois quarts*. Ce cas de délaissement est le plus général de tous ceux que contient l'article 369; c'est à celui-là que l'on recourt lorsque les autres font défaut. Il a été adopté par le législateur à la suite de controverses qui avaient éclaté dans l'ancien droit et qu'avait fait naître le texte de l'Ordonnance. L'Ordonnance exigeait qu'il y eût perte entière; de là des dissertations sans fin sur le point de savoir dans quel cas il y avait perte entière, s'il suffisait que quelques débris fussent sauvés pour que la perte ne fût plus réputée entière, si presque rien n'équivalait pas à rien, etc. La disposition du Code a donc tranché ce point de la façon la plus équitable; ce qui le prouve (cette remarque judicieuse appartient à M. de Courcy), c'est que sa réglementation a toujours été respectée par les polices. Mais elle n'a pas fait pour cela disparaître la controverse, et la même difficulté qui s'élevait autrefois au sujet de la perte entière se pose et se dresse aujourd'hui pour la perte ou détérioration des trois quarts.

Les précédents historiques de la matière, ainsi que la comparaison des autres cas de sinistre majeur mentionnés en l'article 369, indiquent que le législateur a eu principalement en vue ici l'assurance sur faculté. Toutefois, comme la disposition de loi est générale et ne distingue point, c'est avec raison, je crois, que l'on a vu ici un chef de délaissement aussi bien pour l'assurance sur corps que pour celle sur facultés. C'est donc par rapport à l'une et à l'autre de ces applications de notre contrat qu'il y a lieu de se demander dans quel cas et à quelles conditions se produira la perte ou détérioration des trois quarts.

En ce qui concerne la première, la question est par elle-même très simple; elle revient à déterminer la valeur du navire, soit à l'état sain, soit à l'état avarié ; ce sera l'écart entre ces deux données qui fournira la solution du problème et établira si la perte ou détérioration est des trois quarts. Mais comment apprécier la valeur du navire à l'état sain ? Comment l'apprécier surtout à l'état avarié ?

Une jurisprudence imposante est formée aujourd'hui sur l'un et l'autre point ; elle décide, quant au premier de ces deux termes de comparaison, que la valeur du navire à l'état sain, c'est la valeur estimative portée en la police, et, à défaut d'estimation (ajouterons-nous), la valeur assurée (*); c'est elle en effet

(*) Consult. Marseille 1er février 1822 ; Cass., 14 juin 1832 ; Paris 14 décembre 1839 ; Bordeaux, 3 mars 1852, 25 février 1856 et 2 mars

qui est supposée, sauf preuve contraire, représenter l'intérêt de l'armateur à l'assurance. Aussi cette donnée n'a-t-elle guère été contredite. M. de Courcy a néanmoins élevé des doutes sur la légalité du procédé (t. II, p. 363 et sq); mais ses explications, qui admettent comme point de départ un défaut d'estimation (ce qui peut ne pas se rencontrer et ne se rencontrera généralement pas), sont confuses et contradictoires ; il dit d'une part, en effet, qu'*on viole tous les principes de la matière en prenant pour valeur en état sain la valeur assurée*, et par ailleurs il constate que *de cet imbroglio a fini par se dégager, à une époque assez récente, une formule claire, sensée, pratique, adoptée par une sorte de consentement universel. La comparaison s'établira entre, d'une part, la* VALEUR ASSURÉE, *d'une autre non pas la valeur du navire avarié*, etc. La valeur assurée ! c'est qu'en effet il n'y a pas moyen, sous peine de tomber dans l'arbitraire, de faire autrement ; c'est cette valeur assurée qui, avec ou sans estimation, donnera la mesure de l'intérêt de l'armateur, et par conséquent établira avant tout la valeur exacte du navire ; sauf aux assureurs la possibilité de la faire réduire, en cas d'exagération, ainsi qu'il a été antérieurement expliqué.

La difficulté est autrement sérieuse, en ce qui concerne le second terme de comparaison, la valeur en état d'avarie. Deux moyens de vérification ou de justification se présentent ici, la *vente* et l'*expertise*. Il faut proscrire absolument le premier, parce qu'il suppose, pour sa réalisation, la question résolue ; la vente du navire ne pouvant avoir lieu, en effet, qu'en cas d'in-

1859 : Marseille, 30 avril 1862 ; Nantes, 15 avril 1863 ; Aix, 21 février 1870 ; Bordeaux, 23 août 1875 (*J. M.*, 3. 1. 310. 13. 2. 38, 19 2. 131. 31. 2. 101, 34. 2. 77, 37. 2. 76, 1862. 1. 138, 1863. 2. 129, 1870. 1. 173, 1876 2. 113. — Cpr. Dalloz, *op.* et *loc.*, n° 2030, et *D. P.*, 1853. 2. 4, 1857. 2. 46, 1871. 2 52).

navigabilité, par quoi sera établie cette innavigabilité, synonyme, comme on va le voir, de la perte ou détérioration des trois quarts, si ce n'est par l'expertise ? Il faut donc de toute nécessité une expertise. Sur quoi portera-t-elle ? Devra-t-elle uniquement dégager la valeur vénale du navire, ou bien devra-t-elle indiquer ce qu'il en coûterait sur les lieux, ou au chantier le plus rapproché, pour le réparer ? Le résultat pourra être bien différent dans un cas et dans l'autre ; il pourra se faire en effet qu'un navire qui, s'il était vendu dans son état actuel d'avarie, ne produirait pas une somme égale au quart de sa valeur première, ne nécessite pas d'autre part des réparations représentant les trois quarts de cette même valeur. Auquel donc de ces deux résultats faudra-t-il se tenir, pour apprécier l'admissibilité du délaissement ? M. Bédarride, aux nos 1435 et 1436 de son traité, a soutenu la première opinion, et je sais bien ce qu'on peut dire dans le sens de ce premier système. L'innavigabilité et la perte ou détérioration des trois quarts constituent deux cas de délaissement distincts l'un de l'autre. Pour qu'il y ait lieu au premier, il faut que le navire soit réellement irréparable, ou du moins que la réparation équivaille à peu près, en perte de temps ou d'argent, à une reconstruction. Mais rien de semblable quant au second ; la loi exige simplement une perte ou détérioration des trois quarts. Qui sera chargé de cette appréciation ? Des experts. Sur quoi se fondera-t-elle ? Sur la valeur actuelle, c'est-à-dire le prix auquel le navire se vendrait dans son état d'avarie ; si cette valeur est inférieure au quart de l'estimation primitive, le délaissement est recevable, sans qu'il y ait à se demander si le navire peut être réparé et pour quel chiffre il peut être réparé.

Si plausible que paraisse ce raisonnement, nous ne croyons pas qu'il doive être suivi. Nous avons déjà eu l'occasion de nous élever contre cette séparation absolue que l'on veut introduire dans les cas de délaissement, et il y a d'autant plus lieu ici de la repousser de nouveau que la perte ou détérioration des trois quarts était surtout destinée, dans la pensée du législateur, à régir l'assurance sur facultés et que ce n'a été, ainsi qu'il a été dit ci-dessus, que par surérogation et pour obéir à la généralité des termes de l'article, qu'on l'a étendue à l'assurance sur corps (*). Mais en dehors de cette considération, le système dont s'agit a le tort de donner à la disposition de loi un caractère exclusif qu'elle n'a pas. L'article 369 exige bien une perte ou détérioration des trois quarts, mais ne dit pas quel devra être le *criterium* de cette perte ; il n'a pas attaché cette perte au fait de la vente du navire à vil prix plutôt qu'à l'impossibilité ou au coût très considérable des réparations ; c'est affaire d'appréciation de la part des gens de l'art ou des magistrats chargés de se prononcer sur la difficulté. Il peut arriver sans doute qu'un navire, matériellement réparable, ne vaille pas la peine d'être réparé, parce qu'il sera impossible de lui rendre ses qualités nautiques premières, parce qu'il aura toujours quelque chose d'endommagé ou d'avarié, etc.; dans cette hypothèse, on aurait tort de s'en tenir au coût probable des réparations pour décider qu'il n'y a pas perte des trois quarts, d'autant plus qu'il est rare que les devis ne soient pas dépassés, ou que d'autres réparations ne se découvrent ou ne s'imposent pas après coup.

(*) Nous devons même faire remarquer que l'argument manque en fait, et que l'innavigabilité peut parfaitement exister en dehors de la perte ou détérioration des trois quarts, dans le cas par exemple où les réparations, quel qu'en soit le chiffre, ne seraient pas possibles au lieu où se trouve le navire et d'où il ne pourrait repartir pour aller se radouber ailleurs. C'est ce qu'a très juridiquement jugé un arrêt de la cour d'Aix du 27 avril 1876 (*J. M.*, 1876, 1, 251), dans une espèce où l'évaluation des réparations était inférieure aux trois quarts de la valeur agréée du navire. Du reste, cela est connu et accepté, et s'appelle, comme on sait, *innavigabilité relative*. Il n'y a donc pas identification absolue entre les deux cas de délaissement.

Mais combien plus abusif serait le système qui ferait dépendre le préjudice exigé par la loi des conditions d'une vente, le plus souvent concertée entre le capitaine et des spéculateurs peu scrupuleux, et qui dans tous les cas n'exprimera pas la véritable valeur de la chose, à cause de la hâte avec laquelle elle sera pratiquée et de l'intérêt qu'aura l'assuré à sa prompte exécution? Nous croyons donc en dernière analyse, et sauf la réserve indiquée plus haut, que c'est à la possibilité ou l'impossibilité des réparations qu'il faut s'en tenir pour apprécier s'il y a ou non perte ou détérioration des trois quarts, et qu'il faut n'admettre cette perte ou détérioration qu'autant que le devis des travaux à faire excéderait les trois quarts de la valeur conventionnelle du navire (*).

Ceci posé, on n'est pas encore au bout de la difficulté, et il reste encore à savoir ce qu'il faut comprendre dans le chiffre des réparations. Un navire, depuis le jour du sinistre jusqu'à celui où il sera remis à neuf et où il pourra reprendre la mer, donnera lieu à une multitude de frais qui seront une conséquence forcée de sa situation, tels que frais de relâche ou sauvetage, nourriture ou salaires de l'équipage pendant le temps des réparations, contribution à une avarie commune, prime de grosse, etc. Doit-on faire entrer tous ces frais en ligne de compte, pour déterminer le chiffre constitutif de la perte ou détérioration des trois quarts ? La jurisprudence est depuis longtemps fixée sur cette question et n'admet pas qu'on doive prendre tous ces frais en considération pour en faire dépendre l'admissibilité du délaissement ; qu'il ne faut ici envisager que les avaries matérielles, celles affectant directement la chose (**).

(*) En ce sens les décisions rapportées à la note précédente.

(**) *Sic* Bordeaux (trib.) 29 février 1848 ; Bordeaux, 3 mars 1852

Cette solution est incontestable ; elle est une conséquence de la lettre même de l'article 369, puisqu'il y est parlé de *perte ou détérioration* DES EFFETS ASSURÉS. En d'autres termes, le législateur n'a pas seulement exigé une perte pécuniaire, mais encore une perte matérielle des trois quarts ; et cette rigueur apparente de la règle se comprend, quand on pense au caractère peu défini que présentait ce cas particulier de délaissement, à l'élasticité redoutable qu'il comportait. Cela ne fait pas que ces frais accessoires ne soient couverts par l'assurance, mais ils ne seront jamais qu'*avaries* et ne pourront en aucune façon être cotés par le délaissement.

A ces conditions, le délaissement nous parait constituer un droit acquis, et il ne serait pas révocable par le seul fait que le navire, réparé après coup par les soins des assureurs ou du tiers acquéreur, aurait pu prendre de nouveau la mer et atteindre le port de destination. Je connais bien l'objection qui peut être faite à ce système : un philosophe ancien niait un jour le mouvement ; à quoi un autre répondit en marchant. De même ici on a soutenu et fait admettre l'innavigabilité ; et le navire marche ! On a argué de la perte entière ou presque entière, et le navire existe ! — On irait loin néanmoins avec un pareil raisonnement ; il n'y aurait plus alors de droits acquis, fermes, et il suffirait d'une éventualité quelconque, si lointaine et si incertaine qu'elle fût, pour mettre obstacle aux revendications les plus légitimes. C'est en lui-même, par ses caractères propres,

précité : Rouen, 3 juillet 1858 ; Cass., 18 janvier 1859 : Rennes, 5 avril 1861 ; Marseille, 20 avril 1862, et Nantes 15 avril 1863 précités ; Cass., 6 novembre 1865 ; Marseille, 10 octobre 1867, 4 novembre 1869 et 16 août 1870 ; Cass., 8 mai 1872 ; Bordeaux, 23 août 1875 précité ; contr. Paris, 8 avril 1854. (*J. M.*, 27. 2 155, 37. 2. 39, 1861. 2 92, 1866. 2, 90, 1868. 1 20, 1870. 1. 24 et 258, 1872. 2. 228, 32. 2. 59.— Dalloz, *loc. cit.*, et *D. P*, 1859. 2. 82, 1866. 1. 202, 1872. 1. 306.)

et non par les suites qu'il peut entrainer, que tout cas de sinistre majeur doit être apprécié ; s'il présente la garantie conclue par la loi, le délaissement est *de plano* recevable ; le tempérament que l'industrie de l'homme peut y apporter n'est plus qu'une chance réservée aux assureurs. L'article 381 fournit en ce sens un argument significatif (*).

Nous n'avons pas besoin du reste de faire observer que toutes ces règles ne doivent s'appliquer que sauf la convention contraire des parties. Or, sous ce rapport, l'article 10 de la police française sur corps indique les conditions courantes : 1° le délaissement n'est admis (pour innavigabilité ou pour perte et détérioration des trois quarts), qu'autant que le montant des dépenses à faire au navire dépasse les trois quarts de la valeur agréée ; 2° dans ce chiffre ne doivent pas être compris tous les frais accessoires, tels que prime de grosse, et on doit même en déduire la valeur des vieux doublages et autres débris ; 3° même dans ces conditions, le délaissement n'est pas recevable, si le navire, effectivement réparé, est parvenu à destination. Dans ce cas, l'action d'avarie est seule ouverte, mais elle l'est toujours, nonobstant la clause *franc d'avaries*.

Passons à l'assurance sur facultés.

Ici encore le délaissement ne pourra avoir lieu que pour perte ou détérioration des trois quarts. Je fait tout d'abord remarquer que les mots *perte ou détérioration* qui, en matière d'assurance sur corps, constituent un véritable pléonasme, ont eu un sens spécial et précis et doivent s'interpréter distributivement ; la *perte* doit s'entendre d'un défaut ou manquant dans

(*) En ce sens Marseille, 11 juillet 1834 et 29 mai 1843 ; Bordeaux, 11 février 1862 ; Aix, 25 février 1875 (*J. M.*, 15 1. 115, 24. 1. 69, 1863. 2. 3, 1875. 1. 230).

la quantité, la *détérioration* d'une avarie matérielle ou altération dans l'état de la marchandise.

Ceci observé, la question de savoir si on atteint le chiffre des trois quarts ne peut faire difficulté dans le premier cas ; il suffit de comparer le chiffre des sacs, caisses, ballots restants avec celui porté au connaissement ; la différence donnera la solution du problème. Mais *quid* dans le cas bien plus fréquent de détérioration ? Comme il s'agit ici de déterminer, non plus matériellement, mais pécuniairement l'étendue du dommage, la donnée est beaucoup moins simple et le résultat est loin de se présenter en quelque sorte de lui-même. Le premier terme du problème est ici, comme pour le navire, la valeur agréée de la chose, ou, à défaut d'estimation, le montant de la chose assurée, qui en est jusqu'à preuve du contraire réputée la représentation. Mais quel sera le second ? c'est-à-dire comment déterminera-t-on la valeur de la marchandise en état d'avarie ? Sera-ce par son prix de vente au lieu et au temps du chargement ? Sera-ce par la comparaison de ce qu'elle vaudrait au lieu du reste ? Sera-ce enfin par sa valeur réelle au lieu où elle se trouve et où elle doit être vendue, que ce lieu soit ou non celui de destination ? C'est à ce dernier parti qu'il faut s'arrêter ; c'est le seul qui tienne compte du préjudice réellement éprouvé et procure à l'assuré l'indemnité qui lui est due. Ce n'est pas en effet au lieu du chargement ou à celui de destination que la marchandise est vendue et a donné un rendement définitif ; c'est au port de décharge ; c'est cette vente donc qui déterminera exactement le dommage ; tout le restant ne serait que fiction et même injustice. Qu'importe en effet à l'assuré que la marchandise avariée ait plus de valeur au port d'embarquement ou à celui du reste, si ce n'est pas là qu'elle est vendable ? M. Bédarride, reproduisant une idée de Boulay-Paty, a néanmoins soutenu (n° 1433) que la détérioration des trois quarts doit résulter de la différence entre la valeur des effets à l'état sain, au jour et au lieu du chargement, et celle qu'ils auraient eue, *à la même époque et dans le même lieu,* à l'état avarié; et le motif qu'il en donne, c'est qu'on ne saurait prendre pour base un prix de vente au lieu d'arrivée, parce que le prix variera incessamment suivant la rareté des marchandises, la hausse ou la baisse accidentelle qu'elles auront subie; toutes choses, dit-il, qui sont en dehors de l'assurance, et par conséquent ne sont point à considérer.

Il y a bien à répondre à ce raisonnement. Nous ne mentionnons que pour mémoire la difficulté, pour ne pas dire l'impossibilité, où se trouveront les experts de connaître, dans le lieu de débarquement, le prix courant des marchandises, et des marchandises avariées, dans le lieu de charge. Ce sera sinon tout à fait impraticable, du moins anormal; des experts opèrent en effet d'après les données du lieu où ils se trouvent, et non pas d'après des indications venues d'ailleurs, dont rien ne garantit la sincérité et l'authenticité, et au regard desquelles la mission des experts n'a aucune raison d'être. Cependant l'expertise est forcée, M. Bédarride est obligé lui-même d'en convenir. Mais il y a mieux à opposer à la thèse contraire, et en y regardant de près on s'aperçoit bien vite que cette thèse repose sur un quiproquo. Sans doute, les fluctuations du marché commercial, les mouvements de hausse et de baisse dus à la rareté ou à la surabondance de la marchandise ne tombent pas en assurance, en ce sens qu'on ne peut d'avance, par une stipulation formelle et spéciale, en escompter le résultat probable, et consolider en quelque sorte le bénéfice éventuel qui pourra en résulter; ce serait l'assurance du *profit espéré,* déclarée nulle par l'article 347. Mais cela fait-il qu'on ne puisse tenir compte de cet élément d'appréciation pour fixer le chiffre du dommage, en ce qui concerne la chose assurée elle-même? La conséquence est si peu forcée, qu'en se reportant, comme on veut, à l'époque et au lieu du chargement, on aboutit au même résultat et on se trouve en face de la même objection. Ici aussi les intérêts de l'assureur et de l'assuré dépendent des fluctuations du marché, et une hausse ou une baisse accidentelle peut modifier la situation de l'un et de l'autre. Le mieux est donc de s'en tenir au préjudice réel, c'est-à-dire au rendement de la marchandise dans le lieu de décharge ; si ce rendement est supérieur à celui du port de charge, ce résultat s'impose de soi ; sans quoi l'assuré ne serait qu'imparfaitement indemnisé. De même si le rendement est inférieur, car alors l'excédant serait un bénéfice gratuit que l'assuré ferait sur les assureurs ; cela équivaudrait, comme résultat, à l'assurance du profit espéré.

La solution à laquelle nous venons de nous arrêter implique que s'il y avait désaccord entre l'expertise et la vente, c'est aux résultats fournis par celles-ci qu'il faudrait s'en tenir, comme donnant la note juste du préjudice réel. Nous avons déjà admis une décision analogue, en ce qui concerne le navire, au sujet de la différence qui existerait entre les résultats de l'expertise et le coût réel des réparations ; nous ne voyons pas de raison pour changer ici d'opinion. L'expertise ne peut aboutir qu'à une présomption de vente, la vente donnera forcément une certitude. Il est vrai que de cette façon les intérêts de l'assureur et de l'assuré seront livrés à toutes les fluctuations du marché, et que l'admissibilité du délaissement dépendra d'une cause étrangère au sinistre et par suite à l'assurance. Mais on se demande en quoi l'expertise peut, avec ses données différentes, empêcher ce résultat ; s'il suffit qu'une chose soit estimée tant, pour qu'elle se vende tant, et si on n'expose pas de cette façon l'assuré à un découvert qu'il ne doit pas supporter. D'autre part, il ne faudrait pas exagérer à plaisir les défauts du système pour s'en faire une arme contre lui. La vente, comme mode d'appréciation du préjudice, comporte sans doute un aléa forcé et inévitable ; mais il sera toujours possible d'en diminuer dans une certaine mesure les inconvénients ; ce sera aux assureurs, directement engagés dans la question, à se faire représenter par un agent sur les lieux et à choisir le moment favorable pour procéder à la vente. Si cette précaution n'a pas été et n'a pu être prise, si c'est le capitaine qui a fait procéder à l'accomplissement de toutes ces formalités sous sa responsabilité personnelle, les assureurs sont, sauf le cas de fraude, obligés d'accepter ce qui a été fait, comme une conséquence directe de l'événement de mer survenu (*).

La conclusion de ceci est que l'expertise ne pourra avoir une portée et une utilité réelles qu'autant que la marchandise ne sera pas d'une vente facile ou immédiatement praticable. Il y aura alors intérêt pour l'assuré à être fixé immédiatement sur l'étendue du préjudice éprouvé, et, en l'absence d'une certitude qui ne peut se réaliser tout de suite, il faut bien s'en tenir à une appréciation émanée d'hommes compétents. Par ailleurs l'expertise ne peut servir, lorsqu'elle a lieu (ce qui n'est nullement forcé) que de base à la vente, en indiquant les mises à prix.

(*) En ce sens Rennes, 29 août 1845, et sur pourvoi Cass,, 24 août 1846 (*D. P.*, 1845. 4. 84, et 1846. 1. 359 — *J. M.*, 25. 2. 1, et 26. 2. 73). M. Bédarride, qui est d'avis contraire, en quoi il est conséquent avec lui-même, cherche à diminuer la portée de l'arrêt de Rouen, en disant que c'est une décision d'espèce. Il est incontestable en effet que la Cour s'est décidée par des raisons de fait autant que de droit ; mais outre que ces raisons viennent à l'appui des considérations présentées ci-dessus, et en sont la justification, il est à remarquer que la Cour de Rennes a tiré elle-même la conclusion en droit de tout ceci, en disant que *rien n'est plus propre qu'une vente sérieuse et loyale pour fixer le prix d'une marchandise, puisque l'évaluation n'est qu'une opinion devant céder à un fait réel.*

Nous en aurions terminé avec ce cas si important et si usuel de délaissement, si la pratique n'en avait encore étendu la sphère d'application, en y comprenant une hypothèse un peu voisine, celle de la dépossession pure et simple, en dehors de tout dommage matériel, par suite d'un événement de mer ; c'est ce qu'on a appelé *la privation de la chose assurée.* De ce que la loi a admis le délaissement, lorsque la chose est aux trois quarts détériorée ou perdue, on en a conclu que la même solution doit être adoptée, lorsque, en dehors de tout dommage matériel, il se produit une perte pécuniaire égale, puisque le résultat est en effet identique, savoir la dépossession par fortune de mer ; la différence ne porte que sur la façon dont le sinistre se réalise, ce qui est en somme fort indifférent.

La jurisprudence a fait application de ceci à trois hypothèses dont une est spéciale à l'assurance sur corps, c'est *l'abandon du navire et du fret,* une autre à l'assurance sur facultés, c'est *la vente de la marchandise en cours de voyage, à la suite d'un événement de mer quelconque,* une troisième enfin générale, susceptible de s'appliquer à l'assurance sur corps comme à celle sur facultés, c'est la *vente forcée du navire ou de la marchandise pour billets de grosse impayés.* Ces trois hypothèses présentent des aspects multiples ; la solution à donner diffère suivant les cas ou les points de vue ; il faut donc examiner la question de près. Elle en vaut du reste la peine, à cause de son importance pratique ; les recueils judiciaires sont là pour en faire foi.

Le cas de concours du délaissement et de l'abandon du navire et du fret nous est déjà connu ; nous avons à ce sujet formulé (t. I, p. 637) quelques observations sommaires dont nous sommes heureux de trouver l'écho chez M. Bédarride (n° 294) et chez M. de Courcy (t. II, p. 197 et sq). Nous n'avons par conséquent rien à désavouer de ce que nous avons précédemment dit ; nous demandons seulement à présenter la question sous un jour un peu autre, et d'une façon plus étendue.

Et d'abord l'abandon du navire et du fret est-il à lui seul une cause de délaissement ? Il y a sous ce rapport des décisions opposées (*) ; mais on comprend que des distinctions sont ici nécessaires. Si en premier lieu l'abandon est fait pour des causes étrangères aux risques des assureurs, comme pour se soustraire à la responsabilité d'une faute commise par le capitaine relativement au chargement, il est de toute évidence qu'il ne saurait y avoir lieu à délaissement ; cela résulte amplement des explications fournies ci - desus, touchant la baraterie du patron. Mais un point plus délicat était celui de savoir si, étant donné qu'on est sur le terrain de l'assurance, le délaissement serait recevable, alors même que l'abandon serait fait pour dettes n'atteignant pas les trois quarts de la somme assurée ? On pourrait le penser, car il s'opère ici une véritable dépossession à la suite de fortunes de mer. Il ne faut pas cependant hésiter à repousser cette solution, comme on l'a fait généralement du reste ; car elle ne tendait à rien moins qu'à mettre à la charge des assureurs le fait même de l'assuré (art. 351). Pour ceux-ci, il ne saurait être question que d'une perte ou détérioration des trois quarts, et il n'existe de perte ou détérioration de ce genre que dans les limites et suivant les conditions que nous avons déterminées. Si maintenant, par suite d'un défaut de crédit, l'assuré n'a pas pu trouver les sommes nécessaires à la réparation du navire, ou si, les ayant trouvées, il n'a pas pu faire honneur à sa dette, par suite de sa mauvaise situation financière ou de contre-temps commerciaux quelconques, et qu'il ait été réduit, pour sauver sa fortune de terre, à faire abandon,

(*) Cpr. Marseille, 22 août 1856 ; Aix, 15 janvier ; Rennes, 23 mai, et Marseille, 8 août 1859 (*J. M.* 34. 1. 251, 37. 1. 257 et 349, et 2. 91)

ce sont là toutes choses étrangères à l'assurance, parce qu'elles ne sont pas une conséquence nécessaire du risque qui a été couru, et dont il est dû indemnité ; tout cela encore une fois, c'est le fait, plus ou moins spontané, plus ou moins volontaire, mais enfin c'est le fait de l'assuré.

Ce point éclairci, admettons que l'abandon soit fait pour des causes motivant également une action en délaissement, comment va être réglée la situation ? Les deux choses ne s'excluent-elles point, et ne faut-il pas donner à l'une le pas sur l'autre ? On sait comment, d'accord en cela avec les honorables auteurs précités, nous avons décidé la question. Non, l'abandon aux créanciers et le délaissement aux assureurs ne s'excluent point en ce sens, que l'armateur peut à la fois pratiquer l'un et exercer l'autre ; il va sans dire seulement, en ce qui concerne les débris du navire et le fret dû, que les créanciers seront préférés aux assureurs, et que c'est à eux que la chose à la fois abandonnée et délaissée appartiendra définitivement. Dans cette hypothèse, en effet, l'armateur, en faisant abandon, a géré utilement l'affaire des assureurs, puisqu'à défaut ceux-ci, par suite de la subrogation conventionnelle qu'entraîne l'assurance, auraient été obligés de payer la dette à sa place ; sauf le cas où l'abandon serait pratiqué pour dettes auxquelles il aurait été satisfait déjà par les assureurs. Dans cette hypothèse, la propriété du navire resterait bien toujours aux créanciers, lesquels doivent, en tout état de cause, être préférés ; mais les assureurs, auxquels délaissement serait fait plus tard pour sinistre majeur ultérieurement survenu, auraient le droit de se retenir sur la somme à payer le montant du sauvetage, c'est-à-dire ce que le navire et le fret leur auraient produit, s'ils leur avaient été effectivement abandonnés (*).

(*) Aix, 22 décembre 1860, et Havre, 6 avril 1870 (*ibid.*, 1861. 1. 58, 1872. 2. 246).

Passons à l'assurance sur facultés, et à la difficulté qui se présente pour celle-ci, c'est-à-dire à la *vente de tout ou partie de la cargaison en cours de voyage*, par suite d'un événement de mer qui a atteint, soit le navire, soit la marchandise. Examinons d'abord la question en elle-même, c'est-à-dire en dehors de toute raison de décider tirée de la convention des parties, ou soit d'une clause expresse inscrite dans la police.

Au premier point de vue, on a soutenu, à une époque où la difficulté n'avait pas encore été aperçue, et n'avait pas été l'objet d'un accord des parties contractantes, que la vente, et la dépossession qui s'ensuit, n'étaient pas suffisante pour motiver une action en délaissement, qu'il fallait en plus une perte ou détérioration matérielles des trois quarts (*). Ce système se fondait sur la lettre même de l'article 369 qui n'admet pas, dans l'ordre d'idées qui nous occupe, deux cas de délaissement, mais un seul, qui est la perte ou détérioration des trois quarts, et exige par conséquent que la perte ou dégradation matérielles atteignent ce chiffre. On pouvait de plus faire valoir dans ce sens, que lorsque la vente donne un rendement supérieur au quart de la valeur de la chose, l'assuré n'a pas en réalité perdu les trois quarts de ce qu'il possédait, et ne se trouve point dès lors, pas plus au point de vue de l'esprit qu'à celui de la lettre, dans l'hypothèse créée et prévue par le législateur.

Mais rien de tout cela n'est décisif. Lorsque à la suite de fortunes de mer quelconques, l'assuré est dépossédé en plein de sa marchandise, on ne saurait véritablement et de bonne foi soutenir qu'il n'y a pas pour lui perte des trois quarts, selon la lettre même de l'article 369. Et il importe peu que la perte ne soit pas matérielle, c'est-à-dire ne consiste pas dans une destruction même ou un anéantissement de la chose. L'est-elle davantage

(*) En ce sens Aix, 13 juin 1823 (*J. M.*, 4. 1. 336).

dans la *prise?* Et cependant c'est le premier de tous nos cas de sinistre majeur. Concluons donc, ici comme ailleurs, que ce à quoi la loi a tenu, c'est à la dépossession ; si l'assuré a matériellement ou non perdu plus des trois quarts de sa marchandise, il pourra délaisser ; l'esprit de la disposition est en ce sens.

La question revient donc à savoir si, lorsque la vente a donné un rendement supérieur au quart, il est permis encore de dire qu'il y a perte des trois quarts ? Nous le croyons néanmoins, quelque hésitation qu'on puisse éprouver sur ce point ; nous le croyons en droit et en équité. En droit, parce que les cas de délaissement doivent être appréciés en eux-mêmes, d'après leurs caractères juridiques en quelque sorte, et que leur existence ne saurait dépendre d'événements ultérieurs, qui n'ont pas une connexité nécessaire avec eux, et peuvent se produire comme ne pas se produire ; l'article 381 fournit, comme nous l'avons vu, un argument topique en ce sens. En équité, parce que cette vente, pratiquée ainsi en cours de voyage, en dehors de toute participation du véritable intéressé ou de ses représentants, dans un autre lieu que celui de destination, constitue pour l'assuré l'avortement le plus complet de son opération commerciale. Tout est arrêté par là ; les bénéfices légitimes sur lesquels il pouvait compter, les facilités qu'il avait pour effectuer ses retours, les chances heureuses qui pouvaient surgir et dont il ne lui était pas défendu de bénéficier, tout cela disparaît du même coup. On ne saurait donc équitablement l'astreindre, pour connaître sa position et ses droits, à attendre les résultats d'une vente, qui, par les circonstances vraiment extraordinaires où elle s'est produite, est avant tout l'affaire des assureurs (*).

(*) *Sic* Aix, 5 décembre 1837 ; Marseille, 10 novembre 1829, et 1er mars 1839 (*ibid.*, 9. 1. 289, 12. 1. 113, 18. 1. 171).

Plaçons-nous maintenant sur le terrain de la convention des parties, c'est-à-dire des diverses clauses insérées successivement dans les polices d'assurances. La pratique a passé sous ce rapport par deux phases. Dans la première, assez exactement représentée par l'article 18 de la police de Marseille, les assureurs, pour se prémunir contre certaines ventes inconsidérément, pour ne pas dire frauduleusement faites, ils n'admirent le délaissement que tout autant que l'avarie, cause originelle de la vente, atteindrait les trois quarts de la valeur de la chose. C'était dépasser le but, et substituer un mal à un autre. Il est des hypothèses en effet où, en dehors d'une détérioration matérielle et intrinsèque, l'assuré peut être dépouillé de la propriété de sa marchandise, en cas de contribution à une avarie commune par exemple, ou bien dans l'hypothèse, prévue par les articles 234 et 298 du Code de commerce, d'une vente faite pour les besoins du navire. Aussi la jurisprudence, amenée dans ces espèces et autres analogues, à interpréter l'article 18 des polices, en a-t-elle restreint l'application au cas d'avarie matérielle ; et avec juste raison : *quod contra rationem juris est, non est producendum ad consequentias* (*), toute clause non fondée en justice et contraire au but même du contrat, est forcément de droit strict. Les assureurs l'ont compris, et, dans leurs nouvelles polices, ils admettent le délaissement pour toutes les ventes, même celles qui ne seraient pas la conséquence d'une avarie matérielle s'élevant aux trois quarts de la valeur de la chose, mais dans le cas seulement de certains événements de mer caractérisés, tels que naufrage, incendie, etc., (voy

(*) Voy. Cass , 5 novembre 1839 ; Marseille, 28 mai 1851 ; Aix 2 juillet et Marseille, 10 août 1855 ; Aix, 24 juillet 1857 ; Aix, 29 novembre 1859 : Marseille, 25 avril 1866 ; Nantes, 3 mars 1869 ; Aix, 22 avril 1873 ; Aix, 7 juillet 1874 (*ibid.* 19 2. 41, 32. 1. 5, 33. 1. 230 et 294, 35. 1 206, 38. 1. 220, 1866. 1 180, 1871 2. 117, 1873. 1. 255. 1875. 1. 143).

art. 8 de la police unifiée, et les explications de M. de Courcy, *Comment des pol. d'assur.*, p. 249 et sq.) C'est un reste de l'ancienne méfiance, un dernier vestige des appréhensions qu'avaient fait naître certaines ventes faites sans cause connue, et l'on se demande quel parti prendraient les assureurs, dans l'hypothèse sus-mentionnée des articles 234 et 298, où l'opération est absolument sincère, où elle entraîne la dépossession absolue de l'assuré, et où cependant elle peut ne pas avoir été amenée par les fortunes de mer dont il est parlé en l'article 8. Il ne leur conviendrait pas certainement de résister à l'action en délaissement ; mais dans le cas où ils le feraient, la disposition de la police nous paraît malheureusement trop claire pour laisser la moindre illusion à l'assuré et le moindre doute à la justice ; le délaissement devrait incontestablement être écarté.

Nous arrivons enfin à la dernière des questions posées, celle relative à la fois au navire et à la marchandise, et pouvant dès lors trouver son application en matière d'assurance sur corps comme en matière d'assurance sur facultés. On sait de quoi il s'agit : *un prêt à la grosse a été contracté en cours de voyage pour les besoins du navire ou du chargement.* Est-ce aux assureurs à rembourser la somme empruntée ? et dès lors le défaut de remboursement et la saisie de l'objet affecté à la garantie du prêt, qui en est la conséquence, seraient ils à leur charge ? Cette question est très simple ; elle présente beaucoup d'analogie avec celle que nous avons agitée au sujet de l'abandon du navire et du fret ; elle n'a de différent de celle-ci que sa généralité, et les détails de procédure ou d'exécution. Quoi qu'il en soit, la réponse à y faire est tout indiquée : du moment que le prêt contracté se réfère à un objet couvert par l'assurance, il l'est par cela même dans l'intérêt des assureurs ; il doit dès lors tomber forcément à leur charge, et c'est à eux à l'acquitter.

C'est ce que de nombreux monuments de jurisprudence ont, après quelque hésitation, décidé (*). Mais on comprend ici encore combien d'abus ont pu se glisser dans la pratique ! primes exagérées résultant du défaut, soit de concurrence chez les prêteurs, soit de crédit de la part de l'emprunteur, mauvaise volonté ou négligence apportées à l'exécution des engagements pris, telles étaient les pratiques quotidiennes de ces sortes d'opérations, et tout cela en définitive était payé par les assureurs. Aussi ceux-ci ont-ils pris leurs précautions, et par l'article 12 de la police sur corps, ils ont disposé qu'ils resteraient étrangers : 1° aux primes des emprunts à la grosse contractés dans un port d'expédition ou de destination ; 2° à la saisie du navire dans les mêmes lieux, par les prêteurs et autres créanciers ; 3° aux conséquences de l'abandon du navire et du fret, pratiqué dans les termes de l'article 216.

On remarquera sur ceci deux choses : 1° la disposition, en ce qui concerne les prêts à la grosse et les saisies de navire, ne vise que ceux de ces faits qui s'accomplissent dans les ports d'expédition ou de destination ; ce qui laisse en dehors de ses termes les emprunts contractés et les saisies de navires pratiquées dans des ports de relâche, c'est-à-dire en cours de voyage. Chose absolument juste ; il y a là en effet par la force des choses un aléa qui n'est que la conséquence du risque couru, et doit dès lors retomber à la charge des assureurs. Cette situation restera donc sous l'empire des principes, et c'est dans les considérations exposées ci-dessus qu'il faudra chercher la solution des difficultés qu'elle pourra présenter ; 2° de plus,

(*) Voy. entre autres Aix, 11 juillet 1843 ; Cass., 15 décembre 1851 ; Bordeaux, 16 mars 1857 et 16 janvier 1860 ; Cass., 9 août 1860, et trib. de la Seine, 10 fév. 1862. Contr. Paris, 27 mars 1838. (*Ibid*, 22. 1. 262, 31. 2. 7, 35. 2. 77, 38. 2. 59, 1861. 2. 12, 1862. 2. 146, 17. 2. 135, et *D. P.* 1851. 1 147, 1857. 2 93, 1860. 1. 439.)

la règle est spéciale à l'assurance sur corps, ce qui se conçoit ; des trois objets en effet qu'elle embrasse, l'un l'abandon du navire et du fret ne peut recevoir d'application, en ce qui concerne l'assurance sur facultés ; les deux autres, prêts à la grosse et saisies, dans les conditions où ils sont prévus, ne s'y rencontreront que très rarement. La chose peut cependant se produire, et alors elle serait régie conformément à ce qui vient d'être exposé.

Les cas de délaissement admis par l'article 369 sont terminés ; mais la matière ne serait pas complète si nous ne leur en adjoignions pas un dernier, que le législateur a relégué, nous ne savons trop pourquoi, au milieu de détails de procédure et de délais, dans les articles 375-76-77, c'est *l'absence ou le défaut de nouvelles prolongé pendant un certain temps.* Il ne résulte sans doute de ceci qu'une présomption de perte, à la différence des cas précédents qui impliquent une perte réelle et certaine ; mais cette présomption n'admettant pas de preuve contraire, équivaut par cela même à la réalité : *existimatio per veritate habetur*, c'est donc le lieu de présenter à ce sujet quelques sommaires explications (*).

C'est donc une présomption de perte qui a été admise ici par la loi ; mais du moment que cette présomption tenait lieu

(*) Nous devons faire remarquer du reste que la matière a perdu beaucoup de son intérêt, à cause de la facilité et de la multiplicité des informations ; aussi les recueils judiciaires, assez riches au début sur ce cas de perte légale, se sont graduellement appauvris, et ne contiennent presque aucune décision relativement récente. La chose n'est cependant pas impossible ; notre époque voit s'accomplir des explorations scientifiques et commerciales particulièrement audacieuses, et quelques-uns s'y sont perdus corps et biens, sans qu'on puisse assigner une date précise à leur sinistre. Il n'est pas nécessaire, pour avoir un exemple de cela, de remonter à Lapeyrouse ; qu'on se souvienne de sir John Francklin !

de certitude, il fallait nettement en déterminer les conditions d'application. Or ces conditions, telles qu'elles résultent, sinon du texte même, du moins de l'esprit de l'article 375, sont au nombre de deux, il faut : 1° qu'il y ait eu chez les deux intéressés ignorance absolue du sort du navire ou de la marchandise ; 2° que cette ignorance se soit prolongée un certain temps depuis le départ ou le jour de la réception des dernières nouvelles. Arrêtons-nous un instant sur ces deux conditions.

Il faut d'abord, dirons-nous, qu'il y ait chez les deux intéressés, assureur et assuré, ignorance absolue du sort du navire ou de la marchandise. Nous nous exprimons sous ce rapport un peu différemment de l'article 375, qui ne mentionne que l'assuré. Mais il est évident que ceci est simplement énonciatif ; c'est parce que l'assuré, directement intéressé à la fortune de la chose, est plus à même que l'assureur, par ses correspondances ou ses relations, d'en avoir des nouvelles, que la loi n'a visé que lui. Mais le contraire pourrait parfaitement se produire, aujourd'hui surtout où les assureurs, puissamment organisés, ont tant de moyens d'informations. Dans cette hypothèse, le délaissement ne serait pas recevable, car la présomption manquerait de sa base première et indispensable ; et de plus il serait trop facile à un assuré mal intentionné et de mauvaise foi, en supprimant toutes ses correspondances, de faire croire à un défaut de nouvelles et de se placer sur le terrain, très commode en vérité, de l'article 375 (*).

Le défaut de nouvelles et l'ignorance qui en est la suite, ne suffisent pas ; il faut que cette situation se soit prolongée un certain temps : un an pour les voyages ordinaires, deux ans pour ceux de long cours. A ce sujet le législateur jugea néces-

(*) Voy. à ce sujet et dans ce sens une consultation insérée dans le recueil de Marseille (*J. M.*, 11. 2. 52). et M. Bédarride (nº 1485).

saire de définir lui-même ces deux modes distincts de navigation, pour donner plus de fixité à la réglementation, et il le fit en indiquant des limites géographiques, qu'on peut lire dans l'ancien texte de l'article 377. Mais cette disposition, par l'ambiguité de ses termes, souleva des difficultés, dont un arrêt de cassation, du 23 mai 1826, rapporté par M. Bédarride (nº 1495), fournit un exemple curieux et décisif. Aussi une loi du 14 juin 1854, dans un intérêt de simplicité et de précision, est venue substituer des dénominations cosmologiques aux limites géographiques précédemment indiquées ; en conséquence et d'après le nouvel article 377, sont réputés voyages de long cours ceux qui se font au-delà des limites suivantes :

Au sud, le 3me degré de latitude nord ;

Au nord, le 72me degré de latitude nord ;

A l'ouest, le 15me degré de longitude du méridien de Paris ;

A l'est, le 44me degré de longitude du même méridien.

Observons, en terminant sur ce point, que cette réglementation, quelle qu'en soit la précision mathématique, a l'inconvénient de ne se préoccuper que des voyages faits de France à l'étranger et *vice versa*. Si on voulait, en dehors de toute considération du point de départ, l'appliquer à toute espèce de navigation, on aboutirait aux solutions les plus étranges et les plus disparates ; ce serait un véritable contre-sens. Nous croyons donc, dans cette hypothèse, qu'il faut s'inspirer de l'esprit de la loi plutôt que de se tenir aux termes stricts de sa disposition, et réputer voyages de long cours ceux qui supposent entre les deux points de départ et d'arrivée une distance correspondante à celle indiquée par le législateur.

Revenons au délai, après lequel le délaissement peut être effectué. Ce délai court du *jour du départ ou des dernières nouvelles reçues*. Pas de difficulté dans cette seconde hypothèse ; pas de difficulté également dans la première, lorsque le départ est postérieur à la formation du contrat, c'est-à-dire à la souscription de la police. Mais *quid* dans le cas contraire, celui d'une police souscrite après coup, alors que le navire est déjà parti ? Le délai court-il ici encore du jour du départ, ou le *dies a quo* en est-il reporté au moment de la conclusion des accords des parties ? Il faut repousser cette dernière solution, malgré son apparente rigueur : 1° parce que l'article ne distingue pas, et dispose de la façon la plus générale et la plus absolue : 2° parce que les assureurs ont dû être avisés de toutes ces circonstances (*), et se sont dès lors engagés en pleine connaissance de cause. Ils ont assumé les risques du navire ou de la marchandise, dans les conditions aggravantes où ce risque se présentait, il n'y a donc aucun motif d'équité pour modifier ici l'application de l'article 375.

Nous avons raisonné jusqu'à présent dans l'hypothèse la plus simple, celle d'une assurance *au voyage*. Mais *quid* dans celle d'une assurance *à temps ?* Ici la situation se complique ; car il ne suffit pas que la chose soit présumée périe par suite du défaut de nouvelles, il faut encore qu'elle le soit dans le temps des risques. Doit-on aller jusque-là ? L'ordonnance de la marine avait gardé le silence sur ce point, ce qui avait amené de la divergence. Plusieurs arrêts du parlement d'Aix avaient décidé la question contre l'assuré, et décidé que c'était à lui à fournir la preuve que la chose avait péri depuis la conclusion du contrat. Mais cette doctrine avait été blâmée par Valin, et avec raison ; car si l'on affranchit d'une façon générale l'assuré de la nécessité de prouver la perte, attendu l'impossibilité où il se

(*) S'ils ne l'avaient pas été, ils pourraient arguer le contrat de nullité pour réticence.

trouve de faire cette preuve, il n'y a pas de motif pour que la solution soit différente, en ce qui concerne l'époque à laquelle cette perte s'est réalisée, car la même impossibilité persiste ici. Aussi le législateur moderne a-t-il en ce sens tranché la difficulté et disposé qu'en cas d'une assurance *à temps*, après l'expiration des délais ci-dessus, la perte devait être présumée arrivée dans le temps de l'assurance (art. 376).

Ceci a fait naître une question. Le législateur n'a pas réfléchi à ce fait, qu'une assurance à temps succédera presque toujours à une autre assurance à temps ; il pourra donc y avoir relativement au même voyage concurrence de deux polices, et partant de deux catégories d'assureurs. En faveur de qui et contre qui existera la présomption de perte, à supposer, bien entendu, que le défaut de nouvelles soit antérieur à la seconde police ? Si l'on s'en tenait à la lettre de l'article 376, il n'y aurait pas de raison de résoudre la difficulté en faveur des uns plutôt que des autres, et il y aurait lieu, en l'absence de toute raison de décider, d'aboutir à un départ, du genre de celui qui forme le troisième alinéa de la disposition de l'article 407. Cette solution avait été néanmoins rejetée par Emérigon (t. II, p. 111) (*), comme elle l'est encore aujourd'hui par M. Bédarride (n° 1482), et avec infiniment de raison. La loi civile fournit à ce sujet un argument d'analogie saisissant. On sait quelles sont les dispositions de cette loi au sujet de l'*absence* ; or il résulte de quelques-unes de ces dispositions (voy. entre autres art. 120), que l'absent doit être présumé mort au jour de sa disparition ou de ses dernières nouvelles. Transportez cette décision au navire ou à la marchandise, ce qui n'a rien d'arbitraire, étant donné le lien évident des deux matières, et la so-

(*) Ce qui n'a rien d'étonnant, puisque Emérigon qualifiait la règle de l'Ordonnance qui est devenue l'article 407 (3me alinéa) de *judicium rusticorum*.

lution s'impose de soi ; c'est aux premiers assureurs à payer, parce que la perte doit être présumée arrivée dans le temps des risques courus par eux (*).

Arrivons maintenant aux effets de la présomption. Cette présomption consiste donc à considérer la chose assurée comme perdue, à l'expiration d'un certain laps de temps ; mais il ne faut pas oublier que ce n'est qu'au point de vue de la recevabilité de l'action en délaissement. Ce serait dépasser les intentions et méconnaître la volonté du législateur que de l'étendre à d'autres objets que celui en vue duquel elle a été établie, car toute présomption est forcément de droit strict. C'est ainsi qu'il faudrait bien se garder de croire qu'on ne puisse faire assurer un navire ou une marchandise après les délais de l'article 375. La solution contraire serait incontestable dans une première hypothèse, celle où l'assurance aurait été faite *sur bonnes ou mauvaises nouvelles ;* car cette clause a pour but d'écarter la présomption des articles 365-366. Mais il en serait encore ainsi dans le cas même d'absence de la clause ; car la présomption de la lieue et demie par heure implique pour son admissibilité la certitude d'un événement de mer précis et caractérisé. Ainsi donc, les deux présomptions des articles 366 et 375 doivent être écartées : la première, par la raison que nous venons de dire ; la seconde, parce qu'elle est étrangère à la question de validité ou de nullité de l'assurance. Que conclure

(*) On devrait par la même raison, dans le cas où la prime aurait été fixée à tant par jours ou par mois de navigation, en arrêter le cours au même moment. Cette conclusion est dure sans doute, et nous comprenons très bien que les assureurs l'aient acceptée malaisément ; elle est fondée néanmoins. Ce n'est pas là étendre la présomption à chose non prévue, c'est simplement l'appliquer d'une façon rationnelle ; car il serait contradictoire que les risques fussent censés finis, et que la prime continuât à courir. Voy, en ce sens Bordeaux (trib. com.) 22 février 1857 (*J. M.*, 36. 2. 59).

donc ? Que cette assurance est en principe valable, sauf l'exception de réticence, dans le cas où l'assuré n'aurait pas divulgué à l'assureur les circonstances particulièrement graves dans lesquelles le risque est ici pris et accepté.

Mais comme conséquence de ces données, il faudrait décider que le délaissement ne serait recevable, qu'autant que le défaut de nouvelles se serait prolongé un an ou deux ans après la passation du contrat. Ceci ne contredit nullement la solution adoptée plus haut, sur le point de départ du délai, dans le cas d'une assurance contractée en cours de voyage ; car nous n'avons pas supposé alors que la police eût été souscrite après l'expiration même des délais légaux. Dans cette dernière hypothèse, ce serait un abus que l'assuré pût délaisser le lendemain du contrat ; les circonstances particulières dans lesquelles ce contrat est ici passé impliquent l'évolution nécessaire d'un nouveau laps de temps ; c'est une sorte de novation opérée dans la situation des parties.

B. — *Délai et procédure de l'action en délaissement.* Le législateur, après avoir indiqué les cas de délaissement, devait, en raison de la nature exceptionnelle du droit qu'il conférait sous ce rapport, fixer un terme à l'exercice de l'action. Il est vrai qu'il existait déjà en notre matière une disposition générale, en vertu de laquelle toute action dérivant d'une assurance, comme d'un prêt à la grosse, se prescrit par cinq ans, à dater du jour du contrat (art. 432) ; et dans la commission qui élabora le projet du Code, il fut un instant question, à l'effet de supprimer certaines difficultés d'application dont il va être parlé ci-après, de s'en tenir à cette simple et générale règle. On faisait de plus valoir en ce sens, que cette étendue donnée à l'action était sans grand inconvénient pratique, l'assuré devant être amené par son intérêt même, à exercer aussitôt que possible ses droits sous ce rapport et à réaliser son délaissement. Ces considérations ne prévalurent point, et l'article 373 du Code de commerce, à l'instar de l'Ordonnance, a établi un délai spécial à notre matière, délai beaucoup plus court que celui de l'action ordinaire, visée par l'article 432. Nous avons observé déjà que cela était en quelque sorte dans la nature des choses ; le délaissement ayant pour résultat de désinvestir l'assuré de sa propriété, et d'obliger l'assureur à payer la totale indemnité stipulée dans la police, un tel résultat était trop exorbitant, il contenait trop d'aléa pour l'un et pour l'autre, pour être tenu longtemps en suspens ; il fallait qu'une décision fût prise aussi rapidement que possible, à l'effet de permettre à chacun de surveiller ses intérêts, *rebus adhuc integris*, et de préparer, s'il y avait lieu, ses moyens de défense. Tel est le sens de l'article 373, comme des dispositions analogues qui l'ont précédé. Il y a seulement, entre cet article et les différents textes historiques dont nous venons de parler, une différence essentielle toute à l'avantage du premier. Ces derniers, comme le Guidon et l'Ordonnance, faisaient courir le délai du jour même de la survenance du sinistre, et l'augmentaient suivant qu'il s'était réalisé plus ou moins loin d'un point donné, qui était Rouen pour le Guidon et Paris pour l'Ordonnance: ce qui produisait un véritable contre-sens, lorsque le lieu de l'assurance, ou soit du domicile de l'assuré, se trouvait ailleurs. C'est cette cacophonie qui avait arrêté le législateur en 1807, et l'avait porté tout d'abord à supprimer la disposition. On y a très heureusement remédié, en rattachant le point de départ du délai au jour et au lieu de réception de la nouvelle, ce qui fait disparaître l'inconvénient résultant de la désignation d'un lieu préfix.

Mais ce changement apporté à la disposition prête à une objection ; du moment que le délai ne commence à courir que du jour de la réception de la nouvelle, quelle raison y a-t-il d'augmenter ce délai suivant les distances du lieu du sinistre? Et en quoi l'assuré dont le navire a péri au-delà du cap de Bonne-Espérance, doit-il être plus favorisé que celui qui a perdu le sien dans les parages de la Méditerranée, puisque la prescription ne commence à courir contre lui que du jour où il a eu connaissance de l'abandon? La situation n'est-elle pas de part et d'autre égale? Nous croyons que la pensée de la loi, pensée assurément très juste, est celle-ci : l'assuré a pu ne pas recevoir immédiatement tous les avis relatifs au sinistre, et par conséquent a pu ne pas être édifié tout de suite sur l'étendue que ce sinistre peut avoir. Pour prendre une décision en connaissance de cause, et commencer utilement une procédure, quelle qu'elle soit, il faut que de nouvelles informations plus précises et plus circonstanciées lui parviennent; or ces nouveaux rapports arriveront plus ou moins vite, suivant l'éloignement du lieu du sinistre; de là la nécessité de ne pas faire le délai invariable, de l'allonger ou de le raccourcir suivant le cas; et c'est ce qu'a fait la loi, donnant tantôt six mois, tantôt un an. Seulement toutes les contradictions ne sont pas disparues par cela même. Si le législateur avait fait varier le délai suivant la distance kilométrique du lieu de l'accident, rien de mieux ; il y aurait eu une règle de proportion exacte et mathémathique. Mais, loin de là, on a procédé ici encore par désignations fixes, ce qui peut encore mettre l'esprit de la loi en défaut, dans le cas où l'assuré se trouverait dans un lieu rapproché de celui du sinistre, si lointain ou si excentrique que puisse être celui-ci. Les inconvénients attachés à l'ancienne disposition de l'Ordonnance n'ont donc pas complétement disparu.

Entrons maintenant dans les détails d'application. L'article 373 porte que *le délaissement sera fait dans les six mois*, etc.; mais que faut-il entendre par là, et qu'est-ce à proprement parler que *faire le délaissement*? Suffit-il, pour satisfaire au vœu de la loi, que l'assuré avise l'assureur de son intention, et lui fasse abandon, par voie de sommation ou autre acte extra-judiciaire, de la chose assurée? A s'en tenir aux termes de la disposition, on serait tenté de le croire ; le législateur, par le vague même des expressions dont il s'est servi, semble donner toute latitude sous ce rapport. Cette explication serait cependant inadmissible, et il suffit, pour la faire évanouir, de mettre en regard de la disposition de notre article celle de l'article 431, portant que L'ACTION EN DÉLAISSEMENT *se prescrit dans les délais exprimés par l'article 373*. L'action en délaissement ! Il faut donc qu'une action soit véritablement intentée dans ce délai, et un acte extra-judiciaire ne serait pas plus qu'ailleurs suffisant pour interrompre la prescription. On comprend du reste qu'il en soit forcément ainsi. Il aurait été parfaitement inutile qu'on eût circonscrit l'exercice du délaissement dans un délai très court, si l'acte le plus insignifiant de la procédure extra-judiciaire avait pu éterniser le droit et prolonger indéfiniment l'exercice d'une faculté que la loi n'a accordée qu'avec une juste parcimonie. Aussi cette opinion ne souffre-t-elle pas de difficulté (*).

Une question autrement délicate se pose pour l'*instance* même, c'est-à-dire pour l'action intentée, et on s'est demandé, en s'appuyant sur les termes de l'article 379, si le délai de l'article 373 ne continuerait pas à courir après la poursuite, d'un acte de procédure à l'autre. Mais cette difficulté, qui intéresse l'article 379 tout entier, dont la solution suppose la connaissance exacte de ce dernier texte, sera plus convenablement examinée ci-après ; nous y reviendrons lorsque nous serons arrivés à l'ordre d'idées dans lequel se trouve placée la disposition.

(*) Voy. Bédarride, n° 1458.

C'est donc l'action même, et plus tard nous verrons que c'est l'action seule qui se trouve prescrite par le laps de temps de six mois, d'un an ou de deux ans. A partir de quelle époque ? La loi le dit, et nous l'avons vu, à partir *du jour de la réception de la nouvelle*. Ces mots doivent s'interpréter ici comme ailleurs, et notamment comme sous les articles 365 et sq., c'est-à-dire qu'il ne sera pas nécessaire de prouver que l'assuré a eu une connaissance directe et positive du sinistre, justification qu'il aurait été le plus souvent bien difficile de faire. Il suffira de la *notoriété*, en d'autres termes, la nouvelle sera réputée connue du principal intéressé, lorsqu'elle sera de notoriété publique dans le lieu de sa résidence. Cette idée est universellement acceptée, et nous ne pouvons, en ce qui nous concerne, que renvoyer aux explications fournies ci-devant t. III, p. 174 et sq.

Il est néanmoins deux hypothèses où, malgré la précision tout au moins apparente de la loi et le commentaire qu'y a ajouté la pratique, la solution ne se dégage pas très nettement de prime abord : c'est celle où le délaissement serait fait pour perte ou détérioration des trois quarts, et celle aussi qui se présente en cas de réassurance.

Lorsque le délaissement est fait pour perte ou détérioraton des trois quarts, le caractère précis de l'événement de mer n'apparaît pas tout d'abord ; ce peut n'être qu'une avarie plus ou moins forte , ce peut être un sinistre majeur ; cela dépendra de la vérification ou de la constatation qui seront faites après coup, suivant ce qui a été expliqué ci-dessus. Ne doit-on pas alors, par une suite de la même idée, ne faire partir le délai que du jour où le caractère de l'événement sera établi, c'est-à-dire de la vente ou de l'expertise, et non du jour de la survenance du sinistre ? Et ne peut-on pas appliquer ici l'adage *adversus non valentem agere non currit præscriptio ?* Une jurisprudence, qui compte d'assez nombreux arrêts, s'est prononcée en ce sens (*). Mais cette opinion a été très combattue et avec raison. Remarquons tout d'abord qu'on veut ici introduire une distinction à laquelle le texte de l'article 373 résiste absolument. L'article fait courir uniformément le délai du jour de la réception de la nouvelle, et cet article vient après la grande disposition de l'article 369, qui énumère la perte ou détérioration des trois quarts parmi les cas de sinistre majeur. Mais il y a plus, et à l'objection qu'on ne peut agir en délaissement avant d'être fixé sur le caractère du sinistre, on peut répondre deux choses : 1° ce n'est pas sans motif que la loi a accordé six mois, un an ou deux ans, suivant les cas, pour exercer l'action ; c'est à l'effet que l'assuré ait le temps de se renseigner, et prendre une détermination en connaissance de cause. L'article 378 fournit dans le sens de cette idée un argument décisif ; il dispose en effet que l'assuré peut, par la signification de l'article 374, se réserver le droit de faire le délaissement plus tard, dans les délais fixés par la loi. Qu'est-ce à dire ? si ce n'est que l'assuré peut n'être pas en mesure de réaliser son délaissement tout de suite, et que néanmoins le délai court contre lui dans les termes de l'article 373 ? 2° Rien n'empêche l'assuré, s'il le préfère, d'agir tout d'abord et d'effectuer son délaissement, sauf, après meilleure information, à convertir sa demande en action d'avarie. *Non obstat* l'article 372; car ce que la loi a voulu prohiber ici, c'est une condition proprement dite apportée par l'assuré lui-même à un délaissement, une réserve stipulée en vue de certaines éventualités ; ce n'est

(*) Aix, 18 février 1828 et 1er mars 1841 ; Cass., 19 février, et Nîmes 19 décembre 1844 ; Cass 22 juin 1847 (*J. M.*, 9. 1. 41, 20. 1. 145, 23. 2, 92, 24. 2. 161, 26. 2. 114. *D. P.*, Dalloz *Répert*, n° 2163 et *P.*, 1847. 1. 218).

pas un retrait ou un désistement, pour le cas où l'action ne serait pas fondée, ceci est au contraire de droit (*).

*Quid* maintenant dans le cas de réassurance, en ce qui concerne les rapports du réassureur et du réassuré ? Celui-ci n'agira ordinairement qu'à la suite du délaissement qui lui aura été signifié à lui-même ; ne serait-il pas dès lors de toute justice que le délai ne courût contre lui-même que du jour où il aurait été mis, par la demande de l'assuré primitif, en demeure d'agir ? L'article 167 du Code de commerce contient quelque chose de semblable, en matière de lettre de change, au sujet de l'action récursoire des endosseurs les uns contre les autres. L'endosseur qui a payé et exerce un nouveau recours à la suite de son paiement, jouit d'un second délai de quinzaine, à dater du jour où la citation lui a été donnée à lui-même.

Quoi qu'il en soit, la même solution ne saurait être transportée ici. Ce serait peu dire encore que de prétendre que l'article 373 ne distingue pas, et fixe un point de départ unique au délai ; la véritable raison, la raison en quelque sorte philosophique, est que le législateur n'a pas réglementé, comme il aurait dû le faire peut-être, cette matière de la réassurance ; il a simplement donné ou indiqué une faculté sous ce rapport, et rien de plus (art. 342). Il s'ensuit qu'il n'y a pas ici une matière distincte de l'assurance proprement dite ; comme le dit un arrêt de cassation, du 1er juin 1824, le réassureur est un assureur, le réassuré est un assuré ; ils sont donc forcément régis par l'article 373 en toutes ses parties, et sans qu'on doive y changer un *iota*. Cette doctrine peut mettre le réassuré dans un très grand embarras, lorsque il n'aura été avisé du sinistre que dans les derniers jours du délai, par suite du délaissement qu'on lui aura signifié à lui-même. Contre ce danger, assez rare du reste

(*) En ce sens Dalloz, *op. et loc. cit.*; Bédarride, nos 1463 et 1464.

aujourd'hui, avec les moyens d'informations que possèdent les compagnies d'assurance, il n'y a qu'un préservatif, la convention des parties, c'est-à-dire une clause formelle insérée dans la police (*).

Supposons, pour terminer sur ce point, que le délai de l'article 373 soit expiré ; l'assuré est déchu de son action en délaissement, la disposition de loi édicte elle-même la sanction sous ce rapport. Mais la situation est-elle par cela même sans remède, et l'assuré n'aura-t-il pas la ressource de l'action d'avarie ? On pourrait en douter et croire au contraire que par l'exercice du délaissement, la partie intéressée a consommé complétement son droit : *electa una via, non datur regressus ad alteram* (art. 409). Nous pensons néanmoins qu'il faut laisser ces subtilités romaines de côté. M. Cresp a parfaitement démontré qu'en matière d'assurance, l'action normale, ordinaire, celle qui est de droit, même en cas de sinistre majeur, c'est l'action d'avarie ; celle-là est toujours ouverte à l'assuré ; elle ne tombe sous le coup d'aucune autre déchéance que la prescription générale établie par l'article 432. Tout ce qui peut donc résulter de l'expiration des délais de l'article 373, c'est que l'action extraordinaire en délaissement sera perdue ; l'assuré sortira d'une situation exceptionnellement favorable et avantageuse pour retomber dans l'état normal qui seul eût dû être le sien, si l'on s'en était tenu au principe d'une exacte et rigoureuse indemnité ! L'article 409 n'est nullement opposé à cette solution, et si en cas de sinistre majeur il donne le choix entre l'action d'avarie et celle en délaissement, ce n'est pas pour subordonner le droit de l'assuré à l'exercice de l'une ou l'autre action. Sa pensée a été simplement d'appliquer la règle

(*) *Sic* Bédarride, nos 1465 et 1466 ; Cass., 1er juin 1825 ; Dalloz, *ibid.*, no 2166.

de l'*a fortiori* ; l'assuré ayant dans certains cas la faculté d'agir en délaissement, pourra à plus forte raison s'en tenir à l'action d'avarie, même en l'état d'une clause *franc d'avarie* ; rien de plus, rien de moins. C'est donc un abus d'y attacher une déchéance, à laquelle le législateur n'a nullement songé, et qui de plus serait en contradiction avec la grande règle de l'article 432 (*).

Passons maintenant aux détails de procédure, qui présentent ici certaines particularités intéressantes. Nous n'avons pas à nous appesantir longtemps sur l'application à l'espèce des articles 435 et 436, parce que le plus souvent la condition des fins de non recevoir de ces articles manquera, savoir la réception de la chose. Si par hasard elle s'y trouvait, comme en cas de détérioration des trois quarts, la déchéance, pour n'avoir pas protesté dans les vingt-quatre heures, devrait, ainsi que cela a été décidé maintes fois, s'appliquer. L'article 373 a bien dérogé aux articles 432, 435 et 436 pour les délais de l'action en justice ; il n'a pas touché aux formalités judiciaires ou extra-judiciaires à remplir ; celles-ci restent donc régies par les dispositions qui les concernent (**).

Ceci observé, arrivons aux spécialités de la matière. L'article 374 fait un devoir à l'assuré de signifier à l'assureur les avis qu'il a reçus touchant le sinistre, et cela dans les trois jours de la nouvelle qu'il en a eue lui-même. L'utilité d'une pareille dis-

(*) *Sic* Rouen, 10 mars 1826 ; Marseille, 27 novembre 1835 : Aix, 25 mai 1841 ; Marseille, 15 juin 1859 et 2 janvier 1860 ; Bordeaux, 31 décembre 1877, contr. Cass., 26 mars 1823 (*J. M.*, 7. 2. 113, 15. 1. 329, 20 1. 267, 37, 1, 202, 38. 1. 17, 1878. 2. 123, 5. 2. 35 ; Dalloz, *ibid.*, nº 2203).

(**) *Sic* Bordeaux, 27 janvier 1829 ; Marseille, 19 novembre 1835 ; cpr. Aix, 14 décembre 1860 (*J. M.*, 10. 2. 45, 15 1. 348, 1861. 1. 84).

position n'a pas besoin d'être démontrée ; l'assureur avait un intérêt immédiat à être tenu au courant des diverses circonstances du sinistre, à l'effet de mesurer, au point de vue de sa responsabilité, l'étendue du désastre, d'y porter remède, si c'était possible encore, et, tout au moins, par un sauvetage bien organisé, d'en atténuer les conséquences. Cette dernière opération incombe sans doute aussi à l'assuré (art. 381) ; mais c'est sans préjudice de l'intervention du premier et même du seul intéressé ; la règle de l'article 374 s'imposait donc de soi.

Ce n'est pas que cela soit exigé en peine de nullité. D'abord cette nullité n'est pas textuellement écrite dans la loi ; elle ne tient pas d'autre part à l'essence même du contrat, c'est-à-dire que l'inobservation de la règle ne porte aucune atteinte aux grands principes sur lesquels est fondée l'assurance ; la nullité virtuelle fait donc ici défaut, autant que la nullité textuelle. Est-ce à dire que l'article 374 constitue une disposition uniquement comminatoire et soit dépourvu de toute espèce de sanction ? Non certes, il reste toujours la sanction générale écrite dans l'article 1382 du Code civil ; ce qui veut dire que si l'assuré, par sa négligence, a empêché l'assureur de veiller efficacement à la sauvegarde de son intérêt, il sera responsable dans la limite du préjudice occasionné par lui à son adversaire, et sa demande en sera d'autant diminuée, sinon tout à fait rejetée (*).

La même observation s'applique, par identité de motifs, à l'hypothèse où la signification serait faite après les trois jours, et la nullité devrait encore moins être prononcée. Dans tous

(*) Cette solution n'a jamais fait difficulté ; voy. Rennes, 26 juillet 1819 ; Cass., 3 juillet 1839 ; Aix, 25 janvier 1848 : Marseille, 7 août 1857 ; Aix, 15 janvier 1859 ; Montpellier, 15 mai 1872 (*J. M.*, 18. 2. 135, 27. 1. 65, 35. 1. 240, 37. 1. 349, 1875. 2. 196. — *J. P.*, 1873. 878).

les cas, il faudrait appliquer ici l'article 1033 du Code de procédure, sur l'augmentation des délais par suite des distances.

Ceci dit, quelle forme la signification doit-elle revêtir, et quel doit en être l'objet? Il résulte du terme *signifier* employé par la loi, qu'un avis verbal serait insuffisant, et qu'en cas de contestation ou de doute, la preuve testimoniale devrait être proscrite ; c'est du reste la donnée générale en matière maritime. Mais est-ce à dire qu'il faille une signification en règle, c'est-à-dire, pour appeler les choses par leur nom, un acte d'huissier? M. Bédarride est de cet avis (n° 1475), mais je trouve que c'est pousser les choses bien à la rigueur, et ne vois pas en quoi un avis notifié en la forme d'une lettre missive ne satisferait pas à la loi. C'est là une preuve écrite, courante en matière commerciale, et ce serait dépasser le but que la loi a voulu atteindre que d'exiger plus.

Quant à l'objet de la notification, il résulte des termes mêmet de l'article 374; et il n'y aurait rien de plus à remarquer à ce sujet, si l'article 378 n'était venu modifier un peu la situation et n'avait permis de faire délaissement et signification par le même acte. Ceci du reste n'aurait jamais pu faire difficulté, même en l'absence d'un texte exprès, pas plus que la pratique en vertu de laquelle on notifie ensemble, en matière de lettre de change, et le protêt et l'assignation en justice. Le doute serait né davantage dans le cas où l'assuré aurait signifié simplement les avis du sinistre sans les accompagner du délaissement; on aurait pu voir dans ce silence, non une réserve, mais une renonciation. C'est pour le lever que l'article 378 a été écrit, et tel est son vrai sens.

La prescription de l'article 374 n'est pas la seule que la loi ait exigée dans l'intérêt de l'assureur ; les articles 379 et 380 en indiquent une autre bien autrement tutélaire pour lui, et dont l'exacte observation met en jeu le sort du contrat tout entier. En vertu de ces dispositions, *l'assuré est tenu, lors du délaissement, de déclarer toutes les assurances qu'il a faites ou fait faire, même celles qu'il a ordonnées, et l'argent qu'il a pris à la grosse, soit sur le navire, soit sur les marchandises.* On voit tout de suite à quelle fraude le législateur a voulu obvier par l'accomplissement de cette formalité. Si l'assuré n'avait pas été astreint à cette déclaration, il serait fréquemment arrivé qu'on eût fait souscrire pour le même risque plusieurs polices distinctes dont l'ensemble aurait dépassé la valeur de ce risque ; cela serait arrivé d'autant plus fréquemment que rien n'aurait facilité la découverte de la fraude. De même pour un prêt à la grosse et une assurance successifs, puisque le prêt à la grosse, dispensant l'emprunteur de rendre en cas d'accident, équivaut à une assurance. La déclaration de l'article 379 est donc le plus souvent la condition *sine qua non* de l'application des articles 316-317, et 357 et sq. sur le ristourne total ou partiel.

Il est toutefois, quant au prêt à la grosse, une réserve qu'il faut indiquer. Il en sera ainsi, c'est-à-dire que la déclaration devra être faite, et le ristourne partiel devra, suivant les cas, s'ensuivre, si la somme empruntée est entrée pour une fraction aliquote dans la valeur du navire, si elle a contribué à former cette valeur ; car, par cela même, l'armateur a été personnellement assuré. Mais la situation ne sera plus aussi simple, et la solution devrait forcément s'en ressentir, dans une hypothèse bien plus fréquente aujourd'hui, celle d'un prêt à la grosse contracté en cours de voyage, pour avaries et frais de radoub; la somme empruntée n'est plus ici un des éléments de la valeur du navire, elle vient au contraire s'ajouter à celle-ci, elle l'augmente dans une proportion déterminée. Si dans la police qui est commise après coup, il est tenu compte de cette addition, et si le navire est assuré pour la somme totale des déboursés présents et futurs de l'armateur, la solution sera la même que précédemment et l'article 379 s'appliquera sans difficulté. Mais, dans le cas contraire, il n'en sera plus ainsi ; et c'est ce qui arrivera le plus souvent. En effet, l'armateur n'ayant rien déboursé sur le moment, et l'acquittement éventuel de sa dette se trouvant de plein droit à la charge de ses précédents assureurs, quel intérêt aurait-il à enfler l'estimation de son navire et à payer par cela même et gratuitement une prime plus forte ? Dans cette hypothèse, la chose reste assurée pour sa valeur primitive, et il n'y a dès lors aucune déclaration de prêt à la grosse à faire, comme n'important en rien aux présents assureurs. Cette distinction un peu délicate n'a pas toujours été bien aperçue ; elle se trouve parfaitement indiquée dans un intéressant jugement de Marseille, du 16 juillet 1851 (*J. M.*, 30. 1. 301). Il en résulte, comme conclusion et en l'état de la désuétude où est tombé le prêt à la grosse contracté avant le voyage, qu'il y aura très rarement lieu de ce chef à l'application de l'article 379.

Arrivons maintenant aux détails de la déclaration et à la sanction si énergique qui lui a été donnée.

La loi veut donc que l'assuré déclare, en dehors des prêts à la grosse dont il ne sera plus question, *toutes les assurances qu'il a faites, ou fait faire, même celles qu'il a ordonnées.* Toutes les assurances qu'il a faites ! Mais, s'il n'en a commis aucune autre que celle qui a donné lieu au délaissement, et dont le sort est en litige, faut-il qu'il fasse une déclaration négative ? La *ratio juris* indique que non, pour deux motifs : 1° parce que la loi, en s'exprimant comme elle l'a fait, en parlant de toutes les assurances qu'il a faites, fait faire ou ordonnées, dénote bien qu'elle n'a statué qu'en vue de l'hypothèse où il y a pluralité de contrats ; 2° parce qu'il n'y a plus même raison en cas d'une police unique, et le ristourne de l'article 359 n'est plus à craindre. Cette solution paraît cependant n'avoir pas prévalu, bien qu'elle puisse invoquer en sa faveur un arrêt de cassation du 9 août 1808 (Dalloz, *op.* et *loc. cit.*, n° 2176), et l'idée contraire adoptée par deux jugements de Marseille, du 26 janvier 1820 et 12 novembre 1824 (Dalloz, *ibid.*, et *J. M.*, 2. 1. 51, 5. 1. 353), a reçu la haute et compétente approbation de M. Bédarride (n° 1512). On fait valoir en ce sens que le délai du paiement de la somme assurée ne part jamais que du jour de la déclaration, ce qui implique qu'une déclaration doit toujours être faite, et de plus, que si l'on pouvait, en cas de police unique, ne pas faire de déclaration, cette facilité fournirait un excellent moyen de tourner la disposition de l'article 380 sur les déclarations frauduleuses, puisqu'il suffirait, dans le cas de cet article, et étant donnée la mauvaise foi de l'assuré, de ne pas faire de déclaration.

Mais rien de tout cela n'est décisif. Il est faux de dire d'abord qu'une déclaration doit toujours être faite, par le motif que le point de départ du délai de paiement de la somme assurée serait toujours au jour de cette déclaration : le délai dont s'agit court en principe du jour du délaissement lui-même , et ce n'est que tout autant qu'une déclaration devant être faite, elle ne l'aurait pas été ou l'aurait été en retard, que le point de départ du délai est différé au jour de cette déclaration. Mais cela suppose encore une fois qu'une déclaration doit être faite, ce qui est précisément en question.

Mais, ajoute-t-on, la possibilité de ne faire aucune déclaration fournira un moyen commode d'échapper à la disposition de l'article 379 ; plutôt que de faire une déclaration frauduleuse, on n'en fera point. On peut se demander d'abord ce qu'y gagnera l'assuré, puisque, à défaut de l'article 379, il tombera sous le coup des articles 357 et sq., et l'assurance n'en sera pas moins nulle d'une façon comme d'une autre. Il y a plus, les abus auxquels peut donner lieu une solution ou règle juridique quelconque, n'empêchent nullement que cette solution ne soit en elle-même légitime. Lorsque nous disons qu'en cas de police unique, aucune déclaration n'a besoin d'être faite, c'est que nous supposons, comme un fait acquis, qu'il y a police unique ; or, dans cette hypothèse, on se demande à quoi peut servir une déclaration et le profit qu'en retireront les assureurs.

La loi oblige encore l'assuré à déclarer les assurances qu'il a *fait faire* ; ceci se rapporte à l'assurance par commissionnaire et suppose que c'est le commettant qui agit. Mais *quid* si c'était le commissionnaire, comme il en a le droit, ainsi que cela a été établi au commencement du présent volume ? *Quid* si c'était le tiers porteur de la police, en cas de polices ou de connaissements *au porteur* pour l'assurance sur facultés ? Tous ces intermédiaires ou succcédanés doivent-ils indiquer les assurances commises par le commettant ou assuré primitif ? Oui, en principe, car tous ne constituent qu'un même intéressé par rapport aux assureurs ; à moins cependant qu'ils n'en ignorent, auquel cas il suffit qu'ils déclarent qu'il n'existe pas d'autres assurances à leur connaissance. Ces idées ont reçu l'adhésion des quelques décisions judiciaires qui se sont prononcées sur ce point (*).

Enfin l'assuré doit déclarer les assurances qu'il a *ordonnées*, alors même que les ordres n'auraient pas reçu un commencement d'exécution. Ce surcroît d'exigence, qui n'existait pas

(*) Voy. en se sens Marseille, 11 août 1823, 13 août 1824, 2 mars 1830 (*J. M.*, 4. 1. 228, 5. 1. 241, 11. 1. 212).

sous l'Ordonnance de la Marine, qui a été ajouté par les rédacteurs du Code, a eu pour but de prévenir des prétextes et de couper court à de faux-fuyants, en cas de défaut de déclaration. L'assuré, ici comme ailleurs, doit indiquer tout ce qu'il sait et tout ce qu'il a fait.

Nous avons peu de choses à dire de l'objet de la déclaration; l'assuré n'a pas évidemment à déclarer les assurances qui portent sur d'autres marchandises que celles qui forment l'aliment de la police actuelle, alors même qu'elles seraient comprises dans le même chargement. Mais en serait-il encore ainsi, si la marchandise était la même, quoique divisée entre les diverses polices par séries ou numéros? Un jugement de Marseille, du 11 août 1826 (*J. M.*, 8. 1. 1) l'a cru et décidé de cette façon; mais la doctrine de ce jugement, critiquée par M. Bédarride (nos 1513 et 1514), ne doit pas en effet être approuvée. La division a bien pour résultat de spécialiser le risque et donner à ce point de vue un aliment distinct à chacune des polices, mais c'est tout; cela ne détruit pas l'unité de la chose assurée, et par conséquent cela ne fait pas disparaître les craintes d'une exagération de valeur, d'une *majoration*, comme on dit aujourd'hui. Bien au contraire; cette division par séries ou numéros pourrait, en donnant le change aux assureurs, fournir un excellent moyen de tourner la disposition de l'article 379 et d'échapper au ristourne des articles 357 et sq.

Plaçons-nous maintenant en présence d'une inobservation plus ou moins complète de la loi et supposons que la déclaration exigée a été tardivement faite, ou a été frauduleuse, c'est-à-dire n'a pas été conforme à la vérité.

1° *La déclaration a été tardivement faite.* L'article 379 indique dans ce cas la conséquence; le délai du paiement, qui est de trois mois, au lieu de courir du jour du délaissement, ne courra plus que de celui de la déclaration. Et il importerait peu, d'après nous, que la déclaration ne fût intervenue qu'après l'expiration des délais fixés par la loi pour exercer l'action en délaissement ; le retard n'aurait pour effet dans un cas comme dans l'autre, que de différer le point de départ du délai accordé aux assureurs pour payer. Cette solution a néanmoins fait grandement difficulté, à cause d'une ambiguité de termes qui se trouve en l'article 379. La disposition, en effet, après avoir indiqué que la déclaration tardive a pour résultat de suspendre le délai du paiement, ajoute : *sans qu'il en résulte aucune prorogation du délai établi pour former l'action en délaissement.* Quel est le véritable sens de ces mots ? Cela ne veut-il pas dire que, lorsque la déclaration est faite après les délais de l'article 373, le droit au délaissement lui-même est perdu, alors même qu'il aurait été déjà exercé ? Estrangin l'a pensé ainsi (*) ; mais cette doctrine est tout à la fois contraire aux principes, au texte même de l'article 379, et à la pensée qui a inspiré ce texte. *Aux principes*, parce qu'il est de règle que toute action intentée est une action sauvée, sauf pour le défendeur, en cas de discontinuation de poursuites, le bénéfice de la péremption ; *au texte de l'article*, parce que la disposition disant qu'il ne saurait résulter du retard dans la déclaration une prorogation du délai établi *pour former l'action en délaissement*, suppose par cela même que cette action n'a pas encore été *formée*, c'est-à-dire intentée ; *à la pensée qui a inspiré l'article*, parce que cette pensée n'a pas été autre que celle-ci : empêcher que l'assuré, par des retards successifs, et

(*) Estrangin sur Pothier (nº 140), M. Bédarride ajoute, dans le sens de ce système, le nom de Locré à celui d'Estrangin. Mais c'est une erreur ; Locré donne une toute autre explication de la disposition finale de l'article 379, ainsi qu'on va le voir.

plus ou moins légitimes, dans la déclaration, n'échappât à la déchéance de l'article. Locré est formel sous ce rapport : *Cette addition,* dit-il au sujet de la disposition finale de l'article 379, *qui a été proposée par la Cour de cassation, déjoue une fraude qu'il importe de prévoir. En délivrant l'assuré du danger de perdre l'assurance pour un simple retard, il fallait pourvoir à ce qu'il n'abusât pas de la faculté de différer sa déclaration, à l'effet de prolonger à son gré le délai dans lequel l'article 373 l'oblige à agir, sous peine de déchéance* (*).

2° *La déclaration a été frauduleuse.* L'article 380 qui prévoit ce cas, ne peut, par la netteté même de sa disposition, donner lieu à aucune difficulté ; l'*assuré,* dit-il, *est privé des effets de l'assurance.* Ce qui ne signifie point que l'assurance soit complètement nulle ; elle tient au contraire, mais elle ne tient que pour l'assureur, et au point de vue des avantages qui en résultent pour lui. Celui-ci aura donc droit à la prime, tout comme si la validité du contrat n'avait reçu aucune atteinte. Il y a donc sous ce rapport une nuance entre notre situation et celle prévue par l'article 357, ainsi qu'on peut en juger par les explications fournies *dicto loco.*

Quant aux caractères de la fraude et à la question de savoir à qui incombe le fardeau de la preuve, tout cela ne présente ici rien de particulier ; nous ne pouvons dès lors que nous référer à ce que nous en avons dit *eod. loc.*, ces règles de principe n'étant pas susceptibles de varier d'une hypothèse à une autre.

(*) En ce sens Bédarride et les auteurs cités par lui (nos 1515 et sq.). Il est à remarquer que, dans l'ancien droit, la même solution était suivie par Emérigon, et cela sous l'empire d'un texte bien autrement explicite et bien autrement sévère que celui du Code (Emérig. t. II, chap. XXXI sect. 5 § 3).

Nous avons déjà eu l'occasion de rappeler une autre et très importante obligation de l'assuré, celle qui consiste, en cas de naufrage ou d'échouement avec bris, à procéder au sauvetage des effets naufragés (art. 181). Ceci était en quelque sorte commandé ; c'était à l'assuré présent sur les lieux, par lui ou par ses agents, à faire sous ce rapport le nécessaire, et à prendre en mains l'intérêt de qui de droit. Les assurances sont trop utiles au commerce, pour que la loi ne les encourageât point en allégeant autant que possible les charges qui pèsent sur les assureurs. On comprend donc non seulement le mandat qui a été conféré à l'assuré sous ce rapport, mais l'obligation qui lui a été faite. Il y avait cependant un danger à cela, c'est que l'assuré, retenu par la crainte de diminuer le désastre, de changer le caractère de l'événement et de perdre par là ses droits au délaissement, n'apportât point à l'œuvre du sauvetage toute la diligence possible. Aussi l'article a-t-il été en quelque sorte au-devant de l'objection et porte-t-il ces mots : *sans préjudice du délaissement à faire en temps et lieu* ; ce qui veut dire que le caractère de l'événement, une fois acquis, ne change pas par suite du sauvetage qui pourrait avoir lieu, et tout ce qui suit est aux risques et périls des assureurs.

L'article 381, n'établissant pas de sanction en ce qui concerne l'objet même de sa disposition, relève sous ce rapport des règles générales. L'assuré ne sera donc pas déchu de son droit au délaissement, par cela seul qu'il n'aurait pas rempli l'obligation spéciale dont s'agit ici ; mais il serait passible de dommages-intérêts, dans le cas où il serait établi que l'inexécution de son mandat légal a nui aux assureurs, en empêchant ou diminuant le sauvetage. Ceux-ci seraient en droit de faire arbitrer, par le tribunal saisi de l'action, une somme représentative de ce préjudice, somme qu'ils déduiraient ensuite sur celle qui est par eux à payer.

Avec la disposition des articles 382 et 384, nous faisons un pas décisif et nous entrons en plein dans la procédure judiciaire du délaissement. Non pas que l'assuré ne soit tenu, avec ou sans procès, des mêmes justifications ou de justifications analogues ; ceci est au contraire essentiel, et le manquement à cette obligation aurait pour conséquence de fausser le caractère du contrat. Mais la loi, en indiquant avec précision les attestations que l'assuré aurait à fournir pour faire sa preuve et en déterminant surtout dans quelles conditions l'assureur serait admis à faire la preuve contraire, s'est par cela même placée en présence d'une lutte judiciaire, et c'est surtout en vue de ce cas qu'elle a statué.

Quelles sont donc les justifications qui doivent de part et d'autre être apportées ? Sous quelle sanction ont-elles été exigées? et quel est enfin l'effet qui y a été attaché? telle est, en deux mots, sous le rapport qui nous occupe, la matière des dispositions de la loi.

En ce qui concerne l'assuré, l'article 383 exige deux catégories d'actes justificatifs, ceux du *chargement* et ceux de la *perte*. Distinguons, nous aussi.

La disposision ne parlant d'abord que d'actes justificatifs du chargement, ne vise par cela même que l'assurance sur facultés ; mais il va sans dire que la même obligation existe pour l'assurance sur corps, sans quoi on ferait dégénérer notre contrat en un simple jeu ou pari. Ce sera donc l'*acte de propriété* du navire qui sera exigé ici, et établira les droits de l'assuré à l'indemnité. L'article 226 supplée sous ce rapport à ce que notre disposition a d'un peu restrictif.

Revenons au chargement, ou soit à l'assurance sur facultés. L'acte justificatif est ici tout indiqué, c'est le *connaissement*. Le législateur, allant en effet au-devant de l'objection, dispose dans l'article 283 que *le connaissement rédigé dans la forme présente fait foi entre les parties contractantes*, ET ENTRE ELLES ET LES ASSUREURS. Une sorte de confiance publique s'attache en effet à cet important papier de commerce et a pour conséquence de l'assimiler, pour la foi qui lui est due, à un véritable acte authentique (art. 1320 C. civ.).

Mais il ne suit nullement de ces prémisses que le connaissement soit un acte indispensable. Indispensable, il ne l'était pas, ainsi que nous l'avons vu (t. II), en matière d'affrétement où sa place était toute naturelle, il ne le sera pas davantage ici, où il n'a en somme qu'une valeur d'emprunt. D'ailleurs l'article 383 ne le vise pas plus particulièrement que d'autres modes de preuves, puisqu'il ne parle d'une façon générale que des actes justificatifs du chargement. De nombreuses décisions judiciaires ont admis ce point (*). Le connaissement pourra donc être suppléé par tout autre mode de preuve, tels que *factures*, *livres des parties*, *manifeste du capitaine*, etc., à la condition qu'il s'agisse de modes écrits, c'est-à-dire qu'il faudrait exclure la preuve testimoniale ou celle par simples présomptions de fait, comme c'est du reste la règle générale en matière maritime. Quelques-unes des décisions ci-dessus visées ont été cependant jusque-là, mais c'est une erreur ; il n'y aurait que l'impossibilité absolue qui pourrait, par application du principe formulé dans l'article 1348 du Code civil, dispenser de la production d'une preuve écrite (**).

(*) Marseille, 31 décembre 1821 et 27 novembre 1826 ; Bordeaux, 27 janvier 1829 et 11 juillet 1832 ; Aix, 9 août 1836 ; Bordeaux, 20 août 1846 ; Aix, 9 mai 1848 ; Marseille, 18 juillet 1849 et 20 juin 1851 ; cass., 18 février 1863 ; Marseille, 8 mai 1876 (*J. M.*, 3. 1. 23, 7. 1. 329, 10. 2. 217, 16. 1. 1, 26. 2. 41, 27. 1. 169, 23. 1. 203, 30. 1. 188, 1864. 2. 56, 1876. 1. 164. — Dalloz, nos 1756 et 1757. — *D. P.*, 1863. 1. 372.)

(**) La Cour de cassation a fait des applications intéressantes de cette

En sens inverse de ces idées, il est des cas où le connaissement lui-même, avec ses formes normales, serait insuffisant pour la justification du chargement ; tel est celui visé par les articles 344 et 345 dont c'est ici la place indiquée. Ces articles ont trait aux marchandises et objets divers chargés pour le compte, soit du capitaine, soit des passagers ou des hommes de l'équipage. Un mot sur ces situations exceptionnelles qui demandaient ici, au point de vue de la sécurité, des garanties toutes particulières.

En ce qui concerne d'abord les chargements opérés pour le compte du capitaine, l'article 344 dispose qu'il en sera justifié d'une double façon : 1° par les factures d'achat passées en son nom ; 2° par un connaissement portant, en plus de sa signature, celle de deux officiers principaux de l'équipage. On comprend le motif spécial qui a déterminé, dans le cas présent, le législateur à prendre ces précautions. Personne ne peut se créer un titre à soi-même ; c'est ce qui cependant serait arrivé si le capitaine avait pu se signer à lui-même, en qualité de chargeur, un véritable et valable connaissement (art 282). Une garantie spéciale était donc ici nécessaire ; la loi l'a trouvée dans la signature de deux des principaux de l'équipage, et surtout dans la justification de l'achat, fait et passé au nom du capitaine. Rien ne saurait donc dispenser de cette dernière condition, qui constitue pratiquement la grande garantie des assureurs. On jouira sans doute d'une certaine latitude sur le mode de justification lui-même, car la preuve commerciale ne comporte rien de rigoureux ; on prouvera donc par factures, par bordereaux du courtier, par telle ou telle autre attestation qu'on jugera pertinente et concluante, et dont l'appréciation

idée dans deux arrêts du 10 décembre 1849 et 8 décembre 1852 (*D. P.*, 1850. 1. 76 et 1853. 1. 15. *J. M.*, 29. 2. 1, 31, 2. 105).

appartiendra à la justice, mais enfin il faudra faire cette preuve particulière (*). Quant au connaissement, il ne saurait avoir ici un caractère plus rigoureux qu'en thèse générale. Tout ce qui résulte de la loi, c'est que par lui-même, en dehors de l'adjonction des deux signatures exigées, il ne saurait faire preuve et il devrait être tenu pour non avenu ; mais il pourra, ici comme ailleurs, être remplacé par titres équipollents (**).

Mais précisément parce que la disposition de la loi est d'une rigueur salutaire, on a tenté de la tourner. On remarquera d'abord qu'il s'y agit de marchandises assurées et chargées *pour compte du capitaine*, et non par le capitaine, ce qui implique que du moment que l'intérêt du capitaine est en jeu, il y a lieu à l'application de la règle, encore qu'il ne fût pas le chargeur apparent. Mais il faut aller plus loin encore et adopter la même solution dans l'hypothèse inverse, celle où le chargement, quoique fait par le capitaine, l'aurait été pour le compte d'une tierce personne, d'un consignataire apparent autre que lui. Ce genre de fraude, s'il n'avait été réprimé, aurait été très facile à commettre, et l'on comprend la juste sévérité qu'y ont apportée les tribunaux (***).

Il y a peu de chose à dire de la disposition de l'article 345.

(*) Cpr. un arrêt d'Aix du 30 janvier 1840 (*J. M.*, 19. 80).

(**) En ce sens Dalloz, n° 1766, et en plus Marseille, 2 décembre 1853 et 10 octobre 1859 (*J. M.*, 32. 1. 15, et 37. 1. 301). Un arrêt de Bordeaux, du 9 mars 1857 (*ibid.*, 35. 2. 71), n'est pas contraire à cette solution ; si l'on y a repoussé tout équipollent au connaissement, c'est parce qu'en fait celui qui était produit était plus qu'insuffisant (en l'espèce, une lettre du capitaine au consignataire apparent de la marchandise).

(***) Bordeaux, 8 août 1828 ; Cass., 7 juillet 1829 ; Marseille, 30 mars 1842 ; Bordeaux, 9 mars 1857 précité. — Contr. Marseille, 1er octobre 1833 (*J. M.*, 10. 2. 173, 21. 1. 273, 35. 2. 71, 14. 1. 116. — Dalloz, *op. et loc. cit.*).

Cet article dispose que lorsque ce sont des hommes de l'équipage ou des passagers qui exportent des marchandises de l'étranger en France, un double du connaissement doit être laissé au lieu d'expédition entre les mains du consul français, ou, à défaut, d'un français notable négociant, ou même du magistrat du lieu. Ici encore il y avait à craindre, pour les assureurs, qu'on ne fabriquât ou qu'on ne falsifiât la pièce après coup, puisque le chargeur, dont la signature est indispensable, est là présent et accompagne la marchandise. La fraude que nous supposions tout à l'heure commise dans l'intérêt du capitaine, l'aurait été ici dans celui du prétendu chargeur, et le plus souvent dans l'intérêt de tous les deux. Il était donc essentiel qu'un document véridique restât au lieu d'embarquement et prévînt toute altération postérieure. Voilà la disposition dans sa sagesse et sa simplicité.

Sur quoi on remarquera trois choses : 1° ce n'est que pour les expéditions de l'étranger en France que la règle est écrite, la loi ayant supposé que dans le cas inverse il resterait dans le lieu du chargement, et notamment dans les bureaux de la Douane, des traces de l'expédition et des documents de nature à rétablir la vérité, dans le cas où elle aurait été altérée ; 2° la disposition, quoique visant d'une façon générale tout homme de l'équipage, est inapplicable au capitaine ; cela résulte autant de l'opposition de cet article avec le précédent que des motifs même qui ont fait établir la disposition (*) ; 3° la loi n'a astreint le dépôt dont s'agit à aucune formalité réglementaire ; en conséquence il pourra, le cas échéant, en être justifié conformément au droit commun, c'est-à-dire à l'article 109, sauf au tribunal à avoir tel égard que de raison aux actes justificatifs qui seront produits. Il y a d'autant plus lieu de s'arrêter aujourd'hui à cette solution que, sauf certaines

(*) *Sic* Marseille, 30 octobre 1822 (*J. M.*, 3. 1. 348).

exceptions de plus en plus rares, les mêmes obligations douanières existent partout et donnent naissance aux mêmes formalités.

Tel est défini, dans ses traits essentiels, le rôle que joue le connaissement en matière d'assurance. Ce qui ressort de toutes ces explications, c'est qu'il est indispensable que l'assuré prouve le chargement ; lorsque ce ne sera pas par le connaissement simple ou par le connaissement seul, ce sera à l'aide d'autres éléments de preuve soigneusement indiqués par la loi. Il semble dès lors parfaitement inutile de se demander, comme on l'a fait, si l'assuré pourrait, par une clause expresse de la police, se dispenser de cette preuve. Le contraire paraît résulter, tant des précautions prises ici par la loi à l'effet que cette preuve fût dûment administrée, que des principes généraux du contrat. Nulle assurance, pourrait-on dire, sans intérêt. La question a été néanmoins soulevée et l'affirmative admise dans l'ancien droit, non seulement par les docteurs italiens (chez lesquels cette opinion est parfaitement compréhensible, en l'état de la validité, dans le pays où ils écrivaient, de l'assurance-gageure), mais par notre Emérigon, qui écrivait sous l'empire d'autres principes et qui le savait fort bien (Emérigon, ch. XI, sect. 8). D'autres depuis ont enseigné ce système, et la jurisprudence paraît s'y être ralliée (*).

Telle est en effet l'opinion qu'il faut adopter. S'il s'agissait de donner force et validité au contrat, en dehors d'un intérêt personnel de l'assuré à la conservation de la chose, la clause

(*) Voy. en ce sens un arrêt de la cour de Bordeaux du 12 janvier 1834, qui ne statue, il est vrai, qu'en vue des accessoires du navire, et un autre de Rouen, du 21 août 1867, qui admet implicitement la validité de la clause (Dalloz, n° 1750 — *D. P.*, 1868. 2. 200. *J. M.*, 1869. 2. 160).

méritérait toute réprobation et devrait être sévèrement proscrite. Mais il en est de cette stipulation comme de tant d'autres, comme de celle de non garantie admise par l'article 98 de notre Code en matière de transports terrestres, comme de la clause *vaille ou non vaille*, qui ne portent que sur une question de preuve, et n'ont pour but que d'intervertir la situation des parties sous ce rapport. Ainsi, tout ce qui résultera de l'accord particulier dont s'agit, c'est que l'assuré sera dispensé de prouver le chargement ; mais l'assureur n'aura-t-il pas le droit, aux termes de l'article 384, d'administrer la preuve contraire? Ceci va de soi et a été admis par toutes les autorités doctrinales ou jurisprudentielles qui se sont prononcées sur ce point. Cette limitation nécessaire n'a pas cependant converti M. Bédarride (nos 1539 et sq.), et il fait remarquer qu'il sera souvent bien difficile aux assureurs de fournir cette preuve. Mais on peut répondre d'abord que cette situation, ils se la sont volontairement faite, ce qui serait déjà suffisant, et de plus que la difficulté est loin d'être aussi réelle qu'on veut bien le dire, car la négative pourra être établie à l'aide d'une foule de documents qu'il sera très facile aux assureurs de se procurer. La fraude peut sans doute se glisser là comme ailleurs, et il est possible qu'il y ait une entente entre l'assuré et le capitaine, à l'effet de simuler un chargement qui n'existe pas. Mais l'hypothèse de la fraude doit dans toutes les questions être écartée, car la fraude fait exception à tout.

La loi n'astreint pas seulement l'assuré à faire la preuve du chargement ou soit de son intérêt ; il doit aussi justifier de la perte ; sans cette double cause, il n'y aurait pas en effet de recours. Comment se fera cette dernière justification? Pour les événements de mer caractérisés, tels que *naufrage* ou *échouement*, il est un document tout indiqué, c'est le *rapport du capi-*

*aine*. Nous nous sommes déjà longuement expliqué sur cette importante et capitale pièce, sur ses conditions de forme, sur la foi qui lui est due, et nous ne pouvons que renvoyer à ce que nous en avons dit (t. I, p. 595 et sq.). Pour d'autres hypothèses, cela serait au contraire insuffisant ; ainsi, en cas de délaissement pour perte ou détérioration des trois quarts, le rapport de mer indiquera bien la cause de l'accident et suffira par conséquent pour mettre en jeu la responsabilité des assureurs, mais ne déterminera pas l'étendue du sinistre, ce qui est cependant indispensable pour agir en délaissement. Il faudra donc que ce document soit complété par un nouveau qui sera, suivant ce qui a été déjà dit, un procès-verbal de vente ou d'expertise.

Remarquons, en terminant, que ce dont l'assuré est obligé de justifier à ce second point de vue, c'est le fait même de la perte. Quant à la cause, il n'a pas à l'établir ; cette cause est présumée par la loi elle-même provenir de la navigation, et c'est aux assureurs, intéressés à décliner sous ce rapport toute responsabilité, à faire la preuve contraire. Cette règle ne souffre pas même exception en cas d'innavigabilité, bien que la loi, ajoutant dans l'article 369 au terme *d'innavigabilité* ces autres mots par *fortune de mer*, semble indiquer qu'il y a ici une double preuve à faire, celle du fait lui-même et celle de la cause de ce fait. En effet, si le navire est parti muni d'un certificat de visite établissant sa bonne navigabilité, la présomption de fortune de mer s'ensuit ; dans le cas contraire, l'assuré a bien le devoir d'établir par preuves directes et pertinentes cette bonne navigabilité ; mais cette justification une fois faite, la règle reprend son empire, et il n'y a jamais lieu nécessairement à une articulation spéciale en ce qui concerne la fortune de mer. Ce second point a été moins aperçu que le premier et la règle moins bien dégagée. Elle est certaine néanmoins (cpr. t. I, p. 580 et sq., et ci-dessus p. 65 et 66).

Il nous reste à voir, pour terminer sur ce point, sous quelle sanction l'article a imposé à l'assuré l'obligation de justifier de la perte et du chargement. De sanction, on aurait pu n'en établir aucune et s'en remettre sous ce rapport à l'intérêt même de l'assuré. Le législateur en a jugé autrement, et cela dans l'intérêt de l'assureur ; il a voulu que celui-ci fût, dans le plus bref délai possible, mis au courant de la situation, à l'effet de pouvoir prendre un parti en pleine connaissance de cause, et, en cas de résistance, de préparer immédiatement ses moyens de défense. En conséquence, l'article 383 dispose que les actes justificatifs ci-dessus désignés seront signifiés à l'assureur *avant qu'il puisse être poursuivi pour le paiement des sommes assurées*. Ceci demande à être bien compris ; l'article n'exige qu'une chose, c'est que la signification ait lieu avant la poursuite en paiement. Or, à quelle époque cette poursuite en paiement pourra-t-elle être exercée ? C'est trois mois après la signification du délaissement lui-même, ou, au plus tard, de la déclaration exigée par l'article 379 ; cela résulte de la disposition des articles 379 et 382 combinés. Il suffit donc que notre notification spéciale ait lieu dans ce délai ; moyennant quoi l'article 383 aura reçu sa satisfaction. M. Bédarride paraît ne pas l'avoir entendu ainsi ; il dit en effet au n° 1538, ce que voici : *l'article 383 va faire pour les actes justificatifs du chargement et de la perte ce que l'article 379 a fait pour la déclaration :* ce qui ne peut signifier autre chose, si ce n'est que l'accomplissement de la formalité spéciale dont s'agit va déterminer un nouveau point de départ du délai de trois mois ; ce délai qui sans cela aurait commencé au jour du délaissement ou de la déclaration, ne commencera plus qu'au jour de la signification des actes justificatifs, si cette signification, au lieu d'être faite en même temps que le reste, ne l'est qu'après. L'auteur ajoute, il est vrai : *leur production* (il s'agit des actes justificatifs) *déterminant seule l'obligation des assureurs et sa quotité, la dette n'est réellement exigible que du jour où elle a été faite;* ce qui pourrait jeter du doute sur son idée et faire croire, comme nous le pensons nous-même, que la production n'est pas suspensive du délai. Mais il termine par ceci, qui établit bien le sens que nous donnons à sa première proposition : *Son absence* (il s'agit toujours de la production des actes justificatifs) *rendant la dette illiquide et inexigible,* LE DÉLAI ACCORDÉ POUR LE PAIEMENT NE PEUT COURIR QUE DU JOUR OU SA RÉALISATION A FAIT DISPARAITRE CE DOUBLE CARACTÈRE. La pensée se dégage donc bien nette ; la production des actes justificatifs est suspensive du délai du paiement, tout comme la déclaration prescrite par l'article 379. Or, la loi ne dit pas cela; elle porte simplement que la signification doit être faite avant que l'assureur puisse être poursuivi en paiement. Pour saisir le véritable sens de cette disposition, il suffit de la rapprocher de celle de l'article 379, qui porte non seulement que l'*assuré est tenu, en faisant le délaissement, de déclarer les assurances qu'il a faites ou fait faire*, etc., mais encore et surtout que *faute de quoi, le délai du paiement... sera suspendu jusqu'au jour où il aura fait ladite déclaration.* Ici l'intention de la loi est claire ; le retard dans la déclaration entraîne suspension du délai. Rien de semblable dans l'article 383, qui contient simple obligation de produire les actes justificatifs avant la poursuite en paiement, par conséquent condition apportée à l'exercice de l'action, mais rien de plus. Nous comprenons très bien que, avant la production, la dette de l'assureur ne soit pas plus liquide qu'elle n'est exigible ; le sera-t-elle après? Pas davantage, et l'établissement du chiffre de la dette dépendra de bien d'autres documents encore. Ce n'est donc pas spécialement en vue de rendre la dette liquide que la loi a exigé l'accomplissement de la formalité dont s'agit ; cette formalité n'est, avec bien d'autres, qu'un moyen donné aux assureurs de s'éclairer sur la situation, et de savoir ce qu'ils ont à faire.

Venons maintenant aux articulations des assureurs. Ceux-ci ont le droit de faire la preuve contraire aux faits allégués, et de la faire de n'importe quelle façon. L'article 384 est explicite sur la première de ces idées; et l'on comprend, en effet, que, quelle que soit la force probante des documents produits par l'assuré, ces titres eussent-ils, comme le *connaissement* ou le *rapport* du capitaine, une sorte de caractère public, cela ne saurait lier en rien les assureurs qui ont été étrangers à la rédaction de pareils actes, pour lesquels dès lors ceux-ci ne peuvent constituer que des éléments d'instruction ou d'information. L'idée contraire de Locré qui, équivoquant sur le mot *attestations* dont s'est servie la loi, a voulu quant à ce distinguer, a été universellement rejetée.

Pas de doute non plus sur le second point qui n'est qu'une conséquence des principes généraux en matière de preuve (art. 1348 C. civ.). Il en résulte que les assureurs pourront et devront même le plus souvent obtenir un sursis pour l'établissement de leurs moyens de défense. Ceci n'est sans doute pas obligatoire ; le tribunal saisi du litige a une liberté complète d'appréciation ; et si d'une part les pièces produites par l'assuré lui paraissaient assez pertinentes pour commander d'ores et déjà la solution du procès, si, d'autre part, il n'y avait rien dans les articulations qui rendit leur dire vraisemblable, le sursis pourrait et devrait être refusé (*). En

(*) En ce sens Aix, 4 mai et 15 novembre 1825 ; Cass., 24 novembre 1845; Marseille, 14 mars 1849 ; Rouen, 3 décembre 1857. Cpr. cepen-

dehors de cela, il est de droit, et, décider le contraire, ce serait véritablement contrevenir à la disposition de l'article 384. Ajoutons que cette solution est sans préjudice pour l'assuré dont la situation reste ce qu'elle était auparavant, en ce qui concerne le droit au paiement de l'indemnité.

Le législateur n'a pas voulu que le temps moral qui est accordé à l'assureur pour produire ses preuves, fournit à celui-ci un prétexte pour différer indéfiniment l'acquittement de sa dette ; en conséquence il a disposé, dans la seconde partie de l'article 384, que *l'admission à la preuve ne suspend pas les condamnations au paiement provisoire de la somme assurée*, en d'autres termes n'empêche pas l'application de l'article 382. Mais remarquons que ce paiement n'a lieu que sous caution, et en second lieu qu'il n'est pas même obligatoire, en ce sens que le juge peut parfaitement ne pas l'imposer, lorsqu'il lui paraît d'ores et déjà que la prétention de l'assuré n'est pas justifiée ou que ses moyens sont insuffisants. Cette dernière proposition pourrait néanmoins paraître contestable ; l'article 384 ne contient pas cette réserve, et l'article 382 semble bien formel pour exiger le paiement après trois mois. Il faut s'y tenir malgré tout, et la solution contraire devrait être repoussée à la fois comme peu justifiée et peu équitable ; comme peu justifiée, car sous l'empire de l'Ordonnance, où le texte était cependant bien autrement impératif qu'il ne l'est aujourd'hui, elle était déjà rejetée par Valin, de telle sorte que la modification que ce texte a subie, en devenant l'article 384, indique déjà que les rédacteurs du Code ont adopté cette opinion ; comme peu équitable, les tribunaux doivent avoir, en effet, en ce qui concerne le paiement provisoire, la même liberté d'appré-

dant Marseille, 25 janvier 1871 (*J. M*, 6. 1. 129 et 257, 25. 2. 15, 36. 2. 38, 1871. 1. 62. — Dalloz, n° 2097, et *D. P.*, 1846. 1. 123.

ciation que celle dont ils jouissent pour la demande de sursis faite par les assureurs. L'une de ces facultés ne saurait se comprendre sans l'autre, et la seconde est la contre-partie obligée de la première (*).

M. Bédarride observe avec raison à ce sujet (n° 1557), qu'une pareille décision n'est pas seulement un jugement préparatoire, mais qu'elle constitue un jugement définitif (nous dirions, nous, interlocutoire), susceptible dès lors d'un appel particulier et immédiat. Il y a là en effet un préjugé énorme pour la solution du fond.

C. *Effets et caractère du délaissement.* Nous distinguerons les effets en deux ; nous traiterons des effets *ordinaires ou normaux* dans une première section, et dans une seconde des effets *spéciaux ou exceptionnels.* Ces explications ainsi présentées nous permettront de dégager le caractère du délaissement, mieux que si nous avions consacré à ce dernier objet un paragraphe à part.

a. *Des effets ordinaires ou normaux.* Ces effets doivent être envisagés séparément, au regard des droits attribués aux deux parties, à l'assuré comme à l'assureur.

1° Au premier point de vue, la situation est bien simple ; le délaissement, sous la condition qu'il soit accepté ou jugé valable, donne droit, en faveur de l'assuré, au paiement de la somme convenue. La loi a compris néanmoins que cette demande peut prendre les assureurs à l'improviste, qu'il faut à ceux-ci, avant qu'ils prennent une décision et à l'effet qu'ils puissent la prendre en connaissance de cause, un *jus deliberandi* raison-

(*) En ce sens Douai, 1er février 1831 (*J. P.*, 1841, 385, *J. M.*, 20. 2. 133).

nable et modéré. De là la disposition, déjà citée, de l'article 382, aux termes de laquelle *si l'époque du paiement n'est pas fixée par le contrat, l'assureur est tenu de payer l'assurance trois mois après la signification du délaissement.* Il n'y a rien de plus à dire de cette sage et équitable règle, les questions de délai ayant été traitées ailleurs.

2° Le second point de vue, celui qui concerne les droits de l'assureur, est plus intéressant à connaître et demande plus de développement.

Il est infiniment rare que le sinistre survenu anéantisse complètement la chose qui a été l'aliment de l'assurance ; il en subsistera presque toujours des épaves ou débris, et dans certains cas le sauvetage pourra encore être assez important. Il aurait été inique que ces vestiges et accessoires restassent la propriété de l'assuré, qui ayant, par l'indemnité d'assurance, la représentation de la chose, ne saurait émettre la prétention de garder en même temps cette chose elle-même. Il n'est donc pas étonnant que l'article 385 ait posé en principe que, par l'effet du délaissement, les effets assurés appartiennent à l'assureur; l'idée et le mot de délaissement ne se comprendraient pas sans cela.

Mais si le principe ne comporte aucune obscurité, il n'en est pas de même des applications ; et il y a lieu de déterminer, sous ce rapport, de quelle façon et à quel moment le délaissement opère transfert de propriété en faveur des assureurs, ce que comprend ce transfert de propriété, et enfin quelle situation est faite aux assureurs à l'égard des autres personnes, venant prétendre sur la chose des droits similaires ou rivaux.

Et d'abord *comment et à quel moment le délaissement opère transfert de propriété en faveur des assureurs ?* — On remarquera sous ce rapport les termes dont s'est servi le législateur dans l'article 385 ; *le délaissement*, y est-il dit, *signifié et* ACCEPTÉ OU JUGÉ VALABLE ; ce qui veut dire que le délaissement par lui-même n'opère pas transfert de propriété, qu'il faut pour cela qu'il soit accepté par les assureurs ou déclaré par jugement valable contre eux. Et cela se conçoit ; l'assuré ne saurait se trouver obligé ou lié là où les assureurs ne le sont pas. Or, tant qu'il n'est pas intervenu d'acceptation ou de jugement qui en tienne lieu, ceux-ci ne sont nullement tenus de payer l'indemnité convenue, car il n'est pas prouvé qu'il y ait lieu à cette indemnité. Il doit dès lors en être de même du transfert de propriété qui n'est, au regard de l'assuré, que la contre-partie de l'indemnité d'assurance. La question avait fait néanmoins difficulté dans notre ancien droit, et c'est pour la trancher conformément aux principes et à l'équité, que les mots ci-dessus soulignés ont été ajoutés au texte de la loi.

Il faut néanmoins bien se rendre compte de la portée véritable de ce texte, ne pas l'amoindrir, ne pas l'exagérer non plus. De ce que le délaissement ne lie l'assuré que du jour où il est, non seulement signifié, mais accepté ou jugé valable, il s'ensuit que jusqu'à ce moment la partie intéressée peut se désister et transformer son action en action d'avarie, sauf l'application des règles relatives au désistement (art. 402 et 403 C. proc.) (*). Mais c'est tout ; une fois la condition accomplie, il se produit, ici comme ailleurs, un effet rétroactif, et le transfert de propriété prend date du jour de la signification, ou plutôt de l'exercice de l'action. Ceci n'a rien que de conforme aux idées reçues dans le cas d'une décision judiciaire validant le délaissement, car il est de principe que les jugements sont simplement déclaratifs du droit, et remontent pour leurs effets au jour de la demande ; et cette idée reçoit sans difficulté son application aux in-

(*) Cpr. Rouen, 2 août 1852 (*J. M.* 31. 2. 45).

térêts qui pourront être dus à l'assuré, pour retard dans le paiement de la somme due. La même solution pourrait au contraire être contestée en cas d'acceptation ; l'acceptation, formant contrat, semble ne devoir produire d'effet que du jour où elle est intervenue. Il n'en est rien, et les deux articles 381 et 385 s'unissent pour contredire à cette idée et pour faire remonter les effets du délaissement au moment où il a été opéré. Et cela se conçoit très bien ; il n'y a sans doute contrat que du jour de l'acceptation ; mais ce contrat, venant s'adjoindre à un état de choses préexistant, se faisant en vue de cet état de choses, produit forcément, ici comme dans d'autres hypothèses analogues, un effet rétroactif.

La jurisprudence a fait de cette idée des applications intéressantes, mais dans le détail desquelles il serait inutile de s'attarder ; on les trouvera dans les recueils (*).

Ceci posé, voyons ce que doit comprendre le délaissement, c'est-à-dire ce à quoi il donne droit en faveur des assureurs.

L'article 385 pose sous ce rapport le principe avec une netteté parfaite : *le délaissement*, dit-il, *signifié et accepté ou jugé valable, les effets assurés appartiennent à l'assureur à partir de l'époque du délaissement*. Ceci ne saurait donner lieu à de grandes difficultés en ce qui concerne les polices portant sur marchandises ; nous en avons cependant signalé une, au sujet de l'assurance particulière des *armements*, *victuailles mises hors*, et indiqué la solution qu'elle devait recevoir (t. III, p. 413 et sq.). Venons donc à l'assurance sur corps, la seule pour laquelle des difficultés sérieuses se soient produites.

(*) Voy. notamment Marseille, 19 juin 1826, 15 décembre 1831, 14 mars 1839 ; Cass., 8 décembre 1852 ; Marseille, 14 avril 1859. (*J. M.*, 7. 1. 167, 13. 1. 24, 18. 1. 198, 31. 2. 105, 37. 1. 167. — *D. P.*, 1853. 1. 15).

Le délaissement comprend ici avant tout ce qui peut rester du navire ; mais *quid* du fret, qui est le fruit civil de ce navire? Dans quelle mesure les assureurs sur corps peuvent-ils le prétendre ? Ne pourrait-on pas stipuler qu'ils n'y auraient, le cas échéant, aucun droit ? N'y a-t-il pas même une hypothèse où, en dehors de toute clause formelle, ce droit cesserait complétement ? Telles sont les questions, dont quelques-unes très embarrassantes, que cette matière fait naître et qu'il faut élucider pour en finir avec les effets du délaissement en général.

Que l'abandon du navire donne droit en faveur des assureurs, non seulement à ce navire lui-même, mais au fret qu'il a pu gagner et qui peut être dû, c'est ce qui en principe ne saurait être contesté, l'accessoire suivant le sort du principal. Dans le système de la loi, du reste, l'assuré aurait fait sur l'assureur un bénéfice illicite, en touchant, en même temps, que l'indemnité d'assurance, une partie aliquote du fret (voy. t. III, p. 450 et sq.). Cette idée a conduit, nous l'avons vu, le législateur à prohiber l'assurance du fret ; elle devait par la même raison imposer le rapport au profit de l'assureur. Mais quelle est la mesure de ce qui doit être rapporté et comment se détermine-t-elle ? Le droit au fret se trouvant perdu par le seul fait du naufrage, il n'y a en principe que les marchandises sauvées qui pourront devoir un fret, fret proportionnel à l'avancement du voyage. Et c'est en effet ce que porte l'article 386, et il ne fait en cela qu'une application rigoureusse de la règle posée aux articles 302 et 303.

Ce terme de *marchandises sauvées* a néanmoins fait naître une difficulté d'interprétation. Nous avons déjà rencontré ce terme une fois en l'article 259, au sujet du droit des marins en cas de naufrage, et nous avons vu qu'il ne pouvait s'entendre que des marchandises existantes à bord du navire au moment du sinistre, et échappées à ce sinistre (t. I, p. 517). En est-il différemment ici ? L'intérêt de la question se présente au sujet des marchandises qui ont pu être débarquées en cours de voyage dans les différents ports d'échelle visités par le navire. Or, ces marchandises ne peuvent pas plus ici qu'ailleurs être qualifiées de *marchandises sauvées* ; ce serait tout à la fois faire violence à la langue et à la raison : à la langue, car ces termes ont par eux-mêmes un sens précis, que l'imagination la plus subtile ne saurait dénaturer ; à la raison, parce que le fret n'étant plus alors représenté par des marchandises à bord, ne fait plus partie de la fortune du navire ; il en a été, qu'il ait été perçu ou non, détaché pour rentrer dans la fortune générale de l'armateur ; c'est un accessoire qui, en cette qualité du moins, n'existe plus (*).

Mais il est d'autres cas où l'application du principe peut paraître douteuse. M. de Courcy en cite deux ; celui où le navire aurait péri, par incendie ou autrement, pendant que la marchandise était en cours de débarquement, et celui d'autre part où le navire aurait atteint le port dans un état d'avarie rendant une condamnation pour innavigabilité à peu près inévitable. Dans ces deux hypothèses, il tient qu'il y a *marchan-*

(*) En ce sens Cass., 14 décembre 1825 ; Rouen, 17 août 1856 ; Bordeaux, 27 juin 1859 ; Rouen 27 juillet 1864 (*J. M.*, 6. 2. 221, 34. 2. 167, 37. 2. 120, 1864. 2. 135. — Dalloz, *loc. cit.*, n° 2142 et sq.; conf. Bédarride, n° 1577 ; Boistel, *op.* et *loc.*, p. 1054.

M. de Courcy, sur l'article 15 de la police sur corps, et M. Droz (*Traité des assurances maritimes*, t. II, n° 598, p. 364 et sq.), critiquent beaucoup cette solution (p. 141 et sq.); mais leur critique porte beaucoup plus, ainsi que nous allons le voir, sur de fausses ou douteuses applications qui ont été faites du principe, que sur le principe lui-même, qui ne nous paraît pas contestable. Ajoutons que l'article 15 dont s'agit a adopté la règle contraire, probablement à la suite et en haine des applications que nous venons de signaler.

*dises sauvées*, et par conséquent qu'il devra être fait délaissement du fret en même temps que du navire.

Nous ferons, quant à nous, une distinction ; nous admettons très volontiers le délaissement dans le second cas, parce que les marchandises ont été véritablement sauvées aux dépens du navire et que décider le contraire aboutirait à refuser le rapport du fret, toutes les fois que le délaissementne serait pas dû à un événement de mer caractérisé, en cas de *perte ou détérioration des trois quarts* par exemple (*). Et il importerait peu dans cette hypothèse que l'on eût procédé au débarquement de la marchandise avant que la déclaration d'innavigabilité fût intervenue ; ce n'est pas la déclaration qui fait le sinistre, elle se borne à l'attester et à en consacrer les effets.

Mais il n'en est pas de même du premier cas ; le délaissement est dû ici à un accident qui ne s'est produit qu'alors que la marchandise était déjà en cours de débarquement. Il n'y a donc eu de véritablement sauvée que la partie qui était encore sur le navire au moment du sinistre. Lorsque la loi a parlé de *marchandises sauvées*, elle ne s'est exprimée ainsi que par rapport au fret qui a donné lieu au délaissement ; c'est donc *marchandises sauvées* du sinistre qu'elle a entendu dire, et non pas seulement *marchandises sauvées* d'ue façon générale, c'est-à-dire arrivées heureusement à destination. Les deux termes se confondront sans doute, lorsque le délaissement ne sera plus dû à un événement de mer caractérisé, mais à une série d'avaries aboutissant à une *déclaration d'innavigabilité* ou à une *perte ou détérioration des trois quarts*. Mais ce n'est là qu'un cas exceptionnel et, pour ainsi dire, une rencontre fortuite ; en thèse ordinaire, les deux idées sont essentiellement différentes et c'est à la première que le lé-

(*) En ce sens Rouen, 27 juillet 1864 (*J. M.*, 1864. 2. 135).

gislateur s'est très certainement rattaché, ainsi qu'il résulte de la comparaison des articles 303 et 386. L'anomalie signalée par M. de Courcy n'est donc qu'apparente.

Il est une dernière hypothèse sur laquelle ont récemment statué, en sens inverse, deux arrêts, l'un de Rouen, l'autre de cassation (*). Il s'agissait de marchandises vendues *sous l'eau*, c'est-à-dire alors qu'elles étaient encore submergées avec le navire et dont on tira un produit quelconque. Ces marchandises pouvaient-elles être dites *sauvées*, et par conséquent le fret en était-il dû jusqu'à concurrence du prix d'adjudication? Le tribunal de commerce du Havre, dont le jugement fut purement et simplement confirmé par la cour de Rouen, ne l'avait pas pensé; mais cette décision a été cassée par la Cour suprême, et avec raison. La Cour démontre, comme nous l'avons fait nous-même (t. II, p. 179 et sq.), que là où il n'y a pas perte pécuniaire, il ne saurait y avoir lieu à l'application de l'article 302. Le fret n'est donc pas perdu, jusqu'à concurrence du moins du rendement qu'a donné la marchandise; s'il est dû, il doit en être fait délaissement aux assureurs.

Telle est, en matière de fret rapportable, la situation normale; mais diverses conventions peuvent modifier cette situation: ce sont ces conventions qu'il faut examiner maintenant dans leurs combinaisons avec la règle de l'article 386. *Quid* d'abord de la convention la plus simple, celle en vertu de laquelle tout ou partie du fret auraient été stipulés payables d'avance, sauf restitution en cas d'accident? Il ne saurait ici y avoir grande difficulté, car la loi a prévu le cas et décidé que le fret n'en serait pas moins rapportable. On ne pouvait en effet

(*) Rouen, 6 avril 1875; Cass, 13 février 1877 (*J. M*, 1877. 2. 9 et 186).

hésiter ici; d'une part, parce qu'une pareille clause est pour les assureurs *res inter alios acta* et ne saurait influer sur leurs droits, et, d'autre part, parce que le fret étant attaché au sauvetage des marchandises et dû en proportion de ce sauvetage, il importait fort peu, à ce point de vue, qu'il eût été ou non perçu ; le résultat final devant toujours être une réduction à opérer sur les sommes dues à l'assuré.

Mais voici où la situation se complique ; il sera infiniment rare, lorsque des avances auront été faites sur le fret, que ces avances ne soient pas stipulées non restituables en cas d'accident. Dans ce cas, la solution doit-elle être encore la même? On pourrait en douter ; l'assuré pourrait prétendre, ce semble, que ces avances, il les a achetées par une réduction sur le taux du fret ou par des conditions meilleures faites aux chargeurs, qu'elles n'ont dès lors plus le caractère d'un simple accessoire du navire. Je crois néanmoins qu'il y a lieu de maintenir la solution ci-dessus donnée, d'abord parce que la loi ne distingue pas et que c'est tout fret perçu d'avance, à quelque titre et sous quelques conditions qu'il le soit, qui est rapportable ; et ensuite parce que la convention dont s'agit équivaut à une véritable assurance du fret intervenue dans les rapports du capitaine et des chargeurs. Or, une pareille assurance, sous quelque nom qu'elle se cache et en quelque forme qu'elle se produise, est frappée d'une absolue nullité (art. 347). Valin, appliquant une conséquence logique de cette idée, enseignait que ce n'était pas le fret réellement perçu seul dont il devait être fait délaissement, mais le fret normal, celui qui aurait été dû en l'absence de toute clause particulière, lequel, à défaut d'autre indication, devrait être fixé d'après le cours de la place. Cette conséquence s'impose en effet de soi et doit être adoptée (*).

(*) *Sic* Bédarride, nº 1578; Boistel, *op. cit*, p. 1054.

Ces prémisses indiquent déjà la solution que nous donnerions dans une hypothèse voisine de celle-ci, très fréquente dans la pratique, et que nous avons déjà par deux fois rencontrée (t. II, p. 177 et sq., et t. III, p. 456 et sq.), celle où l'affréteur qui a fait sur le fret des avances au capitaine, fait lui-même assurer ces avances, la prime à la charge de ce capitaine. Nous avons examiné en elle-même cette combinaison, et nous l'avons condamnée comme tendant à violer la règle de l'article 347. Nous avons maintenant à l'envisager au point de vue de l'application de notre article 386 ; or, sous ce rapport, la solution ne saurait être autre que celle admise précédemment. On ne comprendrait pas d'abord qu'une chose, nulle en soi, pût produire quelque effet, n'importe à quel point de vue. De plus, qu'y a-t-il de différent ici, de l'hypothèse précédente ? Est-ce que tout à l'heure l'affréteur ne se constituait pas lui-même l'assureur du capitaine, quant aux avances faites à celui-ci, et la prime ne se trouvait-elle pas remplacée par une diminution sur le fret ? En quoi donc l'intervention de tiers assureurs a-t-elle pu modifier la situation ? Est-ce parce que ils auraient droit eux-mêmes comme assureurs du fret, au rapport de ce fret ? A cela il est facile de répondre, comme nous l'avons fait, qu'ils n'ont d'abord droit à rien, parce qu'ils ne doivent rien eux-mêmes. La jurisprudence, il est vrai, les considère comme légalement tenus, parce qu'elle voit en eux des assureurs du chargeur et non du capitaine, des assureurs d'une quote-part de la valeur totale des marchandises, frais de transport compris, et non des assureurs du navire ; mais, même à ce point de vue, quel droit peuvent-ils prétendre dans le fret des marchandises sauvées ? Sont-ce des assureurs sur corps ? (*)

(*) En ce sens Marseille, 7 juillet 1856 et 10 novembre 1858 ; Aix, 16 novembre 1860 ; Marseille, 15 mai 1868, 19 novembre 1874 (*J. M.*, 34. 1. 223, 36. 1. 380, 1861. 1. 84, 1868. 1. 229, 1875. 1. 44).

J'arrive à une dernière convention, celle qu'on désigne d'ordinaire sous le nom d'*affrétement en travers*, c'est-à-dire celle en vertu de laquelle étant donné un voyage d'aller et retour, le fret n'est payable que sur les marchandises de retour. C'est toujours cette opération qui consiste à substituer à la créance normale, qui est pure et simple, une créance conditionnelle plus élevée ; fréteur et affréteur tablent ici en quelque sorte sur un aléa. Quoi qu'il en soit, supposons que le sinistre qui donne lieu au délaissement se produise pendant le voyage d'aller. Le fret est perdu, quant à l'armateur, même en ce qui concerne les marchandises sauvées ; c'est l'effet le plus direct de la convention intervenue. En sera-t-il de même pour ses assureurs ? On pourrait le soutenir, car en somme l'armateur ne garde rien ici du fret et ne s'enrichit pas au détriment de ses assureurs. Cette solution doit être néanmoins repoussée, comme constituant une violation du principe. A défaut de convention spéciale, le fret aurait été dû à l'armateur dans une proportion déterminée, eu égard à l'avancement du voyage ; c'est dans cette mesure qu'il devra être rapporté aux assureurs (*). Cette solution fait sans doute disparaître toute l'utilité de la clause à l'égard des affréteurs ; elle est forcée néanmoins ; elle constitue la contre-partie nécessaire de cette autre idée, que, lorsque le fret aura été payé d'avance et déclaré non restituable en cas d'accident, ce n'est pas seulement la somme reçue par le capitaine qui doit être rapportée aux assureurs, mais une somme représentant le fret courant, celui qui serait dû, en dehors de toute stipulation particulière, avantageuse ou non à l'armateur.

Il convient de remarquer, en terminant, que ce que nous venons de dire du fret des marchandises sauvées, doit s'appli-

(*) En ce sens Rouen, 19 novembre 1862 (*ibid.*, 1863. 2. 44) ; contr. Droz (*op. cit.*), nos 602 et sq., p. 371 et sq.

quer également, par identité de motifs, au prix de transport des passagers et au droit à la contribution dans le cas d'une avarie commune précédemment survenue. Nous avons déjà par ailleurs, et à un autre point de vue, constaté cette double assimilation (*). Il n'y a pas de raison pour la repousser ici, et en effet la plupart des décisions judiciaires précitées ont admis sans difficulté ce point.

Passons maintenant à une autre idée, et voyons quelles sont les personnes avec lesquelles les assureurs peuvent avoir à concourir, c'est-à-dire celles qui peuvent prétendre, à leur encontre, des droits rivaux ou supérieurs. La loi porte sur ce point ce que voici : après avoir posé le principe de l'abandon du navire et du fret, elle ajoute : *sans préjudice des droits des prêteurs à la grosse, de ceux des matelots pour leur loyer, des frais et dépenses pour le voyage.* Ce n'est, comme on le voit, qu'une simple réserve des règles établies ailleurs, et qu'il faut ici rappeler d'un mot, parce que le résultat, dans les rapports des divers intéressés entre eux, pourra en être différent.

La loi parle d'abord des prêteurs à la grosse. Ici deux situations doivent, ainsi que nous l'avons déjà indiqué au sujet de la disposition de l'article 379, être distinguées. S'il s'agit d'un prêt intervenu avant le voyage et contracté jusqu'à concurrence du découvert laissé pour l'assurance, le prêteur viendra en con-

(*) T. I, p. 634, et t. II, p. 116. Mais il n'en serait plus de même de l'indemnité du tiers, due pour sauvetage (voy. t. I, p. 293 et sq.); ce n'est plus là un ascessoire de la chose, mais une prime accordée au courage et au dévouement. Et il n'importe que cette prime soit acquise au propriétaire du navire sauveteur, le capitaine et l'équipage n'étant censés, ici comme ailleurs, n'agir que de son chef et dans son intérêt. Un jugement de Marseille, du 24 avril 1863, a résolu la question en sens contraire, mais cette décision nous paraît, ainsi qu'à M. Droz (*ibid.*, n° 596, p. 361 et sq.), mal rendue.

cours avec l'assureur, au prorata de sa créance, conformément à la règle de l'article 331. Il ne faut pas oublier néanmoins que cette règle et cette situation ont reçu une modification profonde en ce qui concerne le navire, c'est-à-dire l'assurance sur corps, du chef de la loi de 1874 sur l'*hypothèque maritime*. Cette loi ayant abrogé le privilège du prêt à la grosse contracté avant le voyage, ce prêt se trouve par cela même condamné ; il est destiné à disparaître dans un délai plus ou moins long, et à faire place au prêt hypothécaire. Or, cela étant, le concours avec les assureurs n'est plus possible ; l'article 17 de la loi réserve au créancier hypothécaire, et par conséquent au prêteur, un droit sur les choses sauvées ou sur leur produit, indépendamment de leur subrogation sur l'indemnité d'assurance. Il n'est pas question, il est vrai, dans tout cela, du fret, du moins *in terminis* ; et c'est un point assez délicat que celui de savoir si, en thèse générale, le fret doit être considéré comme un accessoire du navire et compris dans le droit hypothécaire du créancier. Mais ici le doute n'est pas permis ; le terme de *choses sauvées*, dont s'est servi le législateur, englobe forcément par sa généralité même le fret, parce que celui-ci n'est dû qu'en raison et dans la proportion du sauvetage des marchandises. Est-ce à dire que l'assureur soit dans une situation plus mauvaise que celle que lui faisait l'ancien prêt à la grosse ? Non, certes ; le prêteur étant subrogé à l'indemnité d'assurance sera le plus souvent désintéressé par cette indemnité ; ce n'est que très accessoirement qu'il viendra prélever le produit du sauvetage ; ou s'il le fait, et que l'on commence par cette première distribution, l'indemnité d'assurance en sera dégrevée d'autant, et sera, dans la proportion de ce sauvetage, attribuée aux assureurs eux-mêmes.

Voilà pour cette première situation. *Quid* maintenant quand le prêt est contracté en cours de voyage, pour réparation d'avaries survenues au navire ? Ici le concours est encore moins possible, car ce prêt étant à la charge des assureurs, c'est à eux en principe à l'acquitter ; ils ne sauraient donc faire obstacle à l'exercice de l'action réelle du prêteur sur les choses sauvées. En fait, du reste, les choses se passeront d'une façon beaucoup plus simple. Les assureurs désintéresseront le prêteur en déduction ou jusqu'à concurrence de la somme par eux couverte, moyennant quoi ils resteront seuls sur le produit des débris du navire et le fret des marchandises sauvées.

La loi parle ensuite des droits des matelots pour leur loyer, ce qui veut dire que l'assureur, sur ce qui lui est attribué, doit acquitter encore les loyers des matelots afférents au voyage pendant lequel le sinistre est survenu. Ceci n'est du reste que l'application de la règle de l'article 259, au titre *de l'engagement des gens de mer ;* et l'on comprend que l'assureur étant, par l'abandon, mis au lieu et place de l'assuré, soit tenu des mêmes obligations, ou plutôt passible des mêmes droits que celui-ci.

Enfin, la disposition vise d'une façon générale *les frais et dépenses en cours de voyage*, tels que frais de relâche et autres ; ce qui n'a guère lieu d'étonner encore, ces dépenses étant d'ordinaire une charge du fret. Mais il ne peut s'agir ici que de cette catégorie de frais ; quant à ceux antérieurs au voyage, aux frais de mise hors, ils restent forcément à la charge de l'assuré, qui est censé en être couvert par l'assurance elle-même (*).

Remarquons, en terminant sur ce point, que cette indication de l'article 386 n'a rien de limitatif ; il faut ajouter aux personnes qui peuvent venir en concours avec les assureurs, ou

(*) *Sic* Trib. de la Seine, 1er août 1872 (*J. M.*, 1874. 2. 188).

leur être préférés, soit l'assuré lui-même pour son découvert, lorsque le risque n'a été que partiellement souscrit, soit les autres créanciers privilégiés de l'article 191, en cas que leur intervention puisse ici se produire. La règle est en somme celle-ci : que l'assureur, se trouvant par le délaissement substitué à l'assuré, doit, dans la mesure où ils lui incombaient, remplir les mêmes engagements que celui-ci.

Voilà pour le principe même de l'article 386; ne peut-on pas y déroger? En d'autres termes, l'assuré ne peut-il pas stipuler qu'en cas de sinistre majeur entrainant la perte du navire, le fret ne sera pas rapportable? La déclaration de 1779 permettait autrefois cette stipulation ; et il semble bien qu'en l'état du silence gardé par le Code de commerce sur ce point, et par suite du défaut de dérogation à l'ancien texte, cette règle doit encore aujourd'hui être suivie. Ainsi l'ont pensé certains auteurs et certains tribunaux (*). Tel n'est pas notre avis ; autoriser une pareille clause, ce n'est pas seulement, ainsi que le fait observer M. Bédarride (nos 1579 et 1580), laisser dégénérer l'assurance en une gageure, c'est, pour parler d'une façon plus précise, permettre l'assurance du fret. Quelle différence y a-t-il, en effet, entre assurer directement et ostensiblement le fret, et stipuler, moyennant, bien entendu, augmentation de prime, que le fret ne sera pas rapportable? Le résultat ne sera-il pas le même? et y a-t-il ici autre chose de changé, que la forme? La déclaration de 1779 avait autorisé cette clause, parce qu'elle avait perdu de vue, il faut bien le dire, les principes essentiels du contrat d'assurance. Rien ne le prouve mieux que la disposition par laquelle, distinguant entre le *fret*

(*) Dageville et Pardessus, Marseille (jug. arb.), 31 janvier 1821 ; trib. de commerce de la Seine, 15 septembre 1875 (*J. M.*, 2. 2. 33, et 1876. 2. 198).

*à faire* et le *fret acquis*, elle avait permis l'assurance de celui-ci. Emérigon, après avoir vainement essayé d'établir le bien fondé de la règle, arrivait à conclure que c'était là une gageure contractée sous forme d'assurance, et nos explications personnelles à ce sujet ont dû surabondamment dégager ce point (t. III, p. 455 et sq.).

En dehors de ceci, toutes autres clauses, destinées à étendre ou à restreindre le terrain d'application de l'article 386, sont permises, notamment celle, devenue de style aujourd'hui dans les polices, par laquelle les assureurs réagissant contre la jurisprudence établie, assimilent les marchandises débarquées en cours de voyage aux marchandises sauvées et en exigent le fret. Il y a même mieux à noter pour en finir sur ce sujet ; c'est que l'abrogation projetée de l'article 347, et par suite la faculté de faire assurer le fret, soit concurremment avec le navire, soit séparément, doit entraîner un remaniement complet de l'article 386 ; ce qui n'a pas lieu d'étonner, le lien entre les deux dispositions, ainsi qu'on a pu s'en convaincre, étant évident. M. de Courcy a du reste présenté sur ce point, avec la netteté de pensée et le sens pratique qui le caractérisent, des observations qu'on lira avec le plus grand fruit (2me série des *Questions de droit maritime*, p. 397 et sq.).

*b*. Tels sont les effets généraux du délaissement, c'est-à-dire les effets que le délaissement produit en thèse ordinaire, en dehors des spécialités qui peuvent se rencontrer dans certains cas. Quelles sont maintenant ces spécialités ? Elles se réfèrent à trois des cas prévus de délaissement, savoir : l'*arrêt*, *l'innavigabilité par fortune de mer*, *la prise*.

Ce qui a trait à l'arrêt et aux conséquences particulières qui en découlent, se trouve réglementé dans les articles 387 et 388. Il y a peu de chose à en dire ; ce qui résulte avant tout de la teneur de ces deux dispositions, c'est que l'arrêt ne donne pas immédiatement lieu à délaissement, et cela se conçoit. L'arrêt ne constituant par lui-même qu'une mesure de police, la dépossession de l'assuré, base forcée de tout délaissement, ne se réalise pas par cela même définitivement ; il peut se faire que les raisons qui ont déterminé l'arrêt venant à cesser, l'arrêt cesse du même coup : auquel cas la dépossession, sauf la réparation des avaries matérielles qui peuvent s'en être suivies, se trouve rétroactivement annulée. Ce ne sera donc que par une prolongation inusitée que l'arrêt équivaudra à une dépossession définitive et donnera lieu à délaissement ; dans cette hypothèse, en effet, en dehors de la perte matérielle, l'opération, (et cela revient au même), se trouve commercialement manquée. Cette prolongation, la loi l'a portée, en thèse générale, à six mois ou un an, suivant la distance ; dans une hypothèse exceptionnelle, celle où il s'agit de *marchandises périssables*, le délai a été restreint à un mois et demi ou à trois mois (art. 387). Comme conséquence de cette donnée, il convient de remarquer que le délai ordinaire du délaissement, le délai de l'article 373, ne partira que du jour de l'expiration de ce premier terme suspensif, de telle sorte qu'il y aura en l'espèce un double laps de temps, une première période pendant laquelle le droit au délaissement sera suspendu, et une seconde pendant laquelle, le droit étant acquis, l'action pourra être exercée.

Ceci dit sur le principe, arrivons aux quelques détails d'application que comporte la matière. Le délaissement ne sera donc recevable qu'après l'expiration d'un certain temps, alors que l'arrêt aura pris un caractère définitif. Mais en attendant, il n'y a pas lieu de s'endormir ; il faut pourvoir aux soins que comporte la marchandise, il faut faire des démarches à l'effet d'obtenir la main-levée de l'arrêt. A qui incombent ces divers soins ? à l'assuré ; l'article 388 le porte textuellement. Quant à l'assureur, il a, lui, la faculté de se livrer aux mêmes agissements ; mais ce n'est qu'une faculté dont il usera le plus souvent, parce qu'il y est directement intéressé, parce qu'il croira prudent de ne pas se fier à la diligence et au zèle de l'assuré, mais dont il est libre enfin de ne pas user, s'il se contente de la responsabilité qui pèse sous ce rapport sur son cocontractant. On pourrait, au premier abord, critiquer avec assez de raison, ce semble, cette décision de la loi. Les diverses mesures dont il s'agit ici sont incontestablement prises dans l'intérêt des assureurs, à l'effet de leur éviter le délaissement. Il semble dès lors que c'était à eux à les prendre ; *is facere debet cui prodest.* Le législateur a cru sans doute dangereux de donner une décharge complète à l'assuré ; il a fait application de la règle écrite ailleurs, à savoir qu'en cas de naufrage, l'assuré *doit*, sans préjudice du délaissement à faire, procéder au sauvetage des effets assurés (art. 381). Il ne peut s'agir ici de sauvetage, c'est-à-dire de mesures de conservation matérielle ; mais, *mutatis mutandis*, la situation est la même ; on comprend dès lors qu'elle appelle même solution. Ce qu'il faut déduire toutefois des observations présentées ci-dessus, c'est que l'obligation de l'assuré n'a sous ce rapport rien d'absolument strict et ne constitue nullement une condition à l'exercice du délaissement ; sans aller jusqu'à dire comme M. Bédarride qu'elle est plutôt morale qu'effective, il faut cependant avouer qu'elle ne sera que très rarement sanctionnée, lorsque d'une part l'assuré aura fait preuve d'une négligence véritable, et lorsque d'autre part il sera démontré que des démarches, à l'effet de faire lever l'arrêt, auraient abouti. C'est du moins ce qui résulte de la discussion qui s'est engagée sous ce rapport lors des travaux préparatoires de la loi (Locré, sur l'art 388).

Nous n'avons rien de plus à ajouter, en ce qui concerne l'*innavigabilité par fortune de mer*, et à l'effet produit par ce sinistre sur les facultés assurées, à ce que nous en avons dit déjà (p. 119 et sq.). On sait que l'innavigabilité du navire, même déclarée, n'entraîne pas *ipso facto* délaissement des marchandises ; qu'il n'en est ainsi que tout autant que le capitaine n'a pu se procurer un autre navire pour terminer le voyage, et après l'expiration des délais de l'article 387. En dehors de cela, il n'y a plus qu'*avarie*, et le plus souvent avarie commune entre le navire et la marchandise, par suite de dépenses faites dans l'intérêt commun des deux. Nous reviendrons sur ce point bientôt, en nous occupant de l'*action d'avarie*.

Il ne nous reste donc plus à examiner que le cas de prise, prévu et régi par les articles 395 et 396. La prise entraînant par elle-même une dépossession absolue et, ce semble, irrévocable des effets assurés, la recevabilité immédiate du délaissement semblait s'ensuivre de soi. Le législateur a dû cependant se préoccuper d'une éventualité qui, à une époque où les mers les plus fréquentées étaient infestées par des barbaresques et des pirates, se réalisait souvent, celle d'un rachat, c'est-à-dire d'un recouvrement, moyennant composition, des objets capturés. Les rédacteurs de l'Ordonnance ne pouvaient passer sous silence une situation semblable, et leur réglementation, sauf des points de détail, a été reproduite par le Code de commerce, bien qu'à cette époque tout cela fut bien changé, et que l'intérêt pratique en eût considérablement diminué.

La question était donc de savoir si, par le rachat, l'effet de la prise n'était pas rétroactivement annulé, et si, moyennant l'acquittement de la somme fixée pour la composition, le droit au délaissement ne devait pas disparaître, si tout enfin ne devait pas se borner à un règlement d'avaries. Cela semblait équitable ; mais comme d'un autre côté cette opération du rachat pouvait, dans les conditions où elle était intervenue, ne pas convenir aux assureurs, comme elle entraînait pour l'avenir, ainsi qu'on va le voir, une aggravation certaine de risques, on conçoit que la loi n'ait pas fait pour eux de ce règlement une obligation, et ne leur ait pas imposé de plein droit la responsabilité des mesures prises par l'assuré. De là la combinaison suivante : l'assuré ne peut en principe procéder au rachat, sans avoir avisé les assureurs et s'être concerté avec eux. S'il n'a pu le faire, ce qui arrivera le plus souvent, vu l'urgence, il doit porter le rachat à la connaissance des assureurs, dès que cela lui est possible. Ceux-ci alors peuvent opter entre les deux partis suivants : 1° prendre la composition à leur charge, auquel cas ils sont exonérés du délaissement, mais ils continuent à courir les risques de la chose jusqu'au terme fixé par la police ; 2° laisser de côté la composition, auquel cas le délaissement devient un droit acquis, et tout se passe comme en thèse ordinaire. C'est ce dernier état de choses qui est, avec raison, présumé par la loi, lorsque les assureurs n'ont pas, dans le délai qui leur est imparti, fait connaître leur intention (art. 395 et 396).

Ces divers points n'ont pas toujours été admis sans conteste ; un surtout avait fait beaucoup difficulté dans l'ancien droit, celui de savoir quelle était la conséquence juridique de l'acceptation du rachat par les assureurs. N'y avait-il là qu'un règlement d'avaries pur et simple entre l'assuré et eux, et s'opérait-il par suite une sorte de *restitutio in integrum*, aux termes de laquelle l'assuré redevenait propriétaire de la chose rachetée, mais l'assureur d'autre part continuait à en supporter les risques ? ou bien fallait-il dire que la prise donnant lieu au délaissement, c'est pour le compte des assureurs devenus, moyennant paiement de la somme assurée, propriétaires, que l'opération du rachat avait été faite, et par conséquent l'assurance devait-elle être présumée avoir pris fin, par suite du règlement définitif intervenu entre les parties ? L'Ordonnance laissait ce point indécis ; elle disait simplement que les assureurs seraient *tenus de courir les risques du retour*, sans préciser en quelle qualité, si c'était en qualité de propriétaires ou en leur qualité d'assureurs, par suite de la continuation du contrat. Emérigon (t. II, chap. XII, sect. 21, § 6) tenait pour la dernière idée, mais son opinion, très combattue par Valin et Pothier (Valin, sur l'article 67 de l'Ordon., Pothier, nº 365 de son traité), était très contestable, même à ce moment. N'était-ce pas faire disparaître pour les assureurs tout le bénéfice de la composition ? et le législateur, en indiquant d'autre part qu'ils étaient *tenus* de courir les risques de retour, ne donnait-il pas à entendre que c'était en vertu d'un lien de droit, c'est-à-dire en leur qualité d'assureurs ? Quoi qu'il en soit, la chose ne saurait être aujourd'hui mise en doute, car l'article 396 porte que *l'assureur continue à courir les risques du voyage*, CONFORMÉMENT AU CONTRAT D'ASSURANCE.

II. *De l'action d'avarie.* Le législateur a gardé à peu près le silence sur cette action d'une importance si grande et d'une application pratique si fréquente. Cela tient à ce que la matière des avaries n'intéresse pas seulement le sort du contrat d'assurance ; elle a aussi son utilité par ailleurs, elle crée des rapports juridiques entre personnes qui n'ont pas contracté ensemble. Les rédacteurs du Code, comme ceux de l'Ordonnance, ont donc cru nécessaire d'y consacrer un titre à part. Mais, outre que dans ce titre plusieurs dispositions se réfèrent expressément à notre contrat, la distinction fondamentale, sur laquelle il repose, des avaries en *avaries grosses ou communes* et *avaries simples ou particulières*, est loin de nous être indifférente, bien que les assureurs soient tenus en principe des unes et des autres. De telle sorte qu'à l'aide de tous ces éléments réunis, on peut, même en l'état de la lacune de la loi, reconstituer la matière.

La première question qui se présente sous ce rapport est celle de savoir si l'assureur est tenu indistinctement de toutes les avaries, et de quelle façon.

Nous venons de mentionner la grande distinction des avaries en *avaries grosses ou communes* et *avaries simples ou particulières*. Nous n'avons pas à entrer dans le détail de cette matière et à définir ou à caractériser exactement chacune de ces deux espèces d'avaries. Cette étude constituerait ici un hors d'œuvre. M. Cresp a du reste, dans une matière voisine et avec sa netteté habituelle, donné une esquisse de la chose, et on peut s'y reporter pour l'intelligence de ce qui va suivre (t. II, p. 275 et sq.). Quoi qu'il en soit, relativement à notre contrat, et en ce qui concerne la responsabilité générale des assureurs, la distinction importe peu ; ceux-ci sont tenus des unes et des autres avaries, lorsqu'elles sont le résultat d'une fortune de mer (art. 350). Il ne peut y avoir de difficulté qu'au sujet de la façon dont s'exerce cette responsabilité.

Dans cet ordre d'idées, la matière de l'avarie commune a donné lieu, au regard des assureurs, à la double question suivante : 1° les règlements d'avaries communes, intervenus entre cointéressés au navire et au chargement, sont-ils obligatoires pour les assureurs de l'une ou de l'autre partie ? 2° Celui aux dépens de qui s'est accomplie la mesure d'intérêt commun qui va donner lieu à contribution, peut-il d'ores et déjà agir contre ses assureurs en recomblement de la perte entière, sauf à ceux-ci à recourir contre les autres intéressés jusqu'à concurrence de la part de frais mise à leur charge par le règlement d'avarie commune ; ou bien est-il obligé d'attendre les résultats de ce règlement, et ne peut-il exercer l'action d'assurance que pour sa part personnelle dans la contribution ?

De ces deux questions, la première a reçu sa solution depuis longtemps, et il est de jurisprudence que les règlements d'avarie faits au lieu du reste sont obligatoires pour les assureurs, alors même qu'ils auraient été pratiqués hors la présence de ceux-ci. Ceci est vrai d'abord des règlements judiciaires, c'est-à-dire de ceux rendus à la suite d'une contestation engagée entre le capitaine et les chargeurs et pour lesquels il y aurait eu un rapport d'experts homologué par la justice. Il y aurait dans ce cas chose jugée, et bien que cette chose jugée leur soit juridiquement étrangère, puisqu'ils n'ont pas été parties au procès, les assureurs ne seraient pas admis à la quereller ; car l'erreur du juge, ainsi qu'on l'a vu ci-dessus (p. 65) est à leur charge, comme étant une suite directe de l'événement de mer survenu. La même doctrine doit être admise, avec une nuance, pour les règlements amiables, c'est-à-dire ceux prescrits par simple mesure administrative émanée des agents consulaires ou des autorités du lieu où se trouve la chose assurée ; le règlement d'avarie s'impose en effet dans les deux cas avec la même urgence pour la liquidation des dépenses à faire, et le double intérêt de l'armement et du chargement ne peut être tenu en échec par la non-présence des assureurs sur les lieux. Nous avons dit néanmoins qu'il y avait une nuance entre ce cas et le précédent ; elle consiste en ceci, c'est que n'existant point ici de chose jugée, les assureurs sont admis à contester la réalité ou le caractère de tel ou tel article ; le règlement fait donc foi pour eux jusqu'à preuve du contraire.

Tels sont sur ce point les principes ; il est infiniment rare du reste qu'à l'effet de prévenir des difficultés on ne mette pas, en cas de règlement judiciaire, les assureurs en cause, et, en cas de règlement amiable, on ne provoque pas l'intervention de leur représentant. Les assureurs ont aujourd'hui à peu près partout des agents destinés à les renseigner et même à les représenter en tout ce qui touche la chose assurée ; ce n'est pas une des moindres améliorations qu'ait déterminées leur réunion en compagnies ou en syndicats ; il y a eu à la fois simplification de procédure et économie de temps.

La seconde question est plus délicate ; et par le fait la jurisprudence présente sur ce point des décisions divergentes. Un arrêt d'Aix, du 4 février 1858, a jugé que l'assureur appelé dans l'instance en règlement d'avaries communes, ne doit pas être obligé de payer à son assuré le montant intégral de l'avarie par lui soufferte, sauf à recourir contre les autres cointéressés pour leur part contributive, mais seulement la part de cet assuré dans cette même contribution (*J. M.*, 36. 1. 66). Mais, d'autre part, il résulte d'un jugement de Marseille, du 15 avril 1828, que l'assuré ne peut recourir contre un assureur pour la part contributive de ses cointéressés dans l'avarie commune, s'il n'a conservé et s'il ne peut céder tous ses droits contre ceux-ci (*ibid.*, 9. 1. 337); ce qui implique que ce recours est en principe possible et que l'assureur est tenu de toute la perte matérielle subie par son assuré. Dans le même sens, il a été encore décidé que, lorsqu'il s'agit de savoir si une perte ou détérioration atteint les trois quarts, il n'y a pas à distinguer entre ceux des dommages ou des dépenses qui sont avaries communes et ceux qui sont avaries particulières ; le droit au délaissement existe, sauf à déduire de la somme à payer celle que l'assuré a reçue de ses cointéressés dans le règlement d'avarie (voy. Marseille, 10 octobre 1867 ; Bordeaux, 16 août 1869 ; *ibid.* 1868. 1. 20, 1869. 2. 179).

Nous croyons que c'est dans ce second sens en effet que la question doit être résolue. Nous savons ce qu'on peut dire en faveur de la première idée : que l'assureur n'est garant que de la perte pécuniaire ; qu'en cas d'avarie commune, la perte pécuniaire se limite pour lui à sa part contributive dans le règlement ; qu'étendre la responsabilité de l'assureur au chiffre total de la perte matérielle, c'est transformer l'assurance maritime en une assurance de solvabilité, l'assureur en une caution, en faire en quelque sorte un commissionnaire *du croire*, et finalement altérer de la façon la plus grave le caractère particulier de notre contrat. — On nous permettra de n'être pas très touché de ces objections, si séduisantes qu'elles puissent paraître au premier abord. Il est un point qui pour nous domine toute cette question, c'est que ces recours des intéressés au navire et au chargement les uns contre les autres sont juridiquement étrangers aux assureurs ; ceux-ci ne peuvent se mouvoir que dans le cercle de leur convention et des dispositions légales qui la régissent ; or, l'article 350 les déclare responsables de toute perte ou dommage *qui arrive aux objets assurés* par fortune de mer, et l'article 369 rend le délaissement admissible, lorsque cette perte ou détérioration s'élève aux trois quarts. Qu'est-ce à dire, si ce n'est que la perte existe, dès que l'objet assuré se trouve atteint, dans une proportion et d'une façon quelconques, par la fortune de mer ? Il faut sans doute aussi (et il suffit quelquefois, ainsi que nous l'avons vu) que la perte soit pécuniaire ; mais elle l'est dès que l'assuré se trouve privé de tout ou partie de la valeur de sa chose, par suite du risque maritime survenu. Il n'existe en matière d'assurance aucune disposition du genre de celles que le législateur a écrites pour l'*affrétement* (art. 288 et 301). Sans doute, lorsque l'assuré agira à la suite d'un règlement d'avaries, il se bornera le plus souvent à réclamer des assureurs sa part personnelle dans la contribution ; mais il n'y est pas obligé, et c'est ce qu'il s'empressera de ne pas faire, pour peu que le recours contre ses cointéressés soit aléatoire et dans le cas surtout où, abstraction faite du recours, il aurait droit au délaissement.

Ce premier point dégagé, et la responsabilité générale des assureurs en matière d'avaries étant reconnue, il nous faut voir à quelles conditions la loi et la convention des parties en ont subordonné l'application. Ces conditions sont de deux sortes : les unes sont de fond, les autres de forme. L'article 408 a trait aux premières ; il porte ce que voici : *Une demande pour avaries n'est point recevable, si l'avarie commune n'excède pas un pour cent de la valeur cumulée du navire et des marchandises, et si l'avarie particulière n'excède pas aussi un pour cent de la valeur de la chose endommagée.* On pourrait à première vue élever une objection contre l'application de cet article à l'assurance ; la disposition se trouve placée au titre des *avaries*, et il n'y est pas question des assureurs. Mais cette objection ne tient pas, même devant une étude superficielle. La disposition a été empruntée par les rédacteurs du Code à l'article 47 de l'Ordonnance qui se trouvait au titre des *assurances* ; de plus, comment comprendre que la loi ait visé le recours en cas d'avaries particulières, s'il ne s'y agissait pas des rapports d'assureurs et assurés ? L'application de notre article aux assurances est donc certaine ; on peut même dire que tel a été son point de départ, et que c'est par voie de conséquence seulement, et par une sorte d'association des idées, que le législateur l'a étendu à la matière des avaries, c'est-à-dire aux rapports des intéressés au navire et au chargement, en dehors de toute assurance.

Quoi qu'il en soit, à un point de vue comme à un autre, la raison de la règle se devine d'elle-même ; lorsque l'avarie n'excède pas un pour cent, elle est trop peu importante, et surtout trop peu caractérisée pour pouvoir être attribuée à une fortune de mer; tout porte à croire qu'elle n'est qu'une conséquence de l'usure normale du navire, ou du vice propre de la marchandise. On a fait remarquer à ce sujet, en ce qui concerne l'avarie commune, combien la disposition de loi est incompréhensible, et pratiquement peu équitable; exiger dans ce cas que l'avarie excède le un pour cent de la valeur cumulée du navire et de la marchandise, c'est priver de toute action les petits expéditeurs, alors même que leur chose tout entière aurait été sacrifiée au salut ou à l'intérêt communs. C'est par inadvertance qu'une pareille règle, qui n'existait pas dans l'Ordonnance, s'est glissée dans le Code; et on ne peut qu'émettre le vœu, avec M. Bédarride, que la réforme imminente de la législation maritime vienne la faire disparaître, ainsi que d'autres dispositions, sinon aussi incompréhensibles, du moins aussi surannées qu'elle.

La convention des parties a largement développé le principe déposé dans l'article 408 ; et le *un pour cent* exigé par la loi, pour la recevabilité de l'action d'avaries, est devenu dans les polices le trois, le cinq, etc., suivant d'une part le plus ou moins de vétusté du navire, et d'autre part la nature plus ou moins sujette à coulage de la marchandire (voy. art. 19 et 20 de la *police sur corps*, 10 et 11 de la *police sur facultés*).

Les polices ont de plus fait disparaître une difficulté qu'avait fait naître la rédaction, soit de l'Ordonnance, soit du Code, celle consistant à savoir si le un, ou, d'une façon générale, le tant pour cent était exigé seulement pour la recevabilité d'action d'avarie, de telle sorte que, cette condition remplie, l'assuré devait être indemnisé complètement du montant de la perte, ou si au contraire il ne devait pas dans tous les cas lui être fait déduction de cette modique somme, considérée comme une sorte de fiche de consolation pour les assureurs. Sous l'Ordonnance, toute l'ancienne doctrine était dans le premier sens;

sous le Code, M. Bédarride, qui a examiné également la question (n° 1786), professe la même opinion, et il n'est pas douteux que cette idée ne soit rigoureusement conforme à la lettre du texte de loi. Il n'est pas aussi certain qu'elle soit conforme à son esprit, et si la raison de la disposition est bien celle que nous avons donnée, il paraît bien s'ensuivre que jusqu'à concurrence du un pour cent, l'avarie est censée provenir du vice propre de la chose, et par conséquent ce un pour cent doit dans tous les cas être déduit. Les assureurs français l'ont du reste ainsi compris, et sous leur inspiration la condition imposée par la loi s'est transformée en une véritable franchise partielle, indistinctement applicable. Les assureurs ont été mus en cela, et avant tout, par la considération de leur intérêt ; nous croyons néanmoins que cette franchise partielle, à la condition d'être contenue dans des limites équitables (ce qui n'arrive pas toujours), peut aisément se justifier.

Les *conditions de forme* consistent, indépendamment de la règle de l'article 374, qui s'applique à l'action en délaissement comme à celle d'avarie, et sur laquelle dès lors nous n'avons pas à revenir, dans les prescriptions des articles 435 et 436, et les fins de non recevoir qui résultent de leur inobservation. La première de ces dispositions vise en effet les assureurs en même temps que les autres personnes contre lesquelles l'action d'avarie peut être intentée. Nous n'avons pas plus ici qu'en matière de délaissement à donner le commentaire complet et détaillé de ces articles, bien que l'application en soit plus fréquente, parce que la matière a une portée qui dépasse la sphère de notre contrat, et demande à être exposée dans son ensemble. Nous devons indiquer seulement dans quelle mesure elle s'adapte aux rapports des assureurs et des assurés.

Il est un premier point, dans cet ordre d'idées, qui nous paraît hors de doute, c'est que la règle, par ses termes comme par son esprit, est insusceptible de s'appliquer à l'assurance sur corps. L'article porte en effet que *sont éteintes toutes actions... contre les assureurs, si* LA MARCHANDISE *a été reçue sans protestation.* Or, bien qu'à la rigueur le navire puisse être lui-même une marchandise (voy. t. I, p. 237 et sq.), il est évident que ce dernier mot a été ici, comme partout ailleurs en matière maritime, employé par opposition à celui de *navire* ; le législateur a toujours distingué l'instrument, de l'objet même du transport, parce que leurs intérêts sont le plus souvent en contradiction les uns des autres. D'ailleurs, il y a, en cette matière, un moyen de constatation et un mode de protestation tout indiqués, c'est le *rapport de mer* du capitaine, qui, lui aussi, doit être déposé dans les vingt-quatre heures ; et bien que les deux choses n'aient pas absolument le même caractère, bien que la première ait une signification moins précise que la seconde, on conçoit néanmoins que, dans l'impossibilité où l'on serait ici le plus souvent de formuler d'ores et déjà une demande, le législateur s'en soit contenté.

Le contraire a été cependant soutenu (tout se soutient en pratique) dans deux espèces qui ont donné lieu à un arrêt de la cour de Bordeaux, du 7 mai 1839, et à un jugement de Marseille du 18 septembre 1840. (*J. M.*, 19. 2. 1, 20. 1. 49). Mais, par une singulière confusion d'idées, on a voulu, dans ces espèces, faire résulter la fin de non recevoir de la délivrance des marchandises aux consignataires et de la réception du fret par le capitaine sans protestation, comme s'il y avait la moindre contradiction entre ce double fait et l'exercice ultérieur de l'action d'avarie ! Comme si cela impliquait renonciation à se prévaloir plus tard d'un autre droit éventuel, celui-ci, incertain dans son existence ou sa quotité (*).

(*) *Sic* Bédarride, nº 2009.

Laissons donc là ces arguties, et cantonnons-nous dans l'assurance sur facultés. D'autres difficultés se sont ici produites, en cas du moins d'avaries communes. Il peut se faire, ainsi que nous avons déjà eu l'occasion de le dire, que l'assuré soit celui-là même dont la marchandise a été (en partie du moins, sans quoi il n'y aurait pas réception) sacrifiée au salut commun ; il peut arriver, d'autre part, et il arrivera plus souvent, que l'assuré recourra contre l'assureur pour se faire couvrir simplement de sa contribution à l'avarie ; y a-t-il lieu dans les deux cas à l'accomplissement de la double formalité prescrite par l'article 435, et par suite fin de non recevoir en cas d'inaccomplissement ?

L'affirmative doit être adoptée sans hésitation dans la première hypothèse ; les termes de l'article 435 s'y adaptent mathématiquement. Il s'agit d'une marchandise avariée ou à moitié perdue, à l'occasion de laquelle l'assuré se propose d'exercer l'action d'avarie. Il importe peu qu'il ait aussi de ce chef une action en contribution contre les autres chargeurs et l'armateur. Tout ce qui pourrait à la rigueur résulter de cette idée, c'est que l'assuré n'aurait de recours que dans les limites de sa perte pécuniaire ; mais cela ne ferait pas que ce recours ne fût point régi par la règle de l'article 435, puisque, encore une fois, il s'agit d'une action intentée contre assureurs à raison d'une avarie survenue à la marchandise. Mais c'est là même une concession gratuite, el l'on sait que l'assuré a action contre les assureurs pour toute l'étendue de sa perte matérielle.

Tout autre est la situation, lorsque ce n'est pas la chose de l'assuré qui a été endommagée, et lorsque celui-ci se borne à réclamer, d'une façon principale ou incidente, sa part contributive dans l'avarie commune. Comme il ne s'agit ici en somme que d'une action récursoire, tout ce que les assureurs sont en droit d'exiger, c'est que la demande première, à la suite de laquelle le recours est exercé, ait été elle-même formée dans les délais légaux. Lorsque cette condition est remplie, la prescription se trouve interrompue, non seulement contre le chargeur ou l'armateur mis en cause, mais contre tous ceux qui sont à ses obligations, c'est-à-dire contre les assureurs. Et ce serait un contre-sens d'exiger que l'assuré agît dans les vingt-quatre heures de la remise à lui faite de sa marchandise, puisqu'il n'a personnellement rien à réclamer. L'action récursoire subsiste dans ce cas pendant cinq ans, conformément à l'article 432 (*).

Supposons maintenant le terrain déblayé de toutes ces conditions, formalités et fins de non-recevoir, et arrivons au règlement même d'avaries.

Il convient ici de faire plusieurs distinctions. Parlons tout d'abord de l'assurance sur corps. il y a peu de choses à dire, à ce sujet, de l'avarie commune. L'article 401, en ce qui concerne les rapports des divers intéressés au navire et au chargement, fait contribuer l'armement sur le pied de la demie du navire et du fret. Cette proportion doit être observée, même au regard des assureurs. On ne concevrait pas tout d'abord que l'armateur ne fût pas couvert par eux de tout ce que le règlement d'avarie a mis à sa charge, car le résultat en est pour lui une perte, sinon matérielle, au moins pécuniaire, et, ce qui est essentiel, une perte fatalement provenue d'une fortune de mer. Quant à l'objection qui consisterait à dire qu'on aboutit de cette façon, et par voie détournée, à l'assurance du fret, elle ne tient pas ; le fret ne figure pas ici comme objet distinct du navire, mais comme partie intégrante de ce navire, puisque,

(*) *Sic* Bédarride, nos 2005 et 2010 ; Marseille, 21 avril 1824 (*Ibid.*, 5.1.73).

grâce à cette combinaison, celui-ci n'est compté que pour moitié (*). Le législateur aurait pu faire contribuer le navire seul, et pour la totalité de sa valeur ; au lieu de cela, il a décomposé, mais la pensée est la même ; le résultat ne saurait dès lors, au regard des assureurs, en être modifié (**). Un nouvel auteur qui a traité de ces matières avec une grande compétence, M. Droz, fait observer (*Traité des assurances maritimes*, t. II, p. 399 et sq.) qu'il en serait différemment sous l'empire d'une législation qui ferait contribuer le navire et le fret pour leur entière valeur ; la conséquence est en effet forcée.

Passons à l'avarie particulière ; la question est ici beaucoup plus simple, et se renferme tout entière dans les rapports des assureurs et des assurés. Seulement une difficulté d'un autre genre est née ; était-il juste que les premiers remboursassent complètement, et dans tous les cas, le montant de l'avarie, c'est-à-dire des réparations effectuées ? Ce résultat n'aurait-il pas pour conséquence d'améliorer la situation de l'assuré, par la substitution d'objets neufs aux objets vieux, et le contrat d'assurance ne se trouverait-il pas avoir par cela même dépassé son but ? Ces questions ont depuis longtemps arrêté l'attention des praticiens, et depuis longtemps aussi elles sont résolues dans les polices.

Il va sans dire tout d'abord qu'à défaut d'une réduction sur la somme à payer, l'assureur aurait toujours le droit de faire son profit des objets remplacés ; et c'est en effet ce qui a été jugé plusieurs fois. Mais ne faut-il pas aller plus loin et accor-

(*) M de Courcy (t. I de ses *Questions de droit maritime*) s'est élevé avec beaucoup de force et de raison contre cette façon d'arbitrer l'indemnité, qui n'a plus pour elle que la force de résistance de la tradition, et conduit en pratique aux résultats les plus choquants.

(**) En ce sens Bédarride et les décisions judiciaires citées par lui (nº 1724), Dalloz (*loc. cit.*, nº 2230).

der à l'assureur une réduction sur le montant de l'avarie, pour différence du vieux au neuf ? La jurisprudence est fixée depuis longues années sur ce point, et depuis un arrêt de cassation de 1823, elle arrète cette réduction au tiers du chiffre des réparations. M. de Courcy, avec sa sagacité et son impartialité ordinaires, a fait observer *(dict. loc.)* que c'est tantôt trop, tantôt pas assez. Et en effet l'article 20 de la police sur corps a fait sous ce rapport les distinctions suivantes : pendant la première année de la construction, il n'est pas opéré de réduction, le navire étant neuf et étant par cela même présumé en bon état ; pendant la seconde année, la réduction est d'un cinquième ; après, la réduction est du tiers, mais exception faite des dépenses spéciales à la carène et au doublage, pour lesquels, à l'effet de prévenir les spéculations d'assurances sur navires vieux, la réduction est autrement graduée (un quarante-huitième par mois). Ces diverses réductions doivent être opérées sur le chiffre net, et non sur le chiffre brut, des réparations, et cela se conçoit. La différence du net et du brut ne peut résulter que de la liquidation des objets à remplacer ; or, comme c'est dans l'intérêt des assureurs que se fait cette liquidation, comme c'est à eux qu'elle profite, puisqu'elle diminue d'autant la somme à payer, il serait souverainement injuste que le tiers à déduire s'imputât sur le chiffre brut des dépenses ; ce serait cumuler deux bénéfices à la fois. Ceci, après avoir été contesté, est aujourd'hui universellement admis, et l'article 20 en fait également mention.

Il en est de même de certains frais accessoires qui sont une suite de l'avarie, tels que la nourriture et les salaires de l'équipage pendant le laps de temps consacré aux réparations. Les assureurs se sont quelquefois refusés à payer ces frais, à cause sans doute des exagérations et des abus qui s'étaient glissés là comme ailleurs. C'était bien à tort cependant, car ces frais constituent une perte sèche pour l'armateur, et une perte directement provenue de l'événement de mer. Il en est tellement ainsi que, dans un cas particulier, celui d'échouement simple, les assureurs prennent ces frais à leur charge, pendant tout le temps que demande, soit le renflouement, soit le radoub du navire (art. 18 de la police). Qu'ils aient fait cette concession dans un but intéressé, à l'effet de stimuler le zèle du capitaine ou de l'armateur, cela n'est pas contestable ; il n'en est pas moins vrai que si ces frais n'avaient pas dû naturellement leur revenir de par les principes même du contrat, ils ne s'en seraient pas chargés, étant donnée la tendance, innée en quelque sorte chez eux, et qui consiste à réduire autant que possible le terrain de leur responsabilité. Aussi croyons nous que la règle doit être généralisée, et ne trouvons-nous nullement équitable la disposition de la police qui restreint à la demie de ces salaires et de ces frais de nourriture le montant de leur obligation (*).

L'assurance sur facultés donne également lieu à quelques difficultés pratiques, d'une solution plus délicate. En ce qui concerne l'avarie commune, une première question est née de l'application même à la matière de l'article 402. La disposition fait contribuer les marchandises sur le pied de leur valeur *au lieu de déchargement*. Cette valeur différera presque toujours de celle existant au port de départ et indiquée dans la police ; elle lui sera le plus souvent supérieure, quelquefois au contraire elle restera en dessous. Que décider alors ? L'estimation portée dans

(*) En ce sens Bordeaux 6 et Marseille 31 décembre 1830 ; Marseille, 5 avril 1832 et 5 septembre 1833 ; Bordeaux, 3 mai 1841 ; Cass., 4 nov. 1845 (*J. M.*, 11. 1. 321, 12. 281, 15. 1. 135 et 2. 153, 20. 2. 162, *D. P.*, 1845. 1. 424).

la police constituera-t-elle la loi immuable des assureurs, ou bien ceux-ci devront-ils supporter la conséquence de tous les mouvements de hausse ou de baisse des marchandises, et en sera-t-il du règlement d'avaries entre assureurs et assuré comme de celui entre armateur et chargeurs ?

On n'a guère hésité, soit dans la doctrine, soit dans la jurisprudence, dans le cas où le second terme de comparaison était supérieur au premier, c'est-à-dire où la marchandise valait plus au lieu de déchargement qu'au lieu de départ, et on a tenu que la règle de l'article 402 ne devait pas recevoir d'application, en ce qui concerne les assureurs, lesquels ne devaient contribuer que dans la proportion de la valeur par eux assurée (*). L'article 9 de la *police sur facultés* a consacré conventionnellement cette solution, qui est aussi exacte qu'équitable. Admettre en effet le contraire, ce serait glisser dans l'assurance du profit espéré, formellement interdite par la loi. Cette analogie n'a pas besoin d'être démontrée, elle éclate aux yeux. Remarquons en passant que cette solution n'est qu'en apparence contradictoire avec celle que nous avons adoptée *supra*, p. 131 et sq., au sujet de la *perte ou détérioration des trois quarts* et des moyens de l'établir. Il ne s'agit plus ici en effet d'établir le chiffre exact de la contribution ou de la responsabilité des assureurs, mais simplement de savoir si la perte va ou non aux trois quarts, et par suite si le délaissement est ou non recevable. En admettant qu'il le soit, la charge des assureurs n'en sera pas augmentée, car ils bénéficieront par suite de l'abandon qui leur sera fait, de l'excédant de valeur de la marchandise, ce qui est l'inverse de ce qui arriverait si l'on

(*) Voy. Bordeaux, 29 décembre 1865 ; Cass., 10 août 1871 (*J. M.*, 1866. 2. 65, 1872. 2. 47. — *D. P.*, 1871. 1. 114). Conf. Droz, t II, p. 401 et sq.

s'en tenait ici au rapport de contribution établi par l'article 402.

*Quid* maintenant en cas de moins-value ? Ne faut-il pas par analogie admettre la même décision ? Nous n'éprouvons, quant à nous, aucune hésitation à répondre oui. Nous ne ferons pas valoir seulement la raison de réciprocité, qui est cependant et *a priori* déterminante ; nous ne rappellerons pas qu'en cas de perte totale, on est bien obligé de s'en tenir à cet élément d'appréciation, qui est la valeur contractuelle ou l'estimation portée en la police, quelle que soit la valeur réelle au moment du sinistre. Nous ferons remarquer simplement ceci, c'est qu'étant données les fluctuations que peut subir la valeur commerciale des choses, il fallait bien cependant fixer un chiffre jusqu'à concurrence duquel l'assuré serait réputé être en découvert, perdre et non pas seulement ne point gagner. Ce chiffre a été naturellement celui du port de départ, puisque le plus souvent il représente le déboursé même de l'assuré, et que, s'il y a bénéfice, ce bénéfice est d'ores et déjà acquis et entré dans le patrimoine de l'intéressé. Il s'ensuit que, dans ces limites, l'assuré est véritablement en perte, et l'assurance ne sort pas de son caractère de contrat de conservation. Sans doute la valeur réelle de la chose peut après coup demeurer, comme elle peut augmenter ; mais ces fluctuations du marché commercial sont absolument étrangères aux assureurs.

Arrivons enfin aux règlements d'avaries particulières, lesquels appellent un plus long et plus minutieux examen. Il ne saurait cependant y avoir beaucoup de difficulté au cas où l'avarie consiste dans un manquant, ou résulte de frais qui auraient été faits pour la conservation de la marchandise. Dans la première hypothèse, les assureurs doivent sur la somme assurée une part proportionnelle aux objets perdus, par rapport à la totalité de la marchandise, c'est-à-dire que si ces objets représentent un tiers du chargement, les assureurs doivent un tiers sur la somme dont ils courent les risques. Dans la seconde, ils remboursieront purement et simplement les frais, sauf à les discuter dans leur bien fondé ou dans leur chiffre. Mais il est un cas beaucoup plus fréquent, qui donne lieu à plus de difficultés, c'est celui d'avarie proprement dite, c'est-à-dire celui qui consiste en une détérioration de la chose. Ici le problème est triple ; il faut déterminer d'abord, ainsi que nous avons eu déjà l'occasion de le dire à propos du délaissement, la valeur de la marchandise à l'état sain, dégager la valeur de cette même marchandise à l'état avarié, établir la relation de l'une à l'autre, à l'effet de savoir au juste ce que les assureurs ont à payer.

Le premier point est sans controverse ; la valeur de la marchandise à l'état sain, ce n'est pas la valeur que cette marchandise a au lieu d'arrivée, ce qui ferait supporter aux assureurs d'autres risques que ceux qui de droit doivent leur revenir, et dégénérerait le plus souvent en une assurance du *profit espéré*, mais sa valeur au lieu de départ, constatée ou non dans la police.

Il y a d'autre part deux moyens de dégager la valeur de la marchandise à l'état avarié, la *vente* et *l'expertise*. De ces deux moyens le premier, nous l'avons déjà remarqué, est de beaucoup préférable au second ; il prévient les connivences et les manœuvres frauduleuses, et, toutes choses égales d'ailleurs, produit une certitude beaucoup plus grande, car il substitue la réalité elle-même à une simple appréciation. Aussi les assureurs en ont-ils fait une obligation expresse dans leurs polices (voy. art. 12 de la *police sur facultés*) (*). Ceci observé, on

(*) Voy. aussi Rouen 30 janvier 1843 ; Havre, 4 septembre 1866 ; cpr. Aix 16 février 1870 (*J. M.*, 22. 2. 65, 1867. 2. 108, 1870. 1. 170).

n'est pas encore au bout du problème. La marchandise arrive grevée de certains frais, elle a un fret à acquitter, elle doit des droits de douane, etc.; tout cela doit-il être déduit, et de la valeur de la chose à l'état sain, et de celle à l'état avarié, pour établir le rapport de l'une à l'autre? Que ces frais doivent être déduits du premier de ces deux termes de comparaison, cela n'est pas contestable, puisque la marchandise, si elle était arrivée sans accident, les aurait acquittés, et cela intégralement; mais doivent-ils l'être également, et dans la même proportion, du second terme, c'est-à-dire du rendement de la marchandise avariée? On voit tout de suite, en cas d'affirmative, la conséquence, c'est que l'écart dans la différence, et partant la quotité de l'avarie en seront considérablement augmentés. *Lorsque de deux valeurs inégales*, dit M. Droz, *on déduit une même quantité, ces deux valeurs sont diminuées dans une inégale proportion*. Or l'équité, en même temps que les principes, indiquent qu'il ne doit pas en être ainsi; les assureurs ne peuvent être obligés de supporter à eux seuls des frais que la marchandise aurait acquittés dans tous les cas, et qui, si elle était arrivée à l'état sain, leur seraient restés complètement étrangers, puisqu'ils auraient été pris sur le bénéfice. Tout ce qu'on peut donc équitablement faire à l'effet de déterminer la quotité de l'avarie, c'est d'imputer sur la marchandise avariée au prorata de sa valeur le paiement de ces frais. C'est le système qui a prévalu (*).

Mais l'application en a, jusqu'à ces derniers temps, souffert

(*) Voy. sur cette délicate et difficile question deux décisions contraires du Tribunal de commerce de Marseille et de la Cour d'Aix des 22 janvier et 3 juin 1846. Dans le sens du texte, outre l'arrêt d'Aix, Rouen, 2 juin 1862 ; Cass., 24 mai 1869 (*J M.*, 25. 1. 192, 1869. 2. 207. — *D. P.*, 1869 1. 327), et dans la doctrine Bédarride, nos 1645 et sq.; Cauvet, no 455 ; Droz, *loc. cit.*

difficulté sur un point particulier, celui relatif au paiement des droits de douane. Ces droits étant le plus souvent *spécifiques*, c'est-à-dire se percevant sur l'*espèce* ou la nature de la marchandise, abstraction faite de sa qualité, il s'ensuit qu'ils ne subissent pas de diminution du chef de l'avarie (*). Dans ce cas les assureurs devront-ils encore supporter l'intégralité du droit, ou bien n'en paieront-ils qu'une partie proportionnelle à l'avarie ? Tout dépend, comme on le pressent, de la question de savoir si la valeur de la marchandise, et par suite la quotité de l'avarie doivent être déterminées à l'*entrepôt*, c'est-à-dire abstraction faite du droit, ou bien à la *consommation* (on dit encore à l'*acquitté*), c'est-à-dire après acquittement. Dans le premier cas, il faut ajouter à la quotité de l'avarie le montant du droit ; dans le second l'impôt se répartit forcément, au prorata de leurs intérêts respectifs, entre les deux parties intéressées, assureur et assuré. Il y a eu sous ce rapport également des décisions contradictoires ; mais la seconde idée n'a pas tardé cependant à prévaloir, parce qu'elle est à la fois la plus équitable et la plus juridique (**). Ceci n'a pas besoin d'être démontré, cela ressort suffisamment des explications qui viennent d'être ci-dessus présentées. Les assureurs ont tenu du reste à trancher par une stipulation expresse, la question, et le même article 12 de leur police porte que *la quotité des avaries particulières est déterminée par la comparaison des valeurs à l'entrepôt, si la vente des marchandises avariées a eu lieu à l'entrepôt, et par la comparaison*

(*) Il en serait différemment si le droit était *ad valorem*, c'est-à-dire se percevait sur la valeur exacte de l'objet, alors la question n'existerait pas.

(**) Voy. en sens divers Marseille, 29 mai 1844 et 15 décembre 1856; Rennes, 4 février 1866, et Rouen, 4 décembre 1868 (*ibid.*, 23. 1. 161, 34. 1. 341, 1869. 2. 165 — *D. P*, 1869. 1. 327 et 2. 165).

*des valeurs à l'acquitté, si la vente a eu lieu à l'acquitté.*

Cette distinction, peu compréhensible au premier abord, puisqu'elle semble faire dépendre la solution du problème du choix arbitraire de l'assuré, est au fond parfaitement sage. Lorsque la vente a lieu à l'entrepôt, c'est l'acheteur qui supporte le droit, il n'y a donc pas entre assureur et assuré à en tenir compte ; ou plutôt il se répartit forcément entre les deux, par le seul fait de la diminution forcée du prix, et la quotité de l'avarie en est toute déterminée. On aboutit donc, par une autre voie, au même résultat que par la vente à l'*acquitté* ou à la *consommation*.

Ceci posé, et le second terme de la comparaison étant bien déterminé, il s'agit (et c'est là notre troisième point) d'établir la relation entre le premier et lui. L'avarie, en d'autres termes, sera-t-elle de toute la différence qui existe entre la valeur de la marchandise à l'état sain et celle de la marchandise avariée ? et l'opération se bornera-t-elle à une simple soustraction du second de ces chiffres à l'encontre du premier ? Non, la pratique a depuis longtemps proscrit ce mode de règlement, qu'on appelle *règlement par différence*, parce qu'il arriverait à faire supporter par l'assureur le bénéfice éventuel qu'a pu donner l'opération commerciale, c'est-à-dire le profit espéré, et l'on s'en tient aujourd'hui au *règlement par quotité*, c'est-à-dire que l'on transporte à la somme assurée, qui est le *maximum* de la dette des assureurs, la relation établie d'abord par rapport à la marchandise. Si donc l'avarie est du tiers, eu égard à la valeur de la chose à l'état sain, les assureurs devront un tiers sur la somme assurée. De cette façon, ceux-ci sont sûrs de ne jamais payer au-delà de ce qu'ils ont promis.

Telle est ce que j'appellerais la situation normale entre assureurs et assuré, mais cette situation sera souvent modifiée par des clauses dérogatoires, tendant à amoindrir l'obligation des premiers. C'est le dernier point qui nous reste, quant à ce, à examiner.

Il faut distinguer sous ce rapport la *franchise totale* et la *franchise partielle*.

La franchise totale s'appelle d'un autre nom, et d'un nom plus connu, la clause *franc d'avarie*. A l'époque de l'Ordonnance qui était muette sur ce point, la légitimité et la portée de cette clause étaient très contestées. En Italie, où la stipulation avait pris naissance, on ne l'appliquait qu'aux menues avaries, *excluso modico getto et avaria*. Mais, dans le ressort du Parlement de Provence, où le pratique se l'était assimilée, elle avait aquis une portée beaucoup plus générale, et elle avait été entendue, ainsi que le constate Emérigon (t. I, p. 662 et sq.), comme restreignant la responsabilité des assureurs aux seuls cas de sinistre majeur. C'est ainsi également que l'avait interprêtée Pothier (n° 166). Mais Valin, sur l'article 47 de l'Ordonnance, n'avait pas été de cet avis; il trouvait la clause dangereuse, puisqu'elle sollicitait le capitaine, par l'appas même de son intérêt, à ne pas faire son devoir, à ne sauver ni son navire, ni son chargement; il ne la trouvait en conséquence licite et opportune que pour les petits transports et les modiques avaries. Quoi qu'on en ait dit (*), ces critiques étaient fondées, et la preuve en est qu'aujourd'hui où la clause a été légalement consacrée, les assureurs se sont hâtés d'en conjurer les effets par une prudente et habile concession que nous allons faire connaître. Quoi qu'il en soit, le législateur de 1807 a accepté et ratifié, dans sa portée la plus générale, la clause *franc d'avarie*, et l'article 409 porte ce que voici : *La clause franc d'a-*

(*) Voy. entre autres Bédarride, n° 1794, Locré, sur l'art. 409.

*varie affranchit les assureurs de toutes avaries, soit communes, soit particulières, excepté dans les cas qui donnent ouverture au délaissement ; et, dans ces cas, les assurés ont l'option entre le délaissement et l'exercice de l'action d'avarie.*

Sous l'empire de cette disposition, on pouvait se demander quel était le remède dans le cas prévu par Valin, celui d'un sinistre majeur imminent, pouvant néanmoins être conjuré, au prix d'avaries plus ou moins graves, par le dévouement du capitaine et de l'équipage. Ce n'est pas répondre que de dire avec Emérigon, que *tout capitaine est présumé honnête, et ne s'attire la confiance publique que par une conduite sage, ferme et intelligente ; lorsque, sacrifiant l'intérêt du moment à ses devoirs, il ramène au travers des écueils et des tempêtes le navire à bon port, il se couvre de gloire, et la bonne réputation dont il jouit devient pour lui un patrimoine aussi solide que fructueux.* Cela peut être satisfactoire et suffisant pour lui, cela ne l'est malheureusement pas pour l'armateur et les chargeurs qui lui ont confié leur chose, et il est à craindre que, dans cette lutte de l'intérêt et du devoir, la balance ne penche toujours pour le premier. Ce n'est pas davantage résoudre la question, que d'avancer, comme le fait M. Bédarride, que *le capitaine ne sacrifierait pas impunément son devoir à l'intérêt pécuniaire de ses armateurs ou au sien propre, qu'on le jugerait ordinairement, non par ce qu'il a fait, mais par ce qu'il lui aurait été possible de faire.* Une répression n'est pas toujours facile en pareil cas ; et il n'est pas téméraire de conjecturer ce que répondrait un jury d'assises, en présence d'un capitaine accusé de baraterie, si celui-ci se bornait à alléguer pour excuse l'intérêt de ses commettants, et soutenait hardiment cette thèse qu'en faisant ce qu'on prétend être son devoir, il aurait ruiné ceux-ci, au simple avantage des assureurs ! Aussi, étant donnée cette situation, avions-nous soutenu, dans un cours professé par nous à Marseille, et soutenons-nous encore sans hésiter, que le capitaine qui aurait fait résolûment son devoir et sauvé son navire, aurait, nonobstant la clause *franc d'avaries*, l'action de gestion d'affaires contre les assureurs (art. 1375 C. civ.). Toute stipulation doit être interprêtée conformément à l'intention des parties contractantes ; or, la clause *franc d'avaries* suppose forcément, dans la pensée de ceux qui l'ont convenue, un cas de force majeure, une *vis divina*, dans la réalisation de laquelle la volonté de l'homme ne soit pour rien. S'il en est autrement, un nouveau facteur se produit, duquel il faut, pour la solution équitable de la question, tenir grand compte, ainsi que le prouvent, en sens opposés, diverses dispositions légales, telles que l'article 353 d'une part, et l'article 381 de l'autre. Un arrêt d'Aix, du 17 juin 1847, l'avait (bravement, allions-nous dire) décidé ainsi, mais cette opinion paraît n'avoir pas été suivie ; et d'autres tribunaux ont préféré se tenir au sens littéral de la clause (*).

Les assureurs ont senti du reste l'intérêt qu'ils avaient, dans ce cas, à ne pas lésiner sur leurs obligations et à encourager le dévouement des capitaines, ainsi qu'il résulte de l'article 19 de la police sur corps. *En cas d'échouement*, y est-il dit, *suivi de remise à flot, tous les frais à la charge du navire, faits pour le renflouement, sont remboursés* SANS RETENUE, *au prorata des sommes assurées*, MÊME DANS LES RISQUES SOUSCRITS FRANC D'AVARIES. La question n'existe donc plus.

Quant aux effets de la clause *franc d'avaries*, l'article 409 les indique avec la plus grande netteté, et pas n'est besoin d'y insister. La clause ne s'applique que tout autant que l'assuré

(*) Voy. entre autres Rouen, 4 avril 1862 (*J. M.*, 28. 1. 219, 1862. 2. 148).

ne peut agir que par l'action d'avarie. En cas de sinistre majeur, elle ne s'applique pas, quelle que soit l'action qu'exerce l'assuré, cette action fût-elle d'avarie ; ce n'est pas parce que, ainsi que l'indique M. Droz, *la clause ne peut avoir pour objet de retirer à l'assuré l'exercice de l'action esssentielle au contrat d'assurance ;* car elle a précisément cet objet, en dehors des cas de sinistre majeur. C'est uniquement parce que celui qui peut le plus, peut par cela même le moins ; et le droit au délaissement implique forcément la possibilité de s'en tenir à l'action d'avarie, considérée comme beaucoup moins onéreuse pour les assureurs.

Cette clause *franc d'avaries*, ou soit la franchise totale, sont assez rares ; il n'en est pas de même de la *franchise partielle,* qui est une nécessité du métier des assurances, et constitue une sauvegarde précieuse pour les assureurs.

Cette franchise partielle peut du reste être entendue et appliquée de deux façons différentes : tantôt elle aura pour but d'exclure toutes avaries, autres que celles qui proviendraient d'événements de mer caractérisés, tels qu'abordage, échouement, naufrage ou incendie ; tantôt (et c'est le cas le plus fréquent) elle laissera subsister la responsabilité générale des assureurs, mais en opérant une réduction plus ou moins forte sur le chiffre de l'avarie ; c'est, dans un cas comme dans l'autre, l'extension et le développement de deux règles posées par la loi elle-même dans les articles 355 et 408. Ces deux sortes de franchises répondent à deux besoins différents : par la première les assureurs se mettent à l'abri d'une responsabilité onéreuse, et qui deviendrait souvent abusive, lorsqu'il s'agit de marchandises éminemment sujettes à coulage par leur nature ; par la seconde ils préviennent les petites réclamations, et font la part (quelquefois plus grande qu'il ne faut) de la détériorationdéterminée par la vice propre de la chose. Rien n'empêche du reste que ces deux franchises ne soient cumulées, c'est-à-dire qu'on ne dise à la fois, pour certaines catégories de marchandises, que les assureurs ne seront tenus des avaries que dans certains cas spécifiés, et qu'ils n'en seront tenus que sous certaines déductions également convenues. C'est du reste ce que porte l'article 10 de la *police sur facultés.* Remarquons enfin que tout ceci ne reçoit d'application qu'en ce qui concerne les avaries matérielles, s'il s'agissait d'avaries-frais, telle qu'une contribution à une avarie commune, ou bien une dépense faite pour la conservation de la chose assurée, il n'y aurait plus lieu à l'une ou à l'autre des deux franchises. C'est ce que dispose également la police sur facultés (art. 9) ; et cela se conçoit. On ne pourrait ici invoquer en faveur de l'exception ou de la déduction aucun des deux motifs qui viennent d'être indiqués.

Ceci dit, arrêtons-nous un instant sur la seconde des deux franchises, au sujet de laquelle une difficulté se présente, en ce qui concerne le calcul même de la déduction à opérer. Supposez, en effet, que les marchandises assurées soient de différentes sortes ; supposez encore qu'il y ait concours d'une avarie commune et d'une avarie particulière. On voit tout de suite la question : dans le premier cas, l'assuré pourra être fondé, ou non, à recourir contre les assureurs, suivant que ce sera par rapport à toute la chose assurée, ou par rapport à telle ou telle catégorie particulière exclusivement atteinte par l'avarie, que le taux de la franchise sera calculé ; il en sera de même dans le second, si au lieu de cumuler les deux avaries, et de n'en faire qu'un bloc, on les apprécie distinctement.

Nous ne concevons pas, quant à nous, qu'on ait pu hésiter, et nous tenons, en ce qui a trait à la première question, que c'est par rapport à chaque marchandise particulière, à chaque *serie*, comme on dit, que la franchise doit être calculée. L'article 12 de la police le décide expressément ainsi (*) ; mais il ne le déciderait pas que la solution n'en serait pas modifiée. Supposez en effet que le taux de la franchise fût différent pour l'une ou pour l'autre des diverses sortes de marchandises ; est-ce qu'il n'y aurait pas lieu dès lors de distinguer ? Et les assureurs ne seraient-ils pas fondés à imposer, par n'importe quels moyens et à l'aide de n'importe quelles preuves, cette distinction ? Or, la division par séries ne peut pas exister par rapport à eux, sans être en même temps applicable à l'assuré ; il y a là deux conséquences forcées de la même idée. M. Bédarride professe néanmoins l'opinion contraire (n° 1789), se fondant sans doute (c'est du moins ce que paraît sous-entendre son raisonnement) sur l'article 408. A quoi nous répondons que l'article 408 n'a rien à faire ici : 1° parce qu'il s'agit d'une franchise conventionnelle, pour l'entente de laquelle il faut s'inspirer avant tout de l'intention des parties contractantes et des usages du commerce, et non de la franchise légale, pour l'interprétation de laquelle il n'y aurait lieu qu'à recourir aux travaux préparatoires de la loi ; 2° parce que la loi elle-même n'a pas prévu la division par séries, ce qui fait disparaître toute la portée de sa disposition.

Pas de doute également sur la seconde question, et c'est dans le sens du cumul qu'elle doit être résolue. Tel est l'avis exprimé par M. de Courcy dans son commentaire des polices d'assurance (p. 166 et sq.), et il faut s'y tenir pour deux motifs : 1° parce que, ainsi qu'il le fait remarquer, *l'intention du dernier*

(*) La disposition excepte les marchandises chargées en *vrac*, c'est-à-dire en tas, sans conditionnement extérieur ni emballage ; ce qui se comprend, la division par séries ne pouvant alors être établie.

*paragraphe* (de l'article 19 de la police sur corps) *paraît être de limiter à trois pour cent le maximum de ce qui doit rester à la charge de l'assuré,* tandis qu'en décomposant, on pourrait arriver jusqu'à un total de six, ce qui serait absolument inique ; 2° parce que, ainsi qu'il résulte de nos précédentes observations à nous-même, dans les rapports d'assuré à assureurs, et en ce qui a trait à la responsabilité générale de ceux-ci, il n'y a pas en somme deux sortes d'avaries, mais une seule, tombant à leur charge, dès qu'elle est provenue d'une fortune de mer, avec ou sans recours contre qui de droit (*).

Telles sont, en matière d'action d'avarie, les généralités applicables en toute hypothèse ; nous devons, pour terminer, noter quelques singularités spéciales aux cas de sinistre majeur. Nous avons vu que l'assuré avait ici l'option entre l'action d'avarie et l'action en délaissement ; nous avons fait remarquer que, même après l'expiration du délai imparti pour le délaissement, il pouvait encore se rejeter sur l'action d'avarie (*supra*, p. 156). A quoi nous devons ajouter que, même après avoir intenté la première de ces actions, il pourrait encore se rejeter sur la seconde (**).

Quoi qu'il en soit, cette faculté pourrait donner lieu, en ce qui concerne l'assurance sur corps, à une spéculation, et, il faut le dire, à un abus de la part de l'assuré, que les assureurs ont tenu à prévenir. L'action d'avarie est sans doute, en principe, moins favorable aux intérêts de l'assuré que le délaisse-

(*) En ce sens Marseille 13 juin 1824 ; Aix; 10 juin 1825 (*J. M.*, 2. 1. 220. 6. 1. 234).

(**) Mais la réciproque ne serait pas vraie ; l'action d'avarie étant moins avantageuse que celle en délaissement, l'option qui en serait faite impliquerait renonciation à se prévaloir de celle-ci.

ment ; elle a néanmoins pour lui cet avantage qu'elle lui permet de garder les épaves du navire et le fret des marchandises sauvées, et par conséquent d'échapper à l'application des articles 385 et 386. Si donc le devis des réparations se monte à peine aux trois quarts de la valeur agréée du navire, ou si le prix actuel en est fixé à peu près à un quart, on voit tout de suite ce qu'il adviendra ; l'assuré, loin d'opter pour le délaissement qui l'obligerait à l'abandon des débris du navire et au rapport du fret, se rejettera sur l'action d'avarie qui lui permettra de garder le tout. De même dans une autre situation, celle où il y aurait des créanciers hypothécaires inscrits sur le navire ; on sait que, d'après une interprétation courante, et contrairement à notre opinion, les créanciers ne sont dans ce cas subrogés à l'indemnité d'assurance que tout autant qu'il y a délaissement. L'assuré, ici encore, pourrait se rejeter sur l'action d'avaries, pour frustrer, non plus les assureurs, mais ses créanciers. C'est pour prévenir ces calculs que l'article 14 de la police sur corps dispose que l'indemnité à payer par les assureurs, dans cette hypothèse. sera limitée, au *maximum*, à 75 pour cent de la somme assurée. De cette façon l'assuré laisse, en mains des assureurs, et par voie de déductions, l'équivalent de la valeur actuelle du navire et du fret des marchandises sauvées ; et la balance entre les intérêts de chacun se trouve rétablie.

Cette prescription si sage nous paraît rendre inutile la discussion d'une question qui a été très agitée dans la jurisprudence, celle de savoir comment, en cas de vente du navire, il

(*) Une pensée analogue a inspiré l'article 2 de la loi du 20 mai 1838, aux termes duquel l'action dite *quanto minoris*, c'est-à-dire en réduction du prix, est abolie dans les ventes d'animaux atteints de vices rédhibitoires, dans les conditions prévues par la loi.

faut arbitrer l'indemnité à payer à l'assuré ; s'il faut estimer le montant fictif des réparations, à l'effet de l'attribuer à l'assuré, ou si se tenant au prix de vente comme *criterium* de l'avarie, il y a lieu de désemparer à l'ayant-droit tout l'excédant de la somme assurée, mais sous déduction du rendement du navire et du fret (cpr. *supra*, p. 125 et sq.). Le règlement adopté par les assureurs n'aurait que cet avantage de supprimer toutes ces difficultés que la contradiction des intérêts en butte fait naître, qu'il devrait, par sa simplicité même, et en dehors de son caractère de justice, être préféré et suivi.

---

## SECTION B

### *Obligation de l'assuré*

Nous nous servons à dessein de ce singulier *obligation de l'assuré,* parce que pour nous il n'y en a qu'une, véritablement principale et formant la contre-partie de celles des assureurs, l'obligation de payer la prime. Quant aux autres obligations dont il a été parlé déjà *passim,* celles des articles 374, 379, 381, 435, elles ne sont, ainsi que l'indique la place qu'elles occupent, que des dépendances d'une autre matière, que des conditions de l'exercice de tel ou tel droit de l'assuré, et par conséquent il n'en saurait plus être question ici.

Tenons-nous donc à la seule obligation véritablement caractérisée, et vivant en quelque sorte de sa vie propre, et qui consiste à payer la prime.

Nous n'avons pas à reprendre ici les notions que nous avons ailleurs (t. III, p. 395 et sq.) données sur la prime considérée en elle-même, c'est-à-dire dans sa nécessité, sa nature, les diverses formes qu'elle peut revêtir, la façon dont on peut en prouver l'existence ; ce serait revenir au contrat lui-même et aux éléments essentiels dont il se compose. Nous devons nous tenir en ce moment à la seule obligation de payer la prime, et supposant cette obligation existante et incontestée, dire par qui elle est payable, à quelle époque, comment ; si la prime, une fois fixée, peut subir après coup des augmentations ou des diminutions ; enfin quelle est l'étendue et quelles sont les conditions d'application du privilège qui en garantit le paiement.

*Par qui d'abord la prime est payable ?* Il peut y avoir doute sous ce rapport en cas de police *à ordre* ou *au porteur*. N'y a-t-il, dans cette hypothèse, de débiteur de la prime que l'assuré lui-même, c'est-à-dire le contractant, ou bien par la cession de la police cette obligation se trouve-t-elle transportée à une tierce personne ? Il ne saurait en principe en être ainsi ; la cession de la police n'est, à moins de convention contraire nettement exprimée, qu'une cession de droit, la subrogation à l'indemnité éventuelle qui pourra être due par les assureurs, sans obligation correspondante en retour (le plus souvent c'est pour la garantie d'une dette antérieure ou d'avances de fonds que la chose est faite) ; il s'ensuit que le cessionnaire ne saurait en aucune façon être lié à l'égard des assureurs. S'il en était autrement, il s'ensuivrait que ceux-ci acquerraient après coup, et en dehors d'un pacte spécial, un second débiteur tenu solidairement avec le premier ; or, c'est un résultat absolument contraire aux principes, qui ne doit être admis que lorsque un texte formel l'impose (cpr. art. 3 de la loi du 24 juillet 1867 sur les *sociétés*).

Comme conclusion, et à supposer que la prime ne soit pas encore payée, lors de l'expiration des risques, si le porteur de la police ne réclame rien (chose qui se présentera si le voyage s'est effectué heureusement), les assureurs n'auront aucun droit contre lui et ne pourront lui demander cette prime. Si au contraire il est dans le cas d'avoir une indemité à réclamer, ils pourront par voie de compensation, lui déduire la prime. Ceci n'est pas contraire aux principes ; le porteur ne se présentant, dans cette hypothèse, que du chef de l'assuré, n'a pas une personnalité différente de la sienne ; il s'ensuit dès lors qu'une compensation du chef de son auteur ou de son cédant lui est parfaitement opposable (art. 1295). On ne saurait contre cette solution invoquer la règle reçue en matière d'endossement (et *à fortiori* en matière de tradition pour les titres *au porteur*), selon laquelle le tiré, ou d'une façon générale le débiteur cédé, ne saurait opposer au porteur de bonne foi les exceptions dont il pourrait se prévaloir à l'encontre de l'un des cédants antérieurs. Nous avons déjà observé (voy. t. III, p. 405 et sq.) que cette règle ne devait s'appliquer qu'avec un tempérament aux billets de grosse et aux polices d'assurances ; que cela n'était vrai que des exceptions qui provenaient *ex dispari causa*, c'est-à-dire d'une source étrangère au contrat lui-même ; mais que, quant à celles qui puisaient leur raison d'être dans l'opération elle-même qui relie assureurs et assuré, elles sont parfaitement opposables à quiconque, sans quoi les assureurs se verraient, par une simple cession émanée de l'assuré, frustrés de leurs garanties et de leurs droits les plus précieux (*).

Les assureurs sont quelquefois allés plus loin, et, dans l'article 26 de la police sur corps, ils ont stipulé qu'en cas de faillite ou de suspension de paiement de l'assuré, toutes primes dues

(*) Ces idées et solutions sont généralement reçues en doctrine et en jurisprudence ; voy. Droz, t. I, p. 55 et sq., et les autorités citées par lui ; conf. Marseille, 31 août 1825, 29 mai 1856, 11 juillet 1861, 8 août 1865 ; Havre, 31 mai 1875 (*J. M.*, 7. 1. 215, 34. 1. 172, 1861. 1. 233, 1865. 1. 255, 1876. 2. 94).

par cet assuré (même pour d'autres risques que celui qui donne lieu au remboursement d'une perte ou d'une avarie) *seraient compensées, et les billets acquittés, donnés et reçus pour comptant.* Cette disposition paraît, il est vrai, ne s'appliquer qu'à l'assuré lui-même ; mais, pour avoir sa physionomie vraie et son sens complet, il faut la rapprocher de l'article précédent, qui prévoit expressément le cas de cession, et détermine exactement les droits du porteur de la police à l'égard des assureurs. C'est donc, par continuation de la même idée, et de la façon la plus générale, que l'article 26 impose, dans le cas en vue duquel il statue, la compensation de toutes les primes. M. de Courcy l'entend ainsi du reste, et cela sans aucune difficulté (*op. cit.* p. 203 et 204).

Cela étant, on voit tout de suite percer la pensée à laquelle ont obéi les assureurs en établissant une disposition semblable ; ils ont voulu empêcher que l'assuré, par une cession faite au dernier moment, ne se ménageât adroitement le moyen de toucher son indemnité, sous la seule réserve de la prime afférente au présent risque, et ne les obligeât à recevoir les autres primes en monnaie de faillite. Ils auraient pu sans doute échapper à ce résultat ou à ce préjudice, en faisant annuler l'opération, par application des articles 446 et 447 du Code de commerce. Mais outre que ç'aurait été un procès, toujours bon à éviter, il est de doctrine et de jurisprudence aujourd'hui que les articles 446 et 447 ne sont applicables que tout autant que le poursuivant, syndic ou créancier, agit dans l'intérêt de la masse, et non dans son intérêt individuel. Aussi croyons-nous que la même solution doit être reçue en matière d'assurance sur facultés : l'article 16 de la police semble contraire à cette idée, et ne parle que de la déduction de la prime due à l'occasion du risque. Mais cet article ne prévoit pas le cas de faillite ou de suspension de paiements de l'assuré, de sorte que la question est entière, et les assureurs de Marseille qui procèdent, dans ce cas, de la façon indiquée ci-dessus, loin de sortir, comme paraît le penser M. de Courcy (*op. cit.*, p. 304 et sq.), des bornes de l'équité, ne font que sauvegarder, dans la mesure du légitime, leurs intérêts et leurs droits.

Nous avons peu de choses à dire de l'*époque à laquelle la prime sera payable*. Comme toute autre dette, elle est, à défaut de convention spéciale, immédiatement exigible ; le mot même de *prime (primo)* indique qu'il en était autrefois ainsi, en fait comme en droit (voy. t. III, p. 110 et sq.). Dans les usages actuels, la prime est presque toujours atermoyée, soit que l'assuré souscrive ou endosse des effets de commerce à cet effet, soit que l'assureur se contente de son obligation, telle qu'elle résulte de la police. Il y a entre ces deux façons de procéder toute la différence qui sépare un effet de commerce d'une dette ordinaire ; c'est ainsi que dans le premier cas la somme sera, à l'échéance, rigoureusement exigible, tandis que, dans le second, le juge pourra, ici comme ailleurs, accorder des délais de grace (cpr. art. 1244 C. civ. et 157 C. com.). (*)

*Au sujet de la façon dont le paiement doit être fait*, une question de compensation se présente encore, même dans les rapports des assureurs et de l'assuré primitif (c'est-à-dire en dehors de toute cession de la police), lorsque les premiers sont sous le coup d'un règlement d'avaries. Les primes peuvent-elles dans ce cas se compenser avec l'indemnité à payer, soit au requis des assureurs, soit à celui de l'assuré ?

Au requis des assureurs d'abord, cela n'est pas contestable ;

(*) *Sic* Marseille, 23 janvier 1857 (*J. M.*, 35. 1. 41)

leur créance est à la fois exigible et liquide, tandis que leur dette n'a que le premier de ces deux caractères. Il serait dès lors en leur pouvoir d'exiger d'ores et déjà le paiement de la prime avant tout règlement de l'indemnité ; *à fortiori* peuvent-ils ajourner et compenser, au moment donné, le *doit* et *avoir*. Et ce que nous venons de dire de la prime afférente au présent risque et de la prime échue, doit : 1° être étendu à toutes les autres primes dues par l'assuré (à la différence de ce que nous avons dit pour le tiers porteur de la police), puisqu'il y a ici deux personnes respectivement créancières et débitrices ; 2° recevoir application, en cas de faillite de l'assuré, même à la prime ou aux primes non échues, puisque la faillite rend toutes les dettes immédiatement exigibles (art. 444 C. com.). Ces diverses solutions ont été consacrées par l'article 26 de la *police sur corps*, qui a été cependant au-delà, en permettant aux assureurs de compenser, en dehors de toute faillite de l'assuré, même les primes non échues. Ceci constitue une véritable violation des principes, puisqu'on aboutit par là à ne pas tenir compte du terme convenu.

Envisageons maintenant la question au regard de l'assuré ; et celui-ci pourra-t-il répondre à une demande de la prime par une exception de compensation, tirée d'un règlement d'avarie pendant entre l'assureur et lui ? M. de Courcy (*op.* et *loc. cit.*) constate que telle est la pratique ; il la trouve *incorrecte* ; ce qui n'est pas assez dire, car elle est illégale. La dette de l'assuré est, comme nous venons de le voir, liquide, tandis que celle de l'assureur ne l'est pas ; or, si l'on conçoit que le débiteur d'une dette non liquide puisse se prévaloir de la compensation lorsque cela est dans ses convenances (c'est ce que l'on appelle dans le langage de la doctrine la *compensation facultative*), la réciproque serait un contre-sens et ce serait appliquer la compensation à rebours. Aussi, la question, lorsqu'elle s'est présentée sur le terrain judiciaire, a-t-elle été résolue en ce sens (*).

Il en serait de même *à fortiori* en cas de faillite de l'assureur, puisque la faillite rend forcément toute dette non liquide, et constitue dès lors, ainsi qu'il a été maintes fois jugé, un obstacle absolu à la compensation. Tel n'est point cependant l'avis de M. Droz (*op. cit.*, t. 1, p. 209, n° 180), par la raison qu'il n'y aurait pas ici *deux créances, dont l'une se compense avec l'autre, mais une créance unique dont le montant est fixé au moment de la liquidation.* Si M. Droz suppose que le règlement d'avarie est clos avant la déclaration de faillite de l'assureur, il a raison ; la compensation opère en effet de plein droit et n'a dès lors laissé subsister qu'une seule dette au moment où survient cette faillite. Mais, dans le cas contraire, il a tort ; la question n'est pas en effet de savoir si la compensation doit avoir ici son effet ordinaire, mais si tout d'abord elle est admissible ; *prius est esse quam esse tale* (**).

Les questions d'*augmentation ou de diminution de la prime* avaient autrefois fait beaucoup de difficultés. Notons d'abord à ce sujet un point essentiel, c'est que la prime, une fois fixée par la convention des parties, est en principe invariable ; toutes les discussions que les anciens docteurs avaient élevées quant à ce, et notamment en ce qui concerne la lésion *d'outre-moitié*, n'étaient que subtilité pure et provenaient d'une fausse assimilation de notre contrat avec ceux du droit commun. Pothier, qui pose encore la question (n° 82), n'a pas de peine à établir la rè-

(*) Voy. deux jugements de Marseille, 25 mars et 2 avril 1862 (*J. M.* 1862. 1. 126 et 152).

(**) M. Droz, appuie son opinion d'un arrêt de la cour de Bordeaux du 28 mars 1869, que nous n'avons point trouvé dans les recueils.

gle de la fixité et de l'immutabilité. Mais en est-il encore de même en cas de survenance de guerre, et par suite de l'aggravation plus ou moins considérable de risques qui en résulte ? Ne peut-on pas voir là une circonstance imprévue, à laquelle les parties n'ont pas pu penser, et qui dès lors n'a pu entrer en ligne de compte pour la fixation de la prime. Pothier, ici encore, se prononce pour la négative (nos 83 et sq.), tout en faisant remarquer qu'à l'occasion des guerres maritimes qui avaient éclaté à cette époque entre la France et l'Angleterre, et de l'influence qu'avaient eu ces guerres sur les polices d'assurance, des arrêts du Conseil s'étaient prononcés en sens contraire. Quoi qu'il en soit, la question est aujourd'hui tranchée, conformément à l'opinion de Pothier, par l'article 343 de notre Code et de notre matière. Cet article exige en effet, quoique d'une façon incidente, que le principe de l'augmentation ait été accepté par les parties, il ne confère aux tribunaux que le droit de fixer le chiffre de cette augmentation. Cette doctrine est seule en effet conforme au caractère aléatoire du contrat, à la garantie générale et indéfinie qu'y assument les assureurs. Si en effet ceux-ci, par la seule convention, se chargent de tous risques, même de ceux de guerre, il est à présumer qu'ils ont arrêté leur prime en conséquence, et ont tenu compte pour cela de toutes les éventualités.

L'hypothèse prévue par l'article 343, et en vue de laquelle il a disposé, semble d'abord d'une réalisation bien difficile ; en d'autres termes, il paraît étonnant que les assureurs, lorsqu'ils auront stipulé une surprime pour le cas de survenance de guerre, n'aillent pas au-delà et ne fixent pas en même temps le chiffre de cette surprime. On conçoit néanmoins que la chose puisse se produire, c'est-à-dire que les assureurs ne veuillent pas agir en aveugles, et risquer par une fixation arbitraire de compromettre leur intérêt ou celui de leur assuré. Quant à la compétence des tribunaux judiciaires sous ce dernier rapport, elle va de soi ; si le législateur s'en est expliqué, c'est pour rompre avec les traditions de l'ancien droit (les arrêts du Conseil), ou pour prévenir l'objection qui consisterait à dire que, la prime étant chose d'opinion individuelle, le principe et le chiffre de l'augmentation doivent également être convenus. Il sera très rare, du reste, que les assureurs, lorsqu'ils conviendront d'une surprime sans en fixer la quotité, ne désignent pas des articles pour procéder plus tard à cette fixation, s'il y a lieu.

Ces choses ont du reste perdu aujourd'hui beaucoup de leur intérêt. Les guerres maritimes sont devenues, fort heureusement, de plus en plus rares, et avec elles les risques de guerre. Il s'en est suivi, ainsi que nous l'avons vu, que les assureurs ne se sont plus chargés de ces risques, et partant ils n'ont plus pensé à une surprime de ce chef. Nous ne nous attarderons pas à discuter sous ce rapport des questions d'application, comme celles de savoir s'il faut, pour la survenance de guerre, une déclaration formelle, ou s'il suffit que les hostilitée soient continentales, ou s'il faut qu'elles soient maritimes. Estrangin, dans le supplément à son commentaire du traité des *assurances* de Pothier (p. 381 et sq.), a longuement et soigneusement examiné ces questions qui, à l'époque où il écrivait, étaient en quelque sorte choses d'actualité ; on lira sa dissertation avec profit.

Si les assureurs, par suite de la sécurité de plus en plus grande du commerce maritime, ont à peu près oublié de stipuler des augmentations de prime pour le cas de survenance de guerre, il n'en est pas de même, en ce qui concerne certaines autres éventualités, telles qu'une navigation dans des mers plus spécialement dangereuses, ou la prolongation du voyage assuré, par suite de relâche ou de quarantaine ailleurs que dans le port de destination. Il se produit de ce chef une aggravation de risques assez appréciable et assez fréquente pour que l'attention des assureurs s'éveillât d'elle-même et pour qu'ils fussent amenés à exiger une surprime, comme compensation du supplément de risques courus. Tel est en effet l'objet des articles 7 et 23 de la police sur corps, et 5 de la police sur facultés.

On a agité sous ce rapport la question de savoir si la surprime était due, non seulement lorsque c'était par la détermination volontaire de l'assuré, mais encore par cas de force majeure, que le double fait dont s'agit plus haut s'était produit. Il est évident qu'en dehors de toute stipulation des parties, c'est la négative qui doit être adoptée, c'est-à-dire que la quarantaine ou la navigation dans certaines mers désignées ne doivent donner lieu à la surprime que tout autant qu'elles sont volontaires. L'une et l'autre en effet constituent un risque à la charge des assureurs ; c'est, dans le premier cas, *un arrêt de puissance*, dans le second, un *changement forcé de route ou de voyage* ; elles sont donc couvertes de plein droit par la prime normale. Mais les dispositions rappelées ci-dessus l'ont-ils entendu ainsi ? Pour la navigation dans certaines mers désignées, oui incontestablement. L'article 23 a certainement eu en vue, dans l'intention de ces auteurs, l'assurance à temps, celle contractée abstraction faite des lieux de navigation ; c'est donc pour le cas où le navire atteindrait certaines mers spécialement dangereuses, qu'une surprime a été par exception imposée. L'article porte du reste que *les augmentations de prime ne sont pas dues en cas de relâche forcée.*

Il ne nous paraît pas qu'il doive en être de même pour le cas de quarantaine. La quarantaine, ailleurs qu'au lieu de destination, ne se comprend guère que comme forcée ; mais, en dehors de cette considération, l'article 7 suppose lui-même cette solution ; il dispose, en effet, après avoir posé le principe, que *les mêmes augmentation de prime sont applicables au cas où un navire,* TROUVANT SON PORT DE DESTINATION BLOQUÉ, *séjourne devant ce port ou relève pour d'autres.* M. de Courcy l'entend sans difficulté ainsi ; sur l'article 5 de la *police sur facultés*, analogue à l'article 7 de la *police sur corps*, il dit simplement : *l'article ne concerne que les navires qui,* REPOUSSÉS DE LEUR PORT DE DESTINATION, *vont faire quarantaine ailleurs, ce qui entraîne pour les assureurs un risque nouveau, alors qu'ils devaient croire le risque éteint.* C'est trop dire que d'affirmer qu'il y a ici un risque nonveau ; la quarantaine n'est au contraire qu'une dépendance du risque normal assumé par les assureurs. On ne peut se dissimuler cependant qu'elle en constitue en même temps une aggravation ; de là la surprime.

Nous ne nous sommes occupés jusqu'à présent que de l'augmentation éventuelle de la prime ; mais ne peut-il pas arriver, en sens inverse, que la prime soit diminuée ? Oui également, mais dans une seule hypothèse, celle prévue par l'article 356 du Code. Il s'agit ici du cas où l'on a contracté à *prime liée*, c'est-à-dire où l'on a stipulé une prime unique pour l'aller et le retour. Dans cette hypothèse, il est intervenu entre les parties un forfait, par suite duquel la prime entière est due dès que la navigation a commencé. C'est ce qui arrivera si le navire ou la marchandise venaient à périr dans la traversée d'aller. Par exception à ceci, si, le navire étant arrivé au port de destination, il ne se fait pas de retour, l'assureur, aux termes de notre article, n'aura droit qu'aux deux tiers de la prime. La loi a voulu par là favoriser le commerce d'exportation, en en allégeant, autant que possible, les charges ; mais, par cela seul que la disposition est exceptionnelle, elle doit être strictement interprétée, et rigoureusement renfermée dans ce qui en fait l'objet spécial.

Nous avons traité ailleurs (t. I, p. 109 et sq.) tout ce qui concerne le privilège de la prime. L'article 191, n° 10, du Code de commerce privilégie, comme on sait, la prime d'assurance pour le dernier voyage. Nous avons vu, quant à ce : 1° ce qu'il faut entendre ici par dernier voyage ; 2° comment doit se faire l'application de l'article à l'assurance *à temps* ; ce qu'il en est de l'indemnité du demi pour cent, qui dans certains cas tient lieu de prime (art. 349 et 358) ; 4° si la prime doit être privilégiée dans l'assurance sur facultés, malgré le silence de la loi, comme dans l'assurance sur corps. Des solutions apportées sur ces divers points, deux ont été, depuis la publication de cet ouvrage, contestées, la première et la dernière. Sur la façon dont il faut entendre ici le *dernier voyage*, M. Desjardins, qui a écrit après nous, le livre le plus substantiel, le plus riche de matériaux, et en même temps le plus philosophique, M. Desjardins a repris purement et simplement l'argumentation de Dufour ; il nous permettra de ne plus y répondre. D'autre part M. Droz nous a contredit, ainsi que la plupart des auteurs qui ont examiné ce point, sur la question de savoir si la prime doit être privilégiée sur le chargement comme sur le navire. M. Droz se prononce pour la négative (t. I, p. 214 et 215, n° 184), par la raison qu'on ne saurait ici, à l'instar de ce qui a lieu pour le navire, attacher au privilège sur le chargement un droit de suite, du genre de celui qui est établi et déterminé par les articles 193 et 194 ; ce qui rend dès lors complètement inutile l'existence de ce privilège.

Nous constatons tout d'abord que M. Droz ne dit rien de l'induction si puissante qui se tire de l'article 320 du Code. Le prêteur à la grosse, qui n'est pas autre chose au fond qu'un véritable assureur, est privilégié pour son dû sur le chargement comme sur le navire ; et cependant les mêmes difficultés d'exécution existaient pour lui comme pour l'assureur proprement dit. Il est deux choses que dans une discussion il ne faut pas confondre, les questions de principe et les questions d'application. Il est fort possible que, par suite des usages nouveaux du commerce, par suite de la mobilisation de plus en plus grande de la marchandise par les papiers qui la représentent, l'exercice du privilège devienne de son côté de plus en plus difficile. Mais encore une fois cela ne fait rien au principe; cela gêne simplement son application. Maintenant est-il vrai de dire que la règle, si tant est qu'elle existe, soit aussi lettre morte qu'on veut bien, pour les besoins de l'argumentation, le supposer ? Nous n'admettons pas sans doute que le droit de suite, établi par les articles 193 et 194 quant au navire, puisse être étendu au chargement. Mais le privilège ne sera pas par cela même sans sanction ; les assureurs pourront toujours, à défaut de la chose elle-même, lorsqu'il leur aura été prouvé, par la production du connaissement, que la propriété de cette chose a été transférée à un tiers, exercer leur action privilégiée sur le prix qui pourra encore en être dû. Si ce prix a été à son tour payé, l'action réelle sera alors bien perdue, mais la situation des assureurs ne sera pas autre que celle de tous les créanciers privilégiés sur meubles : *jura vigilantibus prosunt, non dormientibus.*

FIN

# TABLE MÉTHODIQUE

## DES MATIÈRES CONTENUES DANS CE VOLUME

## CHAPITRE VII

### DES ASSURANCES (suite)

### § V

### Assurance par Commissionnaire

## § VI

### Effets du Contrat

#### SECTION A

SECTION B

# TABLE DES ARTICLES

## DU TITRE DES ASSURANCES

### DONT LE COMMENTAIRE SE TROUVE DANS CE VOLUME

# TABLE ALPHABÉTIQUE

## DES MATIÈRES

## CONTENUES DANS LES QUATRE VOLUMES

**Les chiffres romains indiquent le numéro du volume, et les chiffres arabes renvoient au pages.**

## A

## B

## C

## E

## G

## H



## I

## J



## L

## M

## N

## O



## P

## Q



## R

## S

## T

## U



## V

FIN

CODE DE COMMERCE

# DROIT MARITIME

TOME QUATRIÈME

Aix. Achille Makaire, imprimeur-éditeur, rue Thiers, 2.

# COURS

DE

# DROIT MARITIME

PAR


## M. CRESP

Ancien Professeur à la Faculté de Droit d'Aix, Avocat
Chevalier de la Légion d'Honneur


ANNOTÉ, COMPLÉTÉ ET MIS AU COURANT DE LA JURISPRUDENCE
LA PLUS RÉCENTE


PAR AUGUSTE LAURIN

Professeur de Droit Commercial à la Faculté de Droit d'Aix
et à la Faculté des Sciences de Marseille
Avocat à la Cour d'appel


*Disjecti membra poetæ*

---

## ASSURANCES MARITIMES

TOME SECOND

(Art. 332 à 396 C. Comm.)


PARIS

MARCHAL, BILLARD et Cie, LIBRAIRES
27, PLACE DAUPHINE, 27

AIX

ACHILLE MAKAIRE, LIBRAIRE
2, RUE THIERS, 2

1883

CRESP

DROIT
MARITIME

COMPLÉTÉ
PAR A. LAURIN

IV

ASSURANCES
MARITIMES

TOME SECOND

Art. 332 à 396
C. Comm.

**Prix 16 fr.**
les 2 vol.

1883

---

# COURS

DE

# DROIT MARITIME

PAR

## M. CRESP

Ancien Professeur à la Faculté de Droit d'Aix, Avocat
Chevalier de la Légion d'Honneur

ANNOTÉ, COMPLÉTÉ ET MIS AU COURANT DE LA JURISPRUDENCE
LA PLUS RÉCENTE

PAR AUGUSTE LAURIN

Professeur de Droit Commercial à la Faculté de Droit d'Aix
et à la Faculté des Sciences de Marseille
Avocat à la Cour d'appel

*Disjecti membra poetæ*

---

## ASSURANCES MARITIMES

TOME SECOND

(Art. 332 à 396 C. Comm.)

PARIS
MARCHAL, BILLARD et Cie, LIBRAIRES
27, PLACE DAUPHINE, 27

AIX
ACHILLE MAKAIRE, LIBRAIRE
2, RUE THIERS, 2

1883

# COURS

DE

# DROIT MARITIME

PAR


## M. CRESP

Ancien Professeur à la Faculté de Droit d'Aix, Avocat
Chevalier de la Légion d'Honneur


ANNOTÉ, COMPLÉTÉ ET MIS AU COURANT DE LA JURISPRUDENCE LA PLUS RÉCENTE


PAR AUGUSTE LAURIN

Professeur de Droit Commercial à la Faculté de Droit d'Aix
et à la Faculté des Sciences de Marseille
Avocat à la Cour d'appel


*Disjecti membra poetæ*

---

## ASSURANCES MARITIMES

TOME SECOND

(Art. 332 à 396 C. Comm.)


PARIS
CHEVALIER-MARESCQ AINÉ, LIBre
20, RUE SOUFFLOT, 20

AIX
ACHILLE MAKAIRE, LIBRAIRE
2, RUE THIERS, 2

1884

CODE DE COMMERCE

# DROIT MARITIME

TOME QUATRIÈME

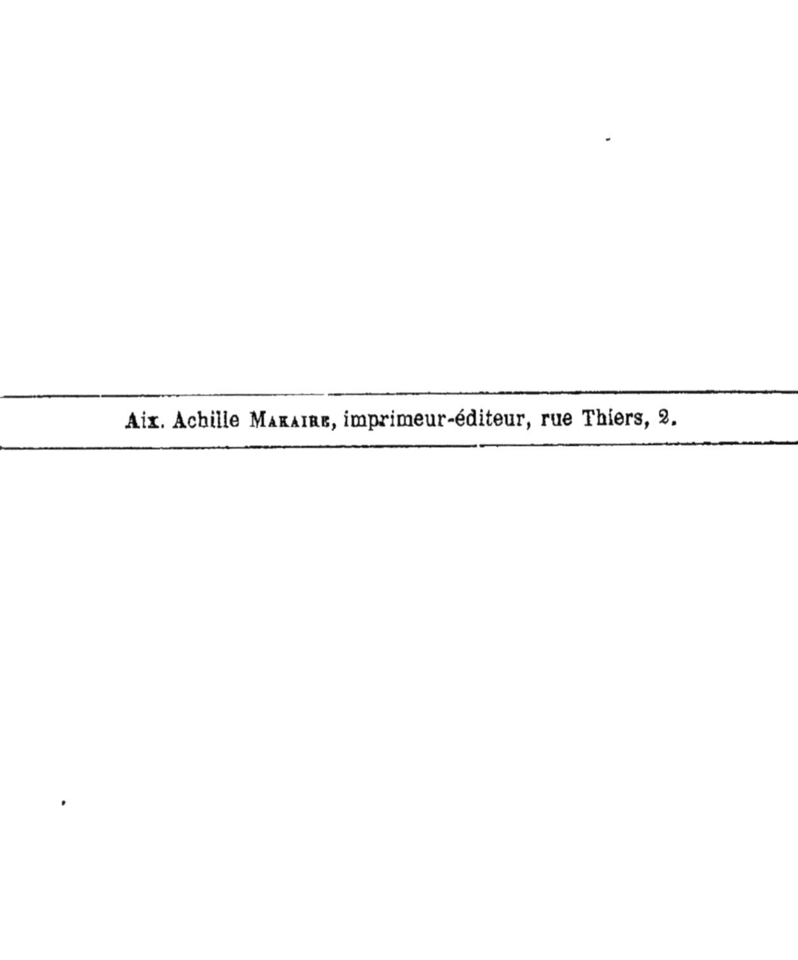

Aix. Achille MAKAIRE, imprimeur-éditeur, rue Thiers, 2.

# COURS
DE
# DROIT MARITIME

PAR

M. CRESP

Ancien Professeur à la Faculté de Droit d'Aix, Avocat
Chevalier de la Légion d'Honneur



ANNOTÉ, COMPLÉTÉ ET MIS AU COURANT DE LA JURISPRUDENCE
LA PLUS RÉCENTE

PAR AUGUSTE LAURIN

Professeur de Droit Commercial à la Faculté de Droit d'Aix
et à la Faculté des Sciences de Marseille
Avocat à la Cour d'appel

*Disjecti membra poetæ*

---

## ASSURANCES MARITIMES

TOME SECOND

(Art. 332 à 396 C. Comm.)

PARIS
CHEVALIER-MARESCQ AINÉ, LIB^re
20, RUE SOUFFLOT, 20

AIX
ACHILLE MAKAIRE, LIBRAIRE
2, RUE THIERS, 2

1884

www.ingramcontent.com/pod-product-compliance
Ingram Content Group UK Ltd.
Pitfield, Milton Keynes, MK11 3LW, UK
UKHW022050260726
13993UKWH00001B/26

9 782019 934590